DAS GROSSE WASSERSKI BUCH

CHRIS BOILING
RIO HARTUNG

HEEL

FOTONACHWEIS UND DANK

Fotografien von Tom King. Zusätzliche Fotografien von Chris Boiling, Gavin Newman und mit freundlicher Genehmigung von „Waterski International", Cypress Gardens, Wasserski Museum und Hall of Fame, Yamaha Outboards.

Besonderer Dank gilt außerdem Rio Hartung für seine Unterstützung, Carole Lowe, Jim Harmon, Jeremy Paxton, „Waterski International", American Water Ski Association, British Water Ski Federation und Cypress Gardens.

IMPRESSUM

HEEL-Verlag GmbH
Hauptstraße 354
5330 Königswinter 1
Tel.: 0 22 23 / 230 27
Fax: 0 22 23 / 230 28

Redaktion und Übersetzung: Rio Hartung, Langenfeld
Layout und Satz: Olaf Schumacher, Bonn
Druck: Freiburger Graphische Betriebe

ISBN 3-89365-314-7

DAS GROSSE WASSERSKI BUCH

CHRIS BOILING
RIO HARTUNG

INHALT

Außerdem bei uns: Die bewährte Generation der Sea-Ray's.

LAGUNA
von 4 m bis 9,5 m

SPORT BOATS
von 5 m bis 8 m

SPORT CRUISER
von 7 m bis 11 m

SPORT YACHTS
von 12 m bis 20 m

boots-center münster

Michels + Bäumer KG
Gittruper Straße 67 · 4400 Münster/Gelmer
Tel. 0251/93202-0 · Telex 892130 bcm · Fax 0251/325851

WASSERSKI MACHT FIT UND GUTE LAUNE

Das schwerelose Gleiten über das Naturelement Wasser ist seit jeher ein Traum des Menschen. Ebenso wie das Fliegen. Wer vom Wasserski-Bazillus einmal befallen ist, bleibt „infiziert". Und das hat seine Gründe:

- Die Bewegung in Sonne, frischer Luft und im Wasser ist gleichermaßen gesund, entspannend und faszinierend. Fast die gesamte Muskulatur des Körpers wird beansprucht, die Durchblutung wird gefördert und das Immunsystem gestärkt.
- Der Sport ist von jedermann, ob jung oder alt, leicht und schnell erlernbar. Das gilt auch für Behinderte.
- Wasserski ist heute nicht mehr teurer als andere vergleichbare Sportarten auch. Das gilt besonders für das Wasserskilaufen an elektrisch betriebenen Seilbahnen und in den Wasserski-Clubs.
- Kaum eine andere Sportart bietet so vielfältige und spannende Herausforderungen für alle Leistungsstufen. Die vielen Wettkampfsparten und -disziplinen und die unterschiedlichsten Sportgeräte, wie Teller (Disc), Kniebrett (Kneeboard), Surfski (Skiboards), Schuhski (Shoeski), Schlauch (Tube), Skibob sowie Schleppfallschirm kennen keine Limits.

Darüber hinaus übt dieser rasante Sport auch einen magnetischen Reiz auf den Zuschauer und unbewußt einen pädagogisch bedeutsamen Einfluß auf die Aktiven aus. Da der Sportausübende auf die Mitwirkung anderer (z.B. Bootfahrer und Beobachter) angewiesen ist, wird in der Praxis von einem typischen Familiensport gesprochen. Das trifft für den Hobbybereich ebenso zu wie für den Wettkampfsport, bei dem Familiennamen in Ergebnis-, Rang- oder Rekordlisten fast immer gleich mehrmals vertreten sind.

FREIZEIT-, BREITEN- ODER LEISTUNGSSPORT?

In Deutschland stehen nach dem Ergebnis von Repräsentativerhebungen den knapp 6000 in 70 Clubs organisierten Wasserskifreaks immerhin 600.000 Hobbyläufer gegenüber. Weltweit gehören der „International Water Ski Federation" (IWSF) bislang 60 Nationen an. Tendenz steigend, zumal die meisten der neuen Staaten des früheren Ostblocks ebenfalls Mitglied im Weltverband werden möchten. International übergreifende Volksbefragungen gibt es für den Sport so gut wie gar nicht. Die geschätzten Zahlen für die weltweit vorhandenen Hobbyläufer schwanken daher zwischen 20 und 30 Millionen. Die Unsicherheit über die statistisch nicht erfaßten Zahlen resultiert auch daher, daß ein nicht unbeträchtlicher Teil der Wasserski-Interessierten diesen Sport nur im Urlaub und damit meist im Ausland ausübt.

Im Leistungssport hat der einzelne Sportler eine klare Zielbestimmung, nämlich die Spitzenleistung, die für ihn einen bestimmten Leistungszwang zur Folge hat. Im Vordergrund rangiert das regelmäßige Training, dessen Perioden und Zyklen auf die jeweilige Wettkampfsaison zugeschnitten werden.

Im Bereich des Freizeit- und Breitensports dominiert als Verhaltensmuster eher das Prinzip der Erholung, Entspannung und Vergnügung. Das Ziel aller Aktivitäten ist in der Regel der Aufbau und der Erhalt einer allgemeinen körperlichen Leistungsfähigkeit. Auch im Breitensport spielt der Wettkampfgedanke eine Rolle, da keine sportliche Aktivität auf Dauer ohne ein Leistungsstreben und den damit verbundenen Leistungsmessungen und -vergleichen denkbar zu sein scheint.

Zwischen beiden Bereichen gibt es also, vor allem auf dem Gebiet der Übungspraxis, fließende Übergänge. Das gilt insbesondere für Randsportarten, in denen die Differenzierung zwischen Berufs- und Hochleistungssport, Wettkampf- und Leistungssport, Freizeit- und Breitensport noch nicht sehr ausgeprägt ist. Das ist auch der Grund dafür, daß wir uns mit diesem Buch an alle Wasserskisportler wenden, egal, ob

- das unverbindliche Streben nach einem mehr oder weniger hohen Leistungsstandard oder ob
- der unabdingbare Wille zur Erreichung der Leistungsspitze für den talentierten Jugendlichen vorherrscht.

EIN SPORT MIT ZUKUNFT?

In einer pluralistischen Gesellschaft bemißt sich auch der Stellenwert eines Sports nach Köpfen. Spaß und Freude am Sport oder sportliche Leistungsziele kann nur derjenige haben, der auch Gelegenheit zur Ausübung bekommt. Schließlich steht der Sport ebenso wie andere Lebensbereiche im Widerstreit des öffentlichen Interesses. Jeder Wasserskiläufer sollte daher bedenken, daß er ein Stück Natur beansprucht, wenn er seinen sportlichen Aktivitäten nachgehen möchte. Er muß sich fragen, wer seine Interessen gegenüber anderen Wassersportlern (Anglern, Kanuten etc.), Natur- und zum Teil selbst ernannten Umweltschützern, politischen Parteien, Ministerien und Behörden (Steuergesetzgebung, Verkehrsvorschriften, Lärm- und Abgasverordnungen, Sportförderung etc.) künftig wahrnehmen soll. Die Zukunft des Sports wird auch davon abhängen, inwieweit es den Heerscharen von Hobbyläufern gelingt, neben der relativ kleinen Gruppe der ehrenamtlich tätigen „Organisierten" ein gemeinsames öffentliches Sprachrohr zu installieren. Denkbar wären eine bundesweit aktive und schlagkräftige Interessenvereinigung, eine anspruchsvolle und die Informationsbedürfnisse der 600.000 Freizeitläufer abdeckende Wasserski-Zeitschrift o.ä. Zweifellos hat der faszinierende Wasserskisport ein nachhaltiges (politisches) Engagement verdient. Und unbestritten zeigen schon die wichtigsten Zahlen auf, daß sich dieses Engagement auch lohnt:

- Vorhandene Wasserfläche in Gesamtdeutschland: ca. 600.000 ha.
  Das entspricht etwa 2% der Gesamtfläche.
- Davon werden für den Wasserskisport z.Zt. genutzt: ca. 200 qkm.
  Das entspricht etwa 0,003% der Gesamtwasserfläche.
- Auf Bundeswasserstraßen in West und Ost sind z.Zt. 160 Wasserskistrecken freigegeben. Hinzu kommen einige Seen und derzeit 24 Wasserski-Seilbahnen.
- Für die Bereiche „Boot" und „Seilbahn" stehen insgesamt rund 50 wettkampfgerechte Slalomstrecken und Sprungschanzen auf diesen Wasserskistrecken zur Verfügung.
- Für alle Bereiche, also den Freizeit- und Wettkampfsport, werden insgesamt auf den in Deutschland freigegebenen Wasserskistrecken derzeit etwa 800 - 1000 wasserskitaugliche Boote eingesetzt.

Bleibt bei objektiver Würdigung dieser Zahlen und der Abläufe in der Praxis festzuhalten, daß

- zum einen auch künftig genügend geeignete Wasserflächen für den Wasserskisport vorhanden sein werden, wobei von den Planungsbehörden nur entsprechende Nutzungskonzepte verlangt werden müssen, und
- im übrigen von einer Umweltgefährdung durch den Wasserskisport vorurteilsfrei nicht gesprochen werden kann. Die Aktiven sind im eigenen Interesse an sauberem Wasser interessiert. Außerdem wird dem Gewässer durch ihre Aktivitäten eine solch große Menge Sauerstoff zugeführt, daß spürbare Qualitätsverbesserungen bereits nachgewiesen wurden.

Bei dieser Beurteilung wird selbstverständlich vorausgesetzt, daß sich die Wasserskisportler an die von den Wassersportverbänden in Eigeninitiative entwickelten „Goldenen Regeln" für das Verhalten in der Natur halten.

EINE INTERESSANTE VERGANGENHEIT

Zwischen Dichtung und Wahrheit verläuft oft nur ein schmaler Pfad. Daher muß auch vielen „Geschichten über die Geschichte" des Wasserskisports mit großen Vorbehalten begegnet werden. Wenn von einigen Buchautoren zum Beispiel die eigentlichen Ursprünge in das 16. Jahrhundert zurückverlegt werden, sind offenbar erst einmal Begriffsdefinitionen vonnöten. Es kann nicht bestritten werden, daß es schon vor über 400 Jahren und auch später immer wieder sowohl auf Hawaii als auch in anderen Erdteilen Versuche gegeben hat, sich auf dem Wasser mit Hilfe von Brettern, faltbootähnlichen Vorrichtungen, Wasserschuhen und Schwimmern aus verschiedenen Materialien sowie Paddeln und Rudern fortzubewegen. Die entscheidende Frage ist jedoch, ob diese Ursprünge nicht eher in die Geschichtsbücher von Sportarten wie zum Beispiel Kanufahren, Rudern, Brandungssurfen etc. einzusortieren sind. Das entscheidende Merkmal des Wasserskisports ist unbestreitbar die Tatsache, daß der Läufer gezogen wird. Hierfür gelten aber ganz spezifische physikalische Gesetze. Das mußte auch der 18jährige Amerikaner Ralph Samuelson erfahren, als er im Sommer 1922 auf dem Pepin-See in Lake City (Minnesota) die ersten

Wasserskiversuche unternahm. Zunächst auf einem großen flachen Brett, dann weniger erfolgreich auf gebogenen Faßdauben und Schneeski-Brettern. Gezogen wurde er anfangs von der Werks-Barkasse und später von dem mit einer LKW-Maschine ausgestatteten Boot seines Bruders. Da auch letzteres nur eine Höchstgeschwindigkeit von 30 - 32 km/h erreichte, wurde ihm schnell klar, daß die Tragfähigkeit bzw. der Auftrieb der schmalen Schneeski-Bretter nicht reichte. Also besorgte er sich von einem Bauhof große Planken aus Kiefernholz, die er auf die Maße 2,45 m x 23 cm zurechtschnitt. Jeweils ein Ende dieser Bretter spannte er nach einer Dampfbehandlung in einen Schraubstock, so daß die Spitzen gewölbt wurden. Leder-Ristriemen genügten ihm als Skibindung, und seine 30 m lange Schnur befestigte er an einem Eisenring, den er mit einer Art Klebeband umwickelt hatte. „Hantel", Leine und die weiß angestrichenen Skier hielten, jedoch benötigte dieser Wasserskipionier 5 Tage, bis er den „Bogen raushatte". Am 2. Juli 1922, einem Tag vor seinem 19. Geburtstag, lief mit dem erfinderischen Ralph Samuelson der erste Mensch Wasserski, nachdem er herausgefunden hatte, daß beim Start die Skispitzen aus dem Wasser gehalten werden müssen. Ein neuer Sport war geboren. Dieser Erfolg spornte den Tüftler natürlich zu weiteren Pioniertaten an. So weist das einzige Wasserski-Museum der Welt, die sogenannte „Hall of Fame" in Winter Haven/Florida, ihn u.a. auch als ersten Wasserski-Springer aus. Dem Härtetest des Springens über die Wellen und über schräg gestellte Schwimmstege war das Material allerdings nicht immer gewachsen. Derartige Rückschläge waren jedoch immer die Triebfeder für stetige „Produktverbesserungen". Vorführungen quer durch die Staaten regten dann natürlich schnell Nachahmer (z.B. Fred Waller) im eigenen Land und in Europa an, eigene Patente anzumelden. Höhepunkt der Wasserski-Shows Marke Samuelson war im Jahre 1925 der vor 2000 Zuschauern durchgeführte „todesverachtende" Wasserskilauf hinter einem Wasserflugzeug. Ein Arbeitsunfall in der heiß geliebten Bootsbranche beendete 1927 früh die fünfjährige Wasserski-Karriere des Ralph Samuelson, der 1977 an Krebs verstarb.

Im Zeitraffer können die weiteren vier Entwicklungsphasen des Wasserskisports wie folgt beschrieben werden:

1922 bis etwa **1935**:	Erfindungs- und Pionierphase
1935 bis etwa **1955**:	Freizeitbeschäftigung der High Society
1955 bis etwa **1975**:	Übergang vom Playboy- zum Wettkampfsport
seit etwa **1975** :	stärkere Aufgliederung des Wettkampfsports in unterschiedliche Sparten und Disziplinen sowie regionale Ausdehnung auf den Breitensport

Selbstverständlich überlappen sich diese geschichtlichen Zeiträume teilweise. Im Vergleich zu modernen Sportarten wie z.B. Windsurfen, Skateboard, Aerobic etc. kann insgesamt nicht von einer stürmischen, sondern eher von einer stetigen Weiterentwicklung gesprochen werden. Hier einige wissenswerte Daten und Jahreszahlen:

27.7.1946: Gründung des Welt-Wasserski-Verbandes in Genf, der zunächst als „Union Mondiale De Ski Nautique" (UMSN), später als „World Water Ski Union" (WWSU) und letztlich als „International Water Ski Federation" (IWSF) „firmierte".

20.4.1958: Gründung des Deutschen Wasserski-Verbandes e.V. (DWSV) in Kassel.

1.7.1963: Aufnahme des DWSV als Spitzenverband in den DSB.

6.7.1966: Eröffnung der ersten Wasserski-Seilbahn des deutschen Erfinders Bruno Rixen in Benidorm/Spanien.

Die ersten offiziellen Meisterschaften wurden ausgetragen:

Meisterschaften	Welt-	Europa-	Deutsche-
„Wasserski-Boot"	1949	1947	1958
„Wasserski-Seilbahn"	./.	1985	1971
„Barfuß-Wasserski"	1978	1976	1978

Das wichtigste Geschichtsdatum für den Barfuß-Wasserskisport:

6.3.1947: Der Amerikaner Dick Pope jr. wird erstmals während des Barfußski-Laufens fotografiert. Als erster Barfußski-Läufer der Welt gilt jedoch sein Landsmann A. G. Hancock, der diesen „stunt" Anfang 1947 in Florida erstmals praktizierte, nachdem er mit Schuh-Skiern Erfahrungen gesammelt hatte (siehe „Die Geschichte des Barfußskisports").

WASSERSKI - DER RICHTIGE SPORT AUCH FÜR MICH?

Welche körperlichen Voraussetzungen sind erforderlich? Was muß man „können"? Ist das schwer zu erlernen? Ist es auch wirklich nicht gefährlich? - Typische Fragen, die zu Beginn immer wieder gestellt werden. Naturgemäß auch dann, wenn Eltern um ihre Kinder besorgt sind. Um es vorwegzunehmen: Mehr als eine gewisse Mindestfitness, die für andere Betätigungen und das tägliche Leben wünschenswert ist, wird vom Wasserskianfänger zunächst auch nicht verlangt.

Leichte Zweifel, wie „Ich flieg' sowieso erst mal rein...", lassen aber darauf schließen, daß das Selbstvertrauen, also die psychische Verfassung, meist eine ebenso große Rolle spielt wie die Kondition. Und in der Tat sollte sich jeder Interessent vor den ersten Versuchen zwei Aspekte des mentalen Bereichs bewußt machen: Erstens die in der Psychologie gewonnene Erkenntnis, daß das, was ich denke, in der Regel auch eintritt. (Der Fahrradfahrer, der glaubt, gleich zu stürzen, fällt auch.) Und zweitens die Frage, welche Ziele ich in diesem Sport anstreben möchte. Wie unsere grafische Übersicht zu diesem Themenabschnitt zeigt, ist die Bandbreite möglicher Herausforderungen im Wasserskisport schier unerschöpflich..

Das Ergebnis dieser hilfreichen Selbstkontrolle gibt bereits erste Hinweise. Je positiver ich denke, um so erfolgreicher bin ich. Egal, ob als Anfänger, Fortgeschrittener oder Wettkampfsportler. Das gilt besonders - wie hier - für Sportarten, in denen das Balance- und Gleichgewichtsgefühl eine „tragende Rolle" spielt. Wenn außerdem die persönlichen Ziele realistisch sind, wird kaum jemand die Entscheidung für den Wasserskisport jemals bereuen.

Vielleicht genügt es aber auch, zwei simple Fragen zu stellen, die ohne großes Nachdenken schnell zu beantworten sind: „Bin ich gern am, im oder auf dem Wasser?" und des weiteren „Kann ich schwimmen?". Bei „ja" liegt man mit dieser Sportart auf jeden Fall richtig.

Dagegen fällt es schwer, eine allgemeinverbindliche Antwort auf die Frage zu geben, ob und gegebenenfalls in welchem Alter ein Kind an den Wasserski-Leistungssport herangeführt werden sollte. Einige Erfahrungswerte aus der Praxis sollen ver-

suchen, die wesentlichsten Aufschlüsse über dieses komplexe Thema zu liefern:

- Auch für den ehrgeizigen Jugendlichen muß Sport vor allem Spaß machen und spannend sein. Da gibt es keinerlei Unterschiede gegenüber dem Breitensportler. Je höher aber die persönlichen Ziele angesetzt werden, um so mehr müssen zusätzlich rationelle Überlegungen und disziplinierte Handlungsweisen Platz greifen. Um Enttäuschungen zu verhindern, Fehlinvestitionen zu vermeiden etc.
- „Wissen ist Macht". Dieser Grundsatz trifft vor allen Dingen für den Spitzensport und damit auf die Talentsuche zu. Das Erfolgsgeheimnis des früheren DDR-Sports lag in der sogenannten Sport-Anthropometrie, der Vermessung des Körpers schon im Kindesalter. In westlichen Ländern lassen sich zunehmend leider nur Erwachsene anhand sportmedizinischer Analysen mit der Absicht beraten, die adäquate Sportart herauszufinden. Dabei gibt es nun mal auch für Kinder anatomische und funktionelle Formvarianten, die für bestimmte Sportarten geradezu gefordert werden, in anderen Bereichen aber zu massiven Beschwerden oder zur Sportinvalidität führen können, wenn sie überlastet werden. (So benötigt beispielsweise ein Turner hypermobile Schultergelenke, will er an Ringen gut sein, ein Fußballer sollte keine X-Beine haben, ein Speerwerfer über eine frei bewegliche Lendenwirbelsäule verfügen, ein 400m-Läufer ist schneller, wenn das linke Bein ein wenig kürzer ist, und der Basketballer sollte eine bestimmte Mindestgröße aufweisen usw.) - Im Gegensatz zum Deutschen Turner-Bund und dem Bundesverband Deutscher Gewichtheber verfügt der relativ kleine Deutsche Wasserski-Verband noch nicht über „Orientierungswerte für das Wachstum". Pauschal läßt sich aber sagen, daß der Wasserski-Spitzensportler überdurchschnittliche koordinative Fähigkeiten und eine große Beweglichkeit besitzt. Ansonsten ist der große Läufer im Wasserskisport und der kleine stämmige Läufer im Barfußskisport begünstigt.
- „Man kann gar nicht früh genug beginnen, wenn man etwas erreichen will", lautet die Devise der meisten Erfolgstrainer. Und in der Tat findet man in der Weltspitze des Wasserski- und des Barfußskisports niemanden, der nicht spätestens im Alter von 6-8 Jahren begonnen hat. Das liegt daran, daß die Gewandtheit ihren größten Entwicklungsschub zwischen dem 7. Lebensjahr und der Pubertät erfährt. Aber Vorsicht! Das Talent wird nur dann erfolgreich gefördert, wenn die sportartgerichtete Grundausbildung von einer vielseitigen Allgemeinausbildung

sportlicher Grundfertigkeiten begleitet wird. Spielerisches Üben und Lernen verhindert dabei frühzeitigen schädlichen Leistungsdruck. Talente kann man nicht züchten, sondern nur langfristig aufbauen.

- Bei der kindgerechten Hinführung des Nachwuchses zum Wasserski-Wettkampfsport sollten von Zeit zu Zeit unbedingt Ratschläge und Tips namhafter professioneller Wasserski-Schulen in Florida eingeholt werden. (Unser Buch enthält eine Adressenübersicht.) Für Unterkunft, Verpflegung und ganztägige Wasserski-Schulung zahlt man dort je nach Dollar-Kurs und Schule um die 1000,- DM pro Woche. Wochenkurse mit Vollpension kosten in Sportarten wie zum Beispiel Tennis, Golf oder Fallschirmfliegen zum Teil erheblich mehr. Außerdem ist das Geld insbesondere dann gut angelegt, wenn Fehler in der Körperhaltung bzw. im Bewegungsablauf, die später nur schwer korrigierbar sind, frühzeitig vermieden werden. Verantwortungsbewußte Schulen vermeiden zudem körperliche Überforderungen oder gar Schädigungen bei Kindern in der Disziplin Springen. Die zahlreichen Möglichkeiten, die das Sprungtraining bietet, ohne über die Schanze selbst zu springen, werden alternativ voll genutzt. Auch von sich aus sollten die Erziehungsberechtigten darauf achten, daß Jugendliche - je nach Konstitution - frühestens im Alter von etwa 12-14 Jahren mit dem Springen beginnen. Und das auch nur nach vorheriger Untersuchung durch einen Orthopäden oder Sportmediziner.

WO FANGE ICH AN UND WO HÖRE ICH AUF?

Übersicht über mögliche Entwicklungsstufen, Herausforderungen und Alternativen im Wasserskisport -

Ausbildungs- bzw. Leistungsstand	**Weiterbildungs-möglichkeiten**	**Persönliche Eigenschaften**
Anfänger-Phase	Erlernen des sicheren Laufens auf Doppelski inkl. Kurvenfahren in guter Körperhaltung, sobald der Start sicher klappt.	Für jedermann problemlos in jedem Alter erlernbar.
Fortgeschrittene Anfänger	Monoski-Laufen inkl. Kurvenfahren und Tiefwasserstart in guter Körperhaltung und/oder	Bei durchschnittlicher Begabung, Fitneß u. Figur problemlos erlernbar.
	Laufen auf dem „Teller", dem „Knie-Bord" oder dem Surfski (Skurfer)	Wenn Spaß und Freude den sportlichen Ehrgeiz überwiegen.
Fortgeschrittene	Verbesserung des läuferischen Könnens in folgenden Sparten: „Wasserski-Seilbahn" = Fahren im Slalomfeld „Wasserski-Boot" Kreuzen + Fahren im Slalomfeld und/oder	Bei durchschnittlichen persönlichen Voraussetzungen erreichbar.

Ausbildungs- bzw. Leistungsstand	Weiterbildungs- möglichkeiten	Persönliche Eigenschaften
	Einstieg in das Trickskilaufen auf 2 Ski und/oder	Für jeden „fortgeschrittenen Anfänger" durchführbar.
	Verbesserung des läuferischen Könnens auf „Teller" und/oder „Knie-Bord" = Slalom/Tricks	Für nicht am Wettkampfsport Interessierte eine gute Alternative.
Einstieg in den Wettkampfsport	Bei „Wasserski-Seilbahn" + „Wasserski-Boot": - Durchfahren des Slalomfeldes bei Geschwindigkeiten bis 49/52 km/h. - Sichere 180°- und 360°-Drehungen auf Trickski. - Vorübungen für das Springen über die Schanze.	Für sportbegeisterte, insbesondere junge Leute zu empfehlen. Gymnastische Vorübungen und Ausgleichstraining sind nun unabdingbar.
	Bei „Barfuß-Wasserski": - Absteigen von einem Monoski an der Trainingsstange am Boot oder an der Seilbahn. - Tiefwasserstart ohne Ski und sicheres Laufen auf 2 Füßen in guter Körperhaltung.	Als Wettkampfalternative insbesondere für kleine und kräftige Leute zu empfehlen, die über „Draufgängertum" verfügen.
	Bei „Wasserski-Racing": - Startübungen auf dem Racing-Ski - Erste Laufübungen über kurze Strecken und bei niedrigen Geschwindigkeiten in „Racing-Haltung"	Als weitere Wettkampfalternative für teamorientierte Ausdauersportler erwägenswert.
Leistungssport	Sparten: „Wasserski-Seilbahn" + „Wasserski-Boot": Disziplinen: Slalom Figurenlauf Schanzenspringen Sparte: „Barfuß-Wasserski": Disziplinen: Slalom (Wellekreuzen) Figurenlaufen Schanzenspringen Sparte: „Wasserski-Racing": Klasseneinteilung für Racing-Boote: Formel IV= bis 1300 ccm (80-110 PS) Formel III= bis 1990 ccm (190-220 PS) Formel II = bis 3000 ccm (250-300 PS) Formel I = bis 8200 ccm (500-800 PS) (bei Diesel 2x8200 ccm und bei Inborder: bis 6000 ccm)	Die endgültige Wahl der Wettkampfsparte hängt von persönlichen Neigungen und körperlichen Voraussetzungen ab, wobei durchaus auch eine Spezialisierung auf nur eine Disziplin in einer Sparte denkbar ist. Natürlich spielen auch die Entfernung zu einer geeigneten Wasserfläche, finanzielle Möglichkeiten etc. eine Rolle. Um internationales Spitzenniveau zu erreichen, ist heute ein früher Trainingsbeginn im Alter von mindestens 6-8 Jahren erforderlich.

LERNEN LEICHT GEMACHT

EIN PAAR GRUNDREGELN GELTEN IMMER

„Richtig und daher schnell lernen." Das ist ein Wunsch, der im Wasserskisport leicht erfüllbar ist. Im Gegensatz zu vielen anderen Sportarten, wie zum Beispiel Tennis. Das gilt auch für Fortgeschrittene. Vorausgesetzt, man hält sich an bestimmte Grundregeln des Lernens, die für alle Könnensstufen gelten. In der „Gerätesportart" Wasserski lautet die Reihenfolge:

- Auswahl des richtigen Materials
- Vertrautmachen mit dem Material
- Die Vorübungen an Land
- Der zielgerichtete Bewegungsablauf im, am oder auf dem Wasser

Selbstverständlich? Eigentlich ja, jedoch werden beim Lernen Selbstverständlichkeiten oft nicht bewußt als solche erkannt, manchmal mißverständlich oder fehlinterpretiert und meistens bei der Umsetzung in der Praxis einfach verdrängt. Die konsequente Einhaltung der in unserem Lehrbuch beschriebenen Lernschritte ist gefragt. Dann klappt's garantiert. Wetten?

BOOT ODER SEILBAHN?

Tips für den Kauf eines geeigneten Wasserski-Zugbootes finden Sie in unserem Buch ebenso wie eine Kurzbeschreibung des Systems der elektrisch betriebenen Wasserski-Seilbahn (auch Wasserski-Lift genannt). Der Sporttreibende muß jedoch einige wesentliche Unterschiede zwischen beiden Zugsystemen beachten:

- An der Seilbahn kommt der Zug von oben, was Einfluß auf Lernvorgänge und Bewegungsabläufe hat.

- Die Seilbahn kennt naturgemäß keine Heckwelle, was der Anfänger meist begrüßt, am Boot aber eine Umstellung erfordert.

- Das umlaufende Draht-Führungsseil der Seilbahn, an dem die Wasserskileine hängt, schwankt zum Teil erheblich, was dem Sportausübenden differenzierendes Zugempfinden vermittelt.
- An der Wasserski-Seilbahn muß sich der Läufer daran gewöhnen, die vier Umlenkrollen der Anlage annähernd im rechten Winkel zu umfahren.

Zwangsläufig sind auch die einzuhaltenden Lernschritte an Boot bzw. Seilbahn nicht immer in allen Teilen identisch. Unser Lehrbuch beschreibt daher in den einzelnen Abschnitten zunächst immer das Lernen am Boot. Anschließend werden jeweils - dort, wo es erforderlich ist - die für die Seilbahn zu beachtenden Abweichungen erläutert.

DIE RICHTIGE AUSRÜSTUNG FÜR DIE ERSTEN STARTS

Laien fragen häufig: „Was ist leichter, das Laufen mit einem oder mit zwei Ski?" Sie sind halt beeindruckt davon, daß das Monoski-Laufen oft so spielerisch leicht aussieht. Da der Mensch von Natur aus zunächst einmal sicherer auf zwei Beinen steht, sind zu Beginn (später übrigens auch für das Springen) entsprechend zwei Ski unerläßlich. Paar-Ski, Duo-Ski, Doppel-Ski oder auch Combo-Ski werden sie genannt.

LERNEN LEICHT GEMACHT

Achten Sie bei der Auswahl weder auf das Design noch auf das Material. Ob Holz oder Kunststoff, der Lernerfolg wird dadurch nicht beeinflußt. Zwei andere Kriterien verschaffen dem Lernenden entscheidende Vorteile:

- das möglichst große Volumen und
- die möglichst ebene Lauffläche

Je länger und je breiter die Ski sind, um so besser ist der Auftrieb. Und die flache oder nur minimal nach innen gewölbte Lauffläche bewirkt die anfangs so wichtige stabile Geradeauslaufeigenschaft. Als Richtschnur: Eine Skilänge von 1,70 bis 1,75 m für Erwachsene und etwa 1,50 m für Kinder ist ausreichend.

Auf eine möglichst tragfähige Wasserski-Schwimmweste sollte keinesfalls verzichtet werden. Sie gibt einen stabileren Halt bei Starts aus dem Wasser, weil Schwimmbewegungen nicht erforderlich sind. Sie vermittelt dem Anfänger psychologisch ein besseres Gefühl der Sicherheit. Und sie dient bei einem Sturz als Aufprallschutz.

"Naß-, Trocken- oder Semitrockenanzug?", fragen heute viele Wassersportler angesichts des fast schon nicht mehr überschaubaren Angebots. Zweifellos hängt dies von den persönlichen Interessen und Zielen ab, einige Hinweise können vielleicht aber hilfreich sein:

- Als Schutz gegen Kälte bei niedrigeren Temperaturen kommen nur ein Trocken- oder ein Semitrockenanzug in Frage. Wert ist hierbei auf qualitativ gutes Material (Materialstärke!) und gute Verarbeitung zu legen.
- Ist neben dem Aspekt „Kälteschutz" auch der Aspekt „größtmögliche Bewegungsfreiheit" zu beachten, ist der Semitrockenanzug zu präferieren.
- Als Schutz gegen starke Sonnenbestrahlung und allmähliche Auskühlung ist für die Sommerzeiten der Naßanzug zu empfehlen.

Auffällige Farbgebungen verstärken nicht nur die Freude an der Sportausübung, sondern erhöhen durch die bessere optische Wahrnehmung auch die Sicherheit.

WIE SIE DIE ERFOLGSCHANCEN ENTSCHEIDEND VERBESSERN

Machen Sie sich vor den ersten Startversuchen mit Ihrer Ausrüstung vertraut. Durch die vorher in Ruhe im Umgang mit dem Material gewonnene Sicherheit läßt die ohnehin vorhandene Startnervosität ein wenig nach.

Üben Sie zunächst einmal das Anziehen des Neopren- oder Trockenanzuges. Tun Sie es nicht, dürfen Sie sich nicht wundern, wenn

- Sie plötzlich vor lauter Aufregung nicht mehr erkennen können, was „innen" und was „außen" bei diesen Anzügen ist,

- Ihre Fingernägel das erste Loch in die zumeist eng anliegende Wasserskikleidung gegraben haben oder
- Sie wie ein aufgeblasener Luftballon in einem Trockenanzug herumstolzieren, weil Ihnen niemand gesagt hat, wie man die Luft aus dem dicht verschlossenen Anzug läßt (hinknien, Gummikragen ein wenig vom Hals ziehen und Kleidung an den Körper pressen!).

Probieren Sie die Wasserski- bzw. Schwimmweste aus. Tun Sie es nicht,

- lenkt Sie das Hantieren mit den oft sehr unterschiedlichen Verschlüssen der einzelnen Fabrikate von Ihrer Konzentration ab und
- wissen Sie nicht, wie die Gurte schnell auf Ihre Körpermaße eingestellt werden können.

Befassen Sie sich vor allem rechtzeitig mit Ihren bzw. den Ihnen zugedachten Skiern. Tun Sie es nicht,

- bereitet Ihnen das Einstellen der Bindungen dieser Paar-Ski auf Ihre Schuhgröße möglicherweise Probleme. Die Handhabung der Klapp- oder Schraubverschlüsse ist zwar leicht erkennbar, will aber an Land und unbedingt im Wasser geübt sein,
- sind Sie nicht darüber informiert, daß es einen „rechten" und einen „linken" Ski zunächst nicht gibt,
- verzögern Sie unnötig den Sportbetrieb.

Verschaffen Sie sich anschließend ungeahnte Startvorteile, indem Sie folgende unbezahlbare Tips befolgen:

- Vergewissern Sie sich vorab an Land, daß die Bindungen nicht zu eng oder zu locker an den Füßen sitzen. Das „Einsteigen" wird erleichtert und ist materialschonender, wenn Bindungen und Füße naß sind. Das Hineinschlüpfen erfolgt wie in einem Stiefel mit der nach unten gerichteten Fußspitze, wobei die Öffnung mit den Händen etwas auseinandergedehnt wird.
- Gehen Sie nun mit Ihrer gesamten Ausrüstung in einen freien Gewässerbereich, in dem Sie nicht mehr stehen können. Ziehen Sie hier vorerst einen Ski im Wasser an und versuchen Sie dann, damit zu schwimmen, indem Sie den am Fuß befindlichen Ski mit angewinkeltem Bein auf den Rücken klappen.
- Drehen Sie sich nun wieder in Rückenlage und ziehen den zweiten Ski im Wasser an. Wiederholen Sie jetzt die Brustschwimmversuche mit beiden auf den Rücken geklappten Skiern. Gelingt dies, haben Sie nicht nur Ihre Startchancen durch die gewonnene Sicherheit merklich verbessert, sondern können während des Übungsbetriebs auch mal schnell reagieren - zum Beispiel eine abseits schwimmende Leine ergreifen -, ohne das umständliche Aus- und Anziehen der Ski in Kauf nehmen zu müssen.
- Nach der Schwimmgaudi, die Ihnen das erste Erfolgserlebnis vermittelt hat, ziehen Sie die Skier aus und treiben sie schwimmend bis zum Ufer vor sich her. Dazu legen Sie die Bretter mit der Lauffläche aufs Wasser, wobei die Skispitzen in Schwimmrichtung zeigen. Nacheinander am jeweiligen Skiende ausgeführte Stöße lassen die Geräte katapultartig nach vorn schießen.

Mit gestärktem Selbstvertrauen sind Sie nun bestens gerüstet für das Erlernen des Wasserskistarts in Theorie und Praxis.

Das Brustschwimmen mit Skiern an den Füßen ist eine hilfreiche Übung.

Auch die „Skier vor sich hertreiben" will gelernt sein. Man spart dadurch viel Zeit.

TROCKENÜBUNGEN AN LAND SIND DIE „HALBE MIETE"

Auf das Einüben neuer Bewegungsabläufe an Land können selbst erfahrene Wettkampfläufer und Spitzensportler aus folgenden Gründen nicht verzichten:

- Die Verständigung (also das Erklären und das Verstehen) ist an Land viel leichter möglich.
- Die Konzentration wird nicht durch störende Einflüsse im Wasser eingeschränkt.
- Ein Bewegungsablauf, der an Land gelernt und möglichst mental „automatisiert" wurde, läßt sich naturgemäß auf dem Wasser viel leichter umsetzen.
- Eine Kontrolle über die Körperhaltung und entsprechende Korrekturen am Bewegungsablauf können einfacher an Land gewährleistet werden.
- Trockenübungen kosten keinen teuren Treibstoff für das Boot.
- Das Üben an Land bereitet besonders in der Gruppe viel Spaß und kann wegen des geringeren Kraftaufwandes länger und öfter erfolgen.

Intensive Trockenübungen lassen sich auch sehr gut in das Aufwärmprogramm integrieren, das jeder Wasserskiläufer im eigenen Interesse den eigentlichen Zielübungen auf dem Wasser voranstellen sollte. Die organische Leistungsbereitschaft wird hierdurch ebenso verbessert wie das Zusammenspiel von Muskeln und Nerven. Die Verletzungsgefahren in Form von Zerrungen, Muskelrissen etc. werden verringert, Hemmungen und Ängste werden abgebaut und die Erfolgschancen weiter verbessert.

Startübungen an Land sind die „halbe Miete".

Für den Wasserskisport eignet sich am besten ein allgemeines physisches Aufwärmen durch Lauf- und gymnastische Übungen (siehe auch Seiten 23 und 24), die mit Dehnungen kombiniert werden. Mit einer an einem Pfahl oder Baum befestigten Wasserski-Hantel lassen sich darüber hinaus gut Übungen durchführen, die die besonders beanspruchten Körperpartien (Arm-Schulter-Bereich sowie Hüft-Bein-Bereich) ansprechen.

Unterstützt wird das physische Aufwärmen letztendlich durch ein mentales Aufwärmen, wie es sich im Leistungssport inzwischen durchgesetzt hat. Durch eine „intensive Vorstellung" der zu absolvierenden Bewegungsabläufe wird der mit den Trockenübungen bezweckte Automatisierungsprozeß sinnvoll unterstützt.

STARTEN LERNEN AM BOOT

Starten von einer Rampe oder einem Steg aus einer Sitz- oder Standposition beziehungsweise das Starten vom Strand aus dem Stand (wo erlaubt und möglich) mag rasant aussehen. Zu Beginn gilt es aus guten Gründen, den sogenannten Tiefwasserstart zu erlernen.
Jeder Läufer, der den Tiefwasserstart sicher beherrscht, gewöhnt sich ohne größere Umstellungsschwierigkeiten auch schnell an die anderen Startmethoden. Außerdem ist es der einzige Start, der es dem Läufer ermöglicht, nach einem Sturz erneut ohne ufernahe Einrichtungen wieder in den Wasserskistand zu gelangen. Somit wird dem Anfänger auch ein Teil der Angst vor einem möglichen Sturz genommen.

Von den vielen Dingen, die der Mensch täglich wahrnimmt, kann er in der Regel nur etwa 1/3 behalten. Prägen Sie sich daher von „Fuß bis Kopf" nur folgende vier wesentlichen Dinge ein:

- Die Füße halten die Skier in etwa Handbreite auseinander so schräg im Wasser, daß die Skispitzen aus dem Wasser ragen.
- Die Knie sind dabei so stark anzuwinkeln, daß sie nach Möglichkeit die Brust berühren.
- Die Arme umschließen die Knie und sind fast gestreckt.
- Der Blick (Kopfhaltung!) ist auf das Zugboot gerichtet.

Die vier Stichworte „Füße" (bzw. Skier), „Knie", „Arme" und „Blick" (Kopf) sind sicher leicht zu merken. Damit sind Sie schon startklar. Sobald das Zugboot auf Kommando nach dem Straffen der Leine anziehen soll, muß automatisch bei Ihnen das „rote Lämpchen" für den fünften entscheidenden „Tagesbefehl" aufleuchten:

- Körper anspannen und passiv verhalten!

Viele Leute können Anleitungen erst dann umsetzen, wenn sie wirklich verstanden haben, „warum das so sein muß". Einige Zusatzerläuterungen zu den genannten Anleitungen können daher bestimmt hilfreich sein:

- Sind die **Skier** mehr als Handbreite auseinander, werden sie spagatförmig zur Seite weggedrückt, während der Druck zunehmend auf den Körper gerichtet wird. Stehen sie zu steil im Wasser, steigert sich die Bremswirkung extrem. Ra-

gen die Skispitzen nicht aus dem Wasser, werden sie unter Wasser gezogen.

- Sind die **Knie** nicht ausreichend angewinkelt oder stemmen Sie sich gar mit gestreckten Beinen gegen das Wasser, wird der Druck auf das größer werdende Körpervolumen ebenfalls so stark, daß Sie die Hantel loslassen müssen. Die für die erste Wegstrecke angestrebte Hockhaltung muß also während der gesamten Startphase beibehalten werden.
- Die **Arme** stellen praktisch die Verlängerung der Wasserskileine, an der kein „Gummieffekt" entstehen sollte, dar. Versuchen Sie also, an der Hantel zu ziehen (um etwa schneller aus dem Wasser zu gelangen), schnellen Sie Ihre Eigengeschwindigkeit kurzzeitig um 25-35% herauf, wodurch Sie das Gleichgewicht verlieren.
- „Der Körper folgt immer dem **Kop**f", lautet eine eherne Wasserski-Regel. Mit anderen Worten: Wo ich hinschaue, falle ich auch hin. Schauen Sie daher nicht auf Ihre Skier oder in das Wasser.

Auch wenn der Startvorgang nun geistig erfaßt ist, kann er körperlich nicht unbedingt automatisch umgesetzt werden. Die „Körperdressur" zur Vermeidung fehlerhafter Reaktionen im Wasser sollte daher mit Hilfe der erwähnten Trockenübungen vorab an Land wie folgt durchgeführt werden:
Nehmen Sie ein Hanteldreieck und ein Paar möglichst alte

Skier. Üben Sie dann zu zweit auf einer Wiese oder auf feinem Sand unseren „4- bzw. 5-Punkte-Startvorgang", wobei einer „Zugboot" spielt. Sie steigen in die angefeuchteten Bindungen,

- halten die **Füße** (bzw. Skier) eine Handbreite auseinander,
- gehen so tief in die Hocke, daß die **Knie** möglichst die Brust und das Gesäß die Fersen berühren,
- halten die Hantel so, daß die fast gestreckten **Arme** die Knie umschließen und
- richten den Blick **(Kopf)** frei nach vorn.

Mit dem Kommando „o.k." **spannen Sie den gesamten Körper** so an, daß Ihr Partner Sie zunächst mit gleichbleibend angewinkelten Knien in Hockstellung mit dem Körperschwerpunkt über die Bindung und erst dann mit den Skiern über den Boden zieht. Durch häufiges Wiederholen prägen sich die beiden Vorgänge, nämlich das Ziehen des gehockten Körpers über die Bindung und das Gleiten bzw. Rutschen auf den Skiern in Hockstellung mit gestreckten Armen so ein, daß der Körper automatisch richtig reagiert. 15 bis 25 Kniebeugen mit gestreckten Armen sowie Laufen mit „Anhocken" unterstützen dieses Landprogramm und bewirken gleichzeitig das Aufwärmen der Muskulatur.

MERKE: Die Aufgabenstellung in der ersten Phase heißt „Starten lernen" und nicht „Wasserski-Laufen in perfekter Körperhaltung". Da Sie in zusammengekauerter Hockstellung anfangs über das beste Gleichgewichtsgefühl verfügen, ist also ein Aufrichten des Körpers beim ersten Lernschritt noch nicht erforderlich. Versuchen Sie nach geglücktem Versuch im Wasser lieber, den Startvorgang noch einige Male zu wiederholen, und lassen Sie den ersten Wasserskitag in Glücksstimmung nach Ihrem ersten Erfolgserlebnis ausklingen!

unten:
Auch nach dem Start sollten Sie sich nicht sofort aufrichten, denn in der sicheren Hockstellung haben Sie ein besseres Balancegefühl.

STARTEN LERNEN AN DER WASSERSKI-SEILBAHN

Lassen Sie sich nicht beirren oder täuschen: Im Grunde gilt hier das gleiche „4- bzw. 5-Punkte-Programm" wie hinter einem Boot. Der einzige Unterschied ist, daß der Läufer sich von vornherein in stehender bzw. hockender Fahrposition auf einer Rutschrampe befindet. Wie in unserem Sonder-Kapitel über das System der Wasserski-Seilbahn beschrieben, wird der Läufer von dieser Rampe relativ sanft in den „fahrenden Zug" des Umlaufseils aufs Wasser gezogen. Gegenüber dem Start am Boot entfällt also nur die Bewegung des Körpers im Wasser von der Position hinter den Skiern zur Position über die Bindungen. Ansonsten gilt für

- **Füße** (Skier) = Handbreite auseinander
- **Knie** = möglichst stark beugen
- **Arme** = in fast gestreckter Haltung unverändert belassen
- **Kopf** = Blickrichtung zum Horizont und
- **Anspannung** = des gesamten Körpers

das gleiche.

Bei den Trockenübungen, die auch auf der Startrampe selbst absolviert werden können, ist das Ziehen des Körpers aus der fast sitzenden Position bis zum Schwerpunkt über den Bindungen aber nicht erforderlich. Der Lernende kann vielmehr sofort die Fahrposition in Hockstellung einnehmen und sich einige Male über einen Teil der Rampe ziehen lassen. Da der Belag der Rampe natürlich stärker bremst als das Wasser, empfiehlt es sich, dieses „Probeziehen" unverhofft mal zu unterbrechen, um kontrollieren zu können, ob die Arme selbst dann unverändert gestreckt bleiben und die Hockstellung beibehalten wird. Auch an der Seilbahn gilt es schließlich, sich an den Startvorgang zu gewöhnen und die ersten ein- bis zweihundert Meter in der sicheren Hockstellung zurückzulegen.

WASSERSKI-LAUFEN IN KORREKTER KÖRPERHALTUNG

Nächstes Ziel nach dem Erlernen des Starts ist es, die Körperhaltung für das Wasserskilaufen einzuüben, die am effektivsten ist. Effektiv ist sie dann, wenn sie bei minimalstem Kraftaufwand ein Höchstmaß an Wohlbefinden (Bequemlichkeit) und Wasserski-Vergnügen bereitet. Körperhaltungen im Sport, die so ausgerichtet sind, bieten freilich noch zwei weitere Vorteile. Zum einen beanspruchen sie den passiven Bewegungsapparat des Körpers (Bandscheiben, Knochen und Gelenke) auch aufgrund der geringeren Verkrampfung möglichst wenig. Und zum anderen bieten nur sie die geeignete Basis, darauf aufbauend neue Lernziele zu erreichen.

Beginnen Sie vor den Zielübungen im Wasser zunächst unbedingt wieder mit Trockenübungen. Nehmen Sie also - wie bei den Startübungen - ein Hanteldreieck und (falls vorhanden) ein Paar alter Skier und üben Sie zu zweit (wobei einer wiederum „Zugboot" spielt) an Land, das langsame Aufrichten des Körpers aus einer möglichst tiefen Hockstellung, wobei

- die Skier nur etwa eine Handbreite auseinander liegen,
- die Füße von Beginn an möglichst flach auf den Standflächen in den Bindungen verbleiben,

ALABAR ECHUCA

oben: Falsche Körperhaltungen
unten: Korrekte Körperhaltung

- die Beine nicht völlig gestreckt, sondern immer so leicht angewinkelt werden, daß sie quasi die Rolle von Stoßdämpfern übernehmen können,
- die Arme während des gesamten Bewegungsvorgangs immer fast gestreckt bleiben,
- der Oberkörper schon während der Aufwärtsbewegung eine leicht gegen den Widerstand der Zugleine gerichtete Rücklage so anstrebt, daß er von Beginn an aufrecht und nicht „eingefallen" nach vorn gerichtet wird,
- der Blick geradeaus, also nicht zum Boden gerichtet ist.

10- bis 20maliges Wiederholen dieser Auf- und Abwärtsbewegungen bringt nicht nur das Gefühl für die bequemste Körperhaltung, sondern sollte wie immer der Auftakt zu Ihrem Aufwärmprogramm sein, das nicht eintönig und langweilig zu sein braucht. Lauf-, Hüpf- und Dehnungsübungen können mit Kräftigungsübungen und Ballspielen etc. kombiniert werden, so daß erst gar nicht das Gefühl eines Pflichtprogramms aufkommt.

Auf dem Wasser beginnen Sie dann mit den exakt gleichen Übungen, die Sie schon an Land praktiziert haben, sobald Sie sich sicher fühlen. Dabei halten Sie sich ausschließlich in der Heckwelle des Zugbootes auf. Beim häufigen „Tief-in-die-Hocke-Gehen" und wieder „Aufrichten" während der Fahrt sollten Sie versuchen, der beschriebenen idealen Körperhaltung immer ein Stückchen näherzukommen. Sie lernen so, mit unterschiedlichen Körperhaltungen zu variieren, gewinnen an Sicherheit und können schwierige Situationen (z.B. Wellen) besser meistern. Dabei bekommen Sie auch ein Gespür dafür, wie nützlich es ist, in die Hockstellung zurückzugehen, wenn das Balancegefühl außer Kontrolle gerät.

Auch die nächste Übung bereitet einen Mordsspaß und vermittelt schnelle Erfolgserlebnisse auf dem nassen Element. Da Sie jetzt schon wesentlich sicherer auf den

Brettern stehen, sollten Sie nun das einmal ausprobieren, was bei den ersten Startversuchen unbedingt vermieden werden muß: nämlich in der Geradeausfahrt an der Hantel zu ziehen. Mal ganz sacht und mal stärker. Durch das Heranziehen der Hantel zur Hüfte erzielen Sie den in der Rubrik „Starts" erwähnten Beschleunigungseffekt. Weil die Geschwindigkeit des Bootes aber konstant bleibt, werden Sie auf diese Weise erstmals mit dem Problem des sogenannten „Schlappseiles" konfrontiert. Durch den erzielten Gummieffekt hängt die Wasserskileine nach Ihrem Ziehen kurzzeitig durch und Sie verspüren vorübergehend keinen Widerstand mehr. Sie werden erstaunt sein, wie positiv sich diese Übung auf Ihr Gleichgewichtsempfinden und das Gefühl für Beschleunigung auswirkt.

WASSERSKI-LAUFEN IN GUTER KÖRPERHALTUNG AN DER SEILBAHN

Das Übungsprogramm an Land und auf dem Wasser unterscheidet sich gegenüber dem Sektor „Boot" im Grundsatz überhaupt nicht. Allerdings fehlt die Heckwelle, innerhalb derer der Läufer über lange Strecken geradeaus fahren kann. Statt dessen

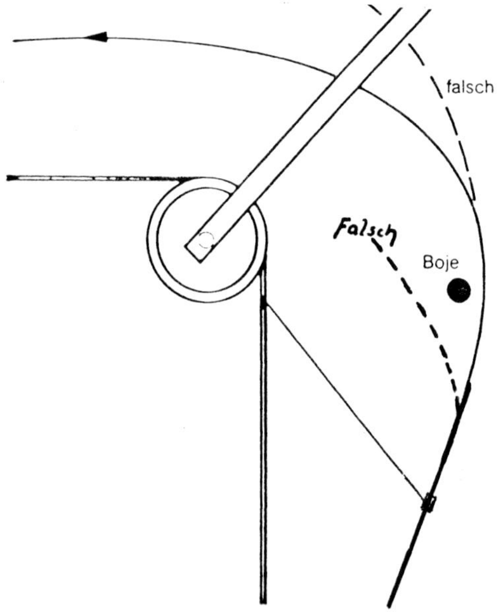

An der Wasserski-Seilbahn kann Kurvenfahren mit erst kleinen dann großen Bögen auf den langen Geraden geübt werden. Ein (kleines) Problem ist das Passieren der Umlenkrollen.

führt er seine Übungen auf den beiden „langen Geraden" der Seilbahn aus, die sich meist über die ausreichende Länge von je etwa 310 m erstrecken. Doch dann müssen jeweils die „Ecken" umfahren werden. Das ist der Grund, weshalb der Anfänger hier vor den Übungen zur Verbesserung der Körperhaltung unbedingt seine Aufmerksamkeit und Konzentration auf folgende Merkmale richten sollte:

- An den Umlenkrollen der Seilbahnen ist jeweils eine rote Boje positioniert. Wird sie außen in etwa 1-1,5 m Entfernung umfahren, ist der Bogen groß genug, um der fast rechtwinkligen Umlenkung des Führungsseils mit stets straffer Wasserskileine folgen zu können.
- Um die Bojen zu erreichen, muß der Läufer seine Fahrtrichtung zunächst nach außen ändern. Richtungsänderungen werden - wie beim Radfahren - ganz einfach durch Gewichtsverlagerungen nach rechts oder links erzielt.
- Kurz vor Erreichen der Boje nehmen Sie am besten die stabile Hockstellung ein, winkeln die Arme etwas an und schauen nach oben, damit Sie vom „Umschlagen" der Wasserskileine an der Umlenkrolle nicht überrascht werden können. Ein sanfter Ruck, und weiter geht's.
- Selbstverständlich können Sie an Seilbahnen auch mehrere Runden ohne Unterbrechung fahren. Wollen Sie aber „aussteigen", fahren Sie bitte durch die kurz vor dem Starthaus angebrachten zwei weißen Bojen hindurch und lassen die Hantel einfach los.

KURVENFAHREN UND HECKWELLENKREUZEN AUF PAARSKI

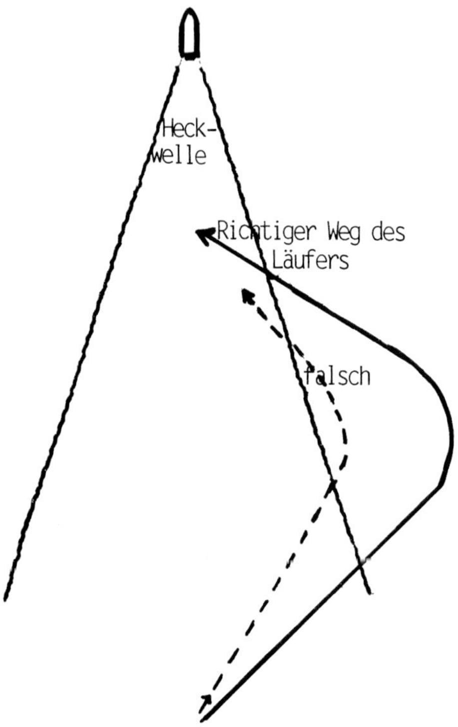

Während der Seilbahnläufer zwangsweise relativ früh und schnell daran gewöhnt wird, daß Richtungsänderungen durch einfache Gewichtsverlagerungen nach rechts oder links erzielt werden, kommt diese Aufgabe auf den Bootsläufer erst jetzt zu. Egal, ob Boot oder Seilbahn: Gewöhnen Sie sich von vornherein an gleichmäßig rhythmisches Kurvenfahren.

Jeder Mensch hat bekanntlich eine starke und eine schwache Seite. Nicht immer bestimmen sich im Wasserskisport diese Seiten danach, ob jemand Rechts- oder Linkshänder oder -füßler ist. Wichtig ist beim Erlernen eines Sports in jedem Fall, daß beide Seiten gleichermaßen trainiert werden. Beim späteren Slalomfahren auf Monoski scheiden sich zum Beispiel genau an diesem Punkt die Geister. Durch zunächst leichtes und allmählich stärkeres Lehnen des Oberkörpers in die gewünschte Richtung und sofortiges Gegenlehnen im Scheitelpunkt der Kurve bewirken Sie gleichmäßig runde und möglichst nicht „abgehackte" Kurven ohne Schlappseileffekt. Das seitliche Lehnen gegen die Zugrichtung ist naturgemäß ebenso wie das Heranziehen der Hantel an den Körper ein Mittel zur vorübergehenden Beschleunigung. Erfolgt nach dem Beschleunigen nicht unverzüglich schon in der Kurve die nächste Beschleunigung in Gegenrichtung, läßt der Zug der Wasserskileine entsprechend der Verlangsamung zurück bis auf Bootsgeschwindigkeit nach, und von Gleichförmigkeit kann bei den Kurven nicht mehr gesprochen werden. Wichtig beim Kurvenfahren ist eine möglichst „enge Skiführung".

Am Zugboot sollte dieses rhythmische Kurvenfahren

- an etwas verlängerter Leine und mit kleineren Kurven innerhalb der Heckwelle und nachher
- mit größeren Kurven zunächst nur rechts und links neben der Heckwelle geübt werden.

An der Seilbahn existiert die Heckwellenproblematik nicht, so daß gleich zu Anfang mit möglichst großen und gleichmäßigen Schwüngen gelaufen werden kann.

Das Problem des Heckwellenkreuzens liegt in der bis dahin ungewohnten „Berg- und Talfahrt" hinter dem Boot. Sie stellt eine neue (vor allem psychologische) Barriere dar. Die Überwindung neuer Hindernisse oder Schwierigkeitsgrade führt beim Lernenden in der Regel dazu, wieder in alte und eigentlich bereits „ausgebügelte" (Körperhaltungs-)Fehler zurückzufallen. Stellen Sie sich daher keine neuen Aufgaben, bevor nicht die vorherige Lernstufe ausreichend gut absolviert wurde. Zu große Happen bedeuten selbst bei schmackhaften Gerichten schnell Appetitverlust. Achten Sie ferner darauf, daß Ihre gute, lockere Idealhaltung besonders beim Heckwellenkreuzen stets beibehalten wird:

- Fahren Sie nie in einem zu spitzen Winkel auf die Heckwelle zu! Fast paralleles Überqueren der Heckwelle bringt die Skier kurzzeitig auf unterschiedliche Laufebenen und läßt sie leicht kippen. Gleichmäßige weite Bögen verhindern dies.
- Halten Sie den Kopf immer aufrecht und schauen Sie in die jeweils gewünschte Fahrtrichtung, keinesfalls aber auf die Heckwelle.
- Belasten Sie beim Kurvenfahren und Heckwellenkreuzen den jeweils (kurven-)äußeren Ski. Durch Stemmen gegen das Wasser werden die Skier auf- und in der Kurve umgekantet.
- Benutzen Sie Ihre stets angewinkelten Knie als Stoßdämpfer zum Abfangen aller Wasserunebenheiten.
- Versuchen Sie nicht, ein „Schlappseil", wenn es trotz allem mal auftritt, dadurch auszugleichen, daß Sie die Hantel hoch zum Kopf oder gar über den Kopf hinwegziehen! Ob beim Beschleunigen oder beim Ausgleich des „Schlappseils", die Hantel wird immer zur Hüfte geführt.

ganz oben:
Auf dem Foto zu erkennen ist das falsche Zufahren auf die Heckwelle...

oben:
Das ist das Ergebnis falschen Zufahrens auf die Heckwelle – die Skier werden auseinandergerissen, die Skier befinden sich auf unterschiedlichen Ebenen, die Körperhaltung stimmt nicht mehr und man verliert das Gleichgewicht.

unten:
Das Gewicht wird auf den Außenski verlagert, um die Heckwelle zu kreuzen.

UMSTEIGEN VON PAAR- AUF MONOSKI

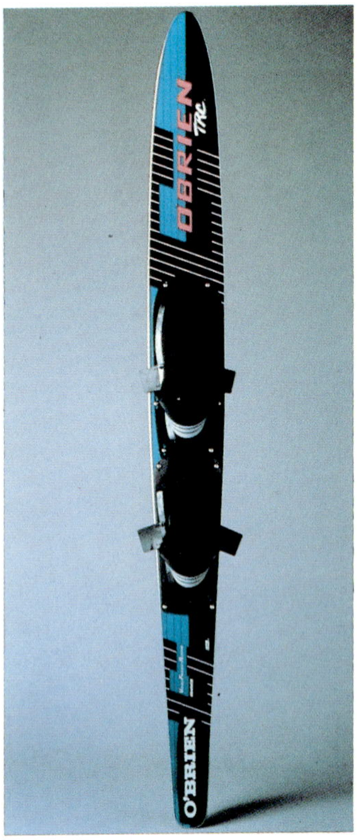

In Schulungskursen des Freizeit- und Breitensports beginnt mit diesem Thema bereits der Unterricht für Fortgeschrittene. Die erste „Gewissensfrage" sollte daher lauten: „Will ich überhaupt weitermachen?"
Immerhin bereitet das sichere Laufen auf Paarski mit Heckwellenkreuzen und vielleicht auch Heckwellenspringen (mit kurzzeitigem Abheben der Skier durch Abdrücken aus der Hockstellung) so viel Spaß und Freude, daß diese Form des Austobens auf dem Wasser vollauf zufriedenstellend sein kann. Darüber hinaus bieten ja auch der Teller, das Kneeboard oder der „Skurfer" alternative Wasserskivergnügen.
Ob jung oder alt, die meisten Menschen suchen aber im Sport immer wieder neue Herausforderungen. Und wer läßt sich von den faszinierenden Wasserfontänen eleganter Slalomläufer nicht gern inspirieren und anstecken? Wenn es also kribbelt, sollte trotzdem aber erst das berühmte „Lämpchen" angehen, das rät: „Erst denken, dann handeln". Mit anderen Worten:

- Was sollte ich über die Unterschiede zwischen Paarski und Monoski wissen?
- Gibt es gegenüber den ersten Lernschritten auf Paarski nun Unterschiede in der didaktisch-methodisch richtigen Reihenfolge des Lernens?
- Welche Techniken (Körperhaltung, Bewegungsabläufe) muß ich für Monoski-Laufen an Boot bzw. Seilbahn erlernen?

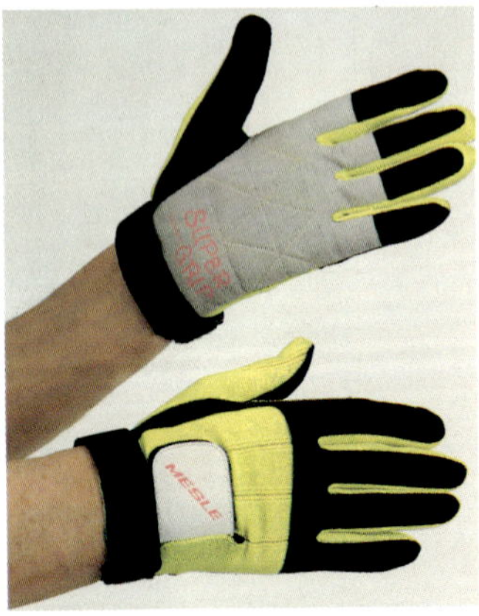

Was ändert sich an der Ausrüstung?

Keine Angst, Neuanschaffungen sind zunächst weder erforderlich, noch sinnvoll. Wasserskiweste und Neopren- oder Trockenanzug stellen eh auch künftig Ihre Grundausstattung dar. Und an den Paarskiern sind nur dann zwei kleine Details zu ändern, wenn sie nicht ohnehin als Combo- oder Kombinationsski (Paarski, wovon einer als Monoski benutzt werden kann) gekauft wurden.
Wenn Wasserski statt auf zwei nun auf einem Ski gelaufen werden soll, müssen die Füße auf dem Monoski zwangsläufig hintereinander stehen. Daher muß dieser Ski zur besseren Richtungsstabilisierung über einen vergleichsweise größeren Kiel (Finne) am Heck und für den hinteren Fuß über eine sogenannte „Monolasche" verfügen. Diese beiden „Ersatzteile" lassen sich in jedem gut sortierten Pro-Shop besorgen und mit ein wenig handwerklichem Geschick gegebenenfalls selbst montieren. Hierauf beschränken sich vorerst die Unterschiede. Der Grund ist einleuchtend: Das Erlernen des Monoskilaufens vollzieht sich in den ersten Phasen nur in der Geradeausfahrt. Dafür eignen sich am besten Paarskier, die möglichst lang und breit sind und deren Lauffläche entweder flach oder nur minimal konkav (nach innen gewölbt) ist. Daß sich somit ein Höchstleistungs-Wettkampfski, der für extreme Schräglagen in Kurven bei hohen Effektivgeschwindigkeiten gebaut ist, kaum für den Lernenden eignet, sollte folglich klar sein.

Was ist in welcher Reihenfolge zu erlernen?

Das beste Gleichgewichtsgefühl im Stand hat der Mensch, wenn die Füße nebeneinander stehen. Sollen die Füße nun für längere Zeit dicht hintereinander gestellt werden, muß ein neues Gleichgewichtsgefühl vermittelt werden. An Land würde diese Aufgabe auch nicht sehr zweckdienlich dadurch gelöst, daß das ungewohnte unstabile Stehen sofort aus komplizierten Bewegungen heraus eingeübt wird.

Schrittweises Hinführen von leichten, einfachen und bekannten Übungen zu komplizierteren und schwereren, heißt das Credo im Wasserskisport. Aus diesem Grund lautet hier die Reihenfolge nicht wie für den Paarski-Bereich: erst starten - dann laufen lernen, sondern umgekehrt: erst laufen - dann starten lernen. Das gilt im Prinzip auch für den Seilbahn-Sektor, in dem der Monoskistart wesentlich leichter erlernbar ist, als hinter dem Boot.
Das Erlernen des Monoskilaufens baut also systematisch auf den Kenntnissen und Vorerfahrungen aus dem Umgang mit zwei Skiern auf. Dieses Vorgehen bietet zwei entscheidende Vorteile. Erstens bekommt der Läufer durch die Vorübungen ein Gefühl dafür, welchen Fuß er auf dem Monoski in die vordere Bindung stellen sollte. Und zweitens werden die Erfolgschancen für die nicht ganz so einfachen Monoskistartversuche verbessert, weil das neue Balancegefühl bereits vorhanden ist.

Die Vorübungen

Die einfachste und vor allem sicherste Art, das Laufen auf einem Ski zu üben, besteht darin, daß während der Fahrt mit zwei Skiern ein Ski angehoben wird. Ohne Vorbereitung fällt dem Lernenden aber auch diese Aufgabe schwer. Trockenübungen an Land und ein zielgerichtetes Aufwärmen der Muskulatur sind auch hier das probate Mittel für einen erfolgversprechenden Einstieg.
Mit einem Hanteldreieck und alten Skiern üben Sie zu zweit also nach Möglichkeit auf Rasen oder Sand das wechselseitige Anheben eines Skis und achten dabei auf folgende Körperhaltung:

- Kopf hoch und Blick zum Horizont
- Arme leicht anwinkeln und Hantel in Hüfthöhe
- Oberkörper gegen den Widerstand der Leine leicht zurücklehnen
- Hüfte in Richtung Hantel nach vorne schieben
- abwechselnd das rechte und das linke Bein so anheben, daß die jeweilige Skispitze nach oben ragt
- das jeweilige Standbein bleibt ebenfalls leicht angewinkelt, so daß trotz „Storchenhaltung" ein leichtes Federn möglich ist.

Ein heißer Tip für Leute mit Balanceproblemen: Führen Sie beim wechselseitigen Anheben der Skier die Hantel in Hüfthöhe so ein wenig zur Seite, daß der Zugpunkt exakt über dem jeweiligen Standbein liegt.
Je häufiger und länger Sie diese Übungen absolvieren, um so leichter fallen Ihnen die Zielübungen auf dem Wasser.
Hinter dem Boot halten Sie sich bei den dann deckungsgleichen Übungen in guter Körperhaltung anfangs nur in Geradeausfahrt in der Heckwelle auf. Zur Vermeidung eines unfreiwilligen Sturzes nach vorn sollten Sie insbesondere darauf achten, daß die Skispitzen beim Anheben nicht ins Wasser eintauchen können.
Sobald Sie sich beim Laufen mit einem angehobenen Ski sicher fühlen, sollten Sie den Schwierigkeitsgrad der Übungen dadurch steigern, daß Sie die Heckwelle mit einem gleichzeitig angehobenen Ski kreuzen. Häufiges Wechseln des Standbeins bringt Ihnen spätestens hier u.a. Aufschlüsse über Ihre „starke Seite".

unten:
Trockenübungen: ob als Vorübung abwechselndes Anheben der Skier, Abwerfen eines Ski und Umsteigen auf Monoski...alle Bewegungsabläufe sollten zunächst an Land geübt werden.

An der Wasserski-Seilbahn tritt an die Stelle des Heckwellenkreuzens das Umfahren der Umlenkrollen mit abwechselnd angehobenen Skiern. Egal, ob Boot oder Seilbahn: Von der Intensität dieser Vorübungen hängen die weiteren Lernerfolge ab.

Das Standbein

Mit der Antwort auf die Frage, welcher Fuß in die vordere Bindung genommen wird, werden die Weichen für die weitere wasserskisportliche Entwicklung gestellt. Ein späteres Umgewöhnen ist in der Regel schwieriger als das Schreibenlernen mit der linken Hand durch einen Rechtshänder. Generelle und für alle Menschen allgemeinverbindliche Empfehlungen auf die Frage „Was ist am besten?" können - wie häufig im Sport - bei seriöser Beurteilung nicht gegeben werden. Ihre persönliche Entscheidung sollten Sie daher von Ihren wasserskisportlichen Ambitionen abhängig machen:

Wenn Sie als Freizeitsportler nur daran interessiert sind, das Monoskilaufen auf möglichst leichte und schnelle Art und Weise zu erlernen, sollten Sie unbedingt das „bessere" Bein nach vorn nehmen. Gemeint ist also das Bein, mit dem Sie bei den Vorübungen sicherer und länger auf nur einem Ski stehen konnten. Ob Sie Rechts- oder Linksfüßler sind, spielt dabei nicht unbedingt eine Rolle. Für Lernende, die trotz allem nicht sicher in ihrer Entscheidung sind, wird in Kursen gern der sogenannte „Schubstest" eingesetzt. Der Schüler stellt sich dabei locker in einen freien Raum und wird plötzlich nach vorn „geschubst". Das Bein, mit dem er sich dann instinktiv abfängt, wird als Standbein gewählt.

Für junge Wettkampfsportler steht nicht das möglichst schnelle Beherrschen einer Übung, sondern der spätere Erfolg, die Höchstleistung, im Vordergrund der Überlegungen. Sie müssen primär daran interessiert sein, als Leistungssportler auch bei Höchstgeschwindigkeit und an verkürzten Leinen einen optimalen Rhythmus im Slalomfeld laufen zu können. Für sie gilt die „Gretchenfrage", ob die „schwächere Seite" dadurch verbessert werden kann, daß das „starke Bein" nach hinten genommen wird. Aus Reihenbeobachtungen ist bekannt, daß Wasserskiläufer, die den rechten Fuß in der vorderen Bindung haben, Rechtskurven besser beherrschen. Linker Fuß in der vorderen Bindung hat dementsprechend bessere Linksbögen zur Folge. Kann der Wasserski-Lehrer nun durch rechtzeitige Tests mit jungen Schülern die Schokoladenseite sicher herausfinden, kann er eine günstigere Ausgangsposition für die „schlechte Seite" schaffen. Als ein möglicher Test wird in Kursen gern eine Laufaufgabe eingesetzt. Es gilt dabei, einen in 20 oder 30 m vorhandenen Baum oder aufgestellten Pfahl so schnell wie möglich zu umrunden und zum Startpunkt zurückzulaufen. Unwillkürlich umkurvt der Schüler den Baum oder Pfahl mit seiner Schokoladenseite. Zur Theorie, wonach der Linksfüßler einen Vorteil im Slalomfeld hat, weil die erste für den Gesamtkurs wichtige Boje immer mit einem Linksbogen zu umkurven ist, existiert - wie häufig im Leben - eine Gegentheorie. Sie besagt, daß der eigentliche Kampf erst an der zweiten Boje beginnt, während für das Anfahren der ersten Boje die längste Vorbereitungszeit zur Verfügung steht.

Nicht ernst zu nehmen sind dagegen Tips, wonach das „stärkere" Bein nach hinten genommen werden sollte, damit das Skiende im Slalomfeld besser ins Wasser gestemmt werden kann. Richtig ist, daß der Monoski auch im Slalomfeld möglichst flach im Wasser geführt werden und daher mit beiden Beinen gleichmäßig belastet werden muß. Während der Bremsphase im Slalomfeld soll das Belastungsverhältnis nach Ansicht von Weltklasseläufern gar 70 zu 30 (vorderer zu hinterem Fuß) sein.

Das „Abwerfen" eines Skis

Um es vorwegzunehmen, die Methode von zwei auf einen Ski umzusteigen, ist didaktisch-methodisch zwar die beste Art, schnell und leicht zu lernen, hat in der Praxis aber einige gravierende Nachteile.

Zum einen haften Läufer und Bootsbesatzung für eventuelle Schäden, die zum Beispiel in Schiffahrtsstraßen dadurch entstehen, daß andere Fahrzeuge mit dem abgeworfenen Ski kollidieren. Zum anderen ist es für die Bootsbesatzung oftmals nicht einfach, den durch Strömung und Wind abgetriebenen Ski wiederzufinden. Das gilt insbesondere auch bei etwas welligem Wasser oder bei reflektierendem Licht auf der Wasseroberfläche in Küstengebieten. Diese Manöver setzen also einen sehr erfahrenen Bootsfahrer voraus und kosten in der Regel viele „Leerfahrten" nach Stürzen des Läufers. Immerhin muß der Ski ja jedesmal erst wieder aufgenommen und zum Schüler gebracht werden. Es bleibt also vorher genau zu überlegen, welche Wasserfläche für die Anwendung dieser Lernmethode geeignet ist. Am besten geeignet sind ruhige Stellen, wo der Läufer nach einer langgezogenen Kehrtwendung wieder beim abgeworfenen Ski landen kann. In jedem Fall sollte der abzuwerfende Ski aber im eigenen Interesse durch Leuchtfarben gut sichtbar gemacht werden. Als Alternative zur „Abwerf-Methode" bietet sich zwar der Einsatz einer seitlich am Boot angebrachten Übungs- bzw. Lernstange an, jedoch darf diese ohne Sondergenehmigung (siehe „Wasserski-Verordnung") nicht benutzt werden.

Die Ihren ersten Versuchen voranzustellenden Trockenübungen simulieren praktisch das langsame Herausschlüpfen aus der Bindung des abzuwerfenden Skis in guter Körperhaltung und das blinde Aufsetzen des dann freien Fußes auf den hinteren Teil des Monoskis.

Achten Sie bei Ihren Zielübungen im Wasser auf folgende Details:

* Stellen Sie rechtzeitig vor Ihrem Start die Bindung des abzuwerfenden Skis so weit, daß Ihr Fuß leicht herausschlüpfen kann.
* Vergewissern Sie sich bei den Startvorbereitungen, daß der Monoski mit dem größeren Kiel und der Monolasche wirklich an Ihrem Standbein ist. Die Nervosität vor dem Start ist meist groß!

* Lassen Sie sich Zeit mit dem Abwerfen, kontrollieren Sie erst noch einmal Ihre Körperhaltung und warten Sie auf das Erreichen einer Stelle auf der Wasserskistrecke, wo der hinterlassene Ski niemanden behindern oder gefährden kann.
* Halten Sie sich während des „Abwerfvorgangs" und der anschließenden Monoski-Fahrt nur in der Heckwelle des Bootes auf.
* Verlagern Sie vor dem Abwerfen zunächst langsam Ihr Körpergewicht auf den Monoski, indem Sie die Hantel von der Körpermitte über Ihr Standbein führen.
* Versuchen Sie nun, Ihren Fuß langsam aus der weit gestellten Bindung zu ziehen, indem Sie die Ferse anheben und den Fuß steil stellen.
* Lassen Sie den frei gewordenen Fuß zur ersten Stabilisierung Ihres Gleichgewichts zunächst eine Weile im Wasser nachschleifen.
* Stellen Sie Ihren freien Fuß zunächst nur auf den hinteren Teil des Monoskis ohne die Monolasche zu suchen, damit Sie nicht sofort wieder Ihre Sicherheit und das Gleichgewichtsgefühl verlieren.
* Belasten Sie nun den Monoski auch voll mit dem hinteren Fuß, indem Sie nicht nur den Ballen, sondern auch die Ferse auf den Ski stellen.
* Schlüpfen Sie erst dann langsam mit dem hinteren Fuß in die Monolasche, wenn Sie nach einigen Versuchen ein sicheres Gefühl erlangt haben.
* Achten Sie in Abstimmung mit dem Bootsfahrer vor allem darauf, daß der Zugwiderstand möglichst hoch ist. Je größer der Zugwiderstand, um so besser ist im Anfang das Gleichgewichtsgefühl. Einen möglichst hohen Zugwiderstand erreichen Sie durch eine entsprechend niedrige Bootsgeschwindigkeit (je nach Körpergewicht zwischen 28-30 km/h). Der Monoski sinkt dadurch tiefer ins Wasser ein. Sie benötigen zwar dann mehr Kraft, lernen aber zweifellos schneller.

An Wasserski-Seilbahnen verbietet sich die Anwendung dieser „Umsteige"-Methode speziell in Hochsaisonzeiten, weil der abgeworfene Ski nachfolgende Läufer behindern oder gefährden kann. Hier muß das beschriebene Anheben eines Skis (siehe Abschnitt „Vorübungen") entsprechend intensiver geübt und anschließend gleich mit dem Monoski gestartet werden.

Der Monoski-Start

Ein diffiziles Thema, bei dem die meisten Wasserskiläufer kurzzeitig ein wenig ins Schwitzen geraten. Wir wollen daher der Beschreibung der einzelnen Methoden und aller wissenswerten Details einen gesonderten Abschnitt widmen. Schließlich kommt im Hinblick auf die zuvor geschilderten Nachteile von „Umsteige-Manövern" niemand, der Monoski laufen möchte, daran vorbei, den Monoski-Start zu erlernen. Unsere Anleitungen und Tips werden aber ein Garant dafür sein, daß Sie auch diese Aufgabe alsbald meistern. Beherzigen Sie jedoch bei Ihren Vorbereitungen unbedingt unsere in den vorangegangenen Abschnitten gegebenen Empfehlungen

- zur Frage der Ausrüstung (möglichst großvolumiger Ski mit ebener Lauffläche!)
- zur Notwendigkeit von vorgeschalteten Trockenübungen an Land und
- zur Bedeutung des Aufwärmens der Muskulatur vor dem Start.

Hinter einem Boot möchte jeder auch nach einem Sturz sofort wieder starten können. Wie beim „Paarski-Start" kommt daher in der ersten Lernphase ein Starten von ufernahen Einrichtungen aus nicht in Betracht.

Der Tiefwasserstart

Prägen Sie sich wieder wie bei Ihren ersten Starts mit zwei Skiern die wichtigsten Kriterien von „Fuß bis Kopf" in systematischer Reihenfolge ein:

* Der Fuß Ihres bis zur Brust angewinkelten Standbeins hält den Ski schräg (also nicht zu steil) so im Wasser, daß
  - er exakt auf Körpermitte ausgerichtet ist und
  - nur die Skispitze aus dem Wasser ragt.
* Das 2., „freie" Bein übernimmt so ähnlich wie das Schwert beim Surfboard oder Segelboot die Aufgabe der Stabilisierung des Gleichgewichts. Aus diesem Grunde wird es während des gesamten Startvorgangs möglichst gestreckt tief im Wasser gehalten und nachgeschleift.
* Die Arme sollten angewinkelt sein und das angewinkelte Knie des Standbeins nach Möglichkeit umschließen.
  - Die Hände halten die Hantel tunlichst mit dem sogenannten „Baseball"- oder „Kontergriff" (also Kamm- und Ristgriff), wobei die vom Boot gestraffte Leine an der Innenseite des Skis vorbeigeführt wird.
  - Der Oberkörper ist vor dem Start und während des ersten Teils des Startvorgangs leicht nach vorn in Zugrichtung geneigt.
  - Der Blick und damit der Kopf sind auf das Zugboot und nicht etwa auf die Skispitze gerichtet.

Nach dem aus Sicherheitsgründen immer nur von Ihnen als Läufer zu gebenden Startkommando „o.k." sollte der Fahrer das Boot etwas (d.h. dosiert) schneller anziehen als im Paarski-Bereich. Das Kommando löst gleichzeitig bei Ihnen selbst einen erweiterten „Tagesbefehl" aus, der in dieser wichtigen Phase stichwortartig lautet:

- Körper anspannen! (Dabei aber nicht verkrampfen)
- Positiv denken! (Motto: „Das schaffe ich schon")
- Cool bleiben und abwarten! (Erst das Boot arbeiten lassen)

Das erste eigene Agieren darf also erst dann einsetzen, wenn der Ski vom Boot in die Gleitphase gebracht worden ist. Bis dahin verbleibt der angespannte Körper unverändert in der beschriebenen Haltung. Sofort mit dem Erreichen des Gleitens richten Sie Ihren Oberkörper kontinuierlich durch Strecken des Standbeins wie beim Besteigen eines Stuhls oder einer hohen Stufe auf. Dabei stabilisiert das freie Bein gestreckt im Wasser Ihr Gleichgewicht. Erst wenn Ihr Oberkörper durch die „Klappmesserbewegung" die gewünschte ideale Rücklage erreicht hat, wird der hintere Fuß langsam in die Monolasche geführt.

Wie bedeutsam die Körperhaltung und die Umsetzung des „Tagesbefehles" sind, ergibt sich aus unserer Kurzaufzeichnung der häufigsten Fehler beim Tiefwasserstart:

* Ski wird zu steil gestellt = Der Druck des Wassers ist entsprechend größer und die Kontrolle über den Ski wird schwieriger, weil keine Führung in der Auftriebsphase vorhanden ist.
* Ski- bzw. Standbein wird beim Starten gegen das Wasser gestemmt = Durch den immer stärker werdenden Druck beginnt der Ski zu „flattern" und gerät außer Kontrolle.
* Ski wird nicht auf Körpermitte ausgerichtet = Der Körperschwerpunkt kann durch diesen Ausgangsfehler nicht über den Ski gebracht werden. Der Läufer fällt rechts oder links zur Seite.
* Angewinkelte Arme sind nicht ausreichend angespannt oder das Aufrichten beginnt zu spät = Der Körper des Läufers wird vom Zugboot in diesen Fällen erst lang und dann über den Ski hinweggezogen, wodurch er nach vorn ins Wasser fällt.
* Freies Bein bleibt beim Starten nicht gestreckt im Wasser = Nach gelungenem ersten Teil des Startvorgangs „schmieren" Ski und Läufer seitlich ab.

Ein heißer Zusatztip für Ihre Trockenübungen: Automatisieren Sie den Bewegungsablauf beim Tiefwasserstart durch langsames und bewußtes Treppensteigen in der Form, daß Sie 3 Stufen mit einem langen Aufwärtsschritt auf einmal bewältigen.

Der „alternative" Tiefwasserstart

Zubehörindustrie und Handel bieten für Wettkampf- und Leistungssportler Monoski an, die mit zwei kompletten Bindungen ausgestattet sind. In diesem Fall bleibt dem Sportler nichts anderes übrig, als schon vor dem Start beide Füße in die Bin-

dungen zu stellen. Vereinzelt wird diese Starttechnik auch ohne Zwang von Läufern angewendet, deren Ski über die normale Monolasche für den hinteren Fuß verfügt. Tatsache ist also, daß auch diese Starttechnik praktiziert werden kann. Es gibt jedoch gute Gründe dafür, daß sie für den Freizeit- und Breitensportler weniger empfehlenswert ist.
Dadurch, daß der Ski durch den zweiten Fuß zwangsläufig in eine vergleichsweise steile Position gebracht und das „Kleinmachen" des Körpers (also das Heranziehen des Knies vom Standbein zur Brust) erschwert wird, ist die Wasserverdrängung größer. Ergo benötigt der Läufer mehr Kraft. Zum zweiten ist eine senkrechte Ausrichtung des Skis auf Körpermitte vor dem Start kaum möglich. Ergo benötigt der Läufer ein ausgeprägteres Balancegefühl. Und in der Tat zeigen langjährige Beobachtungen in der Schulungspraxis auf, daß diejenigen Hobbyläufer, die nur diese Technik erlernt haben, am häufigsten und am längsten mit Startproblemen zu kämpfen haben.

Der Startvorgang an sich unterscheidet sich ansonsten (bis auf die Haltung und die Position des 2. Beines) nur unwesentlich. Wichtig ist das Zusammenkauern des Körpers beim Start, damit die Wasserverdrängung minimiert wird.

Der Sitzstart

Die moderne Wasserskikleidung bietet ausreichenden Schutz für fast alle Temperaturen. Trotzdem scheuen sich manche Läufer, in etwas kälteres Wasser zu springen, um den sicheren Tiefwasserstart durchzuführen. Mag zuweilen auch die Bequemlichkeit oder der Wunsch, etwas Neues auszuprobieren, eine Rolle spielen, eine Startmöglichkeit ist es auf jeden Fall; sowohl für den Paarski-, als auch für den Monoskiläufer. Doch Vorsicht! In beiden Fällen ist es unerläßlich, daß der Läufer nicht nur den Tiefwasserstart bereits beherrscht, sondern darüber hinaus sicher laufen kann.
Vergewissern Sie sich vor Ihren ersten Versuchen, ob der Startsteg oder der Ponton tatsächlich in einem Wassergebiet liegt, in dem das Wasserskilaufen in Ufernähe erlaubt ist und ob das Herunterrutschen von der Plattform nicht mit einem Riß in der teuren Wasserskikleidung bezahlt werden muß. Ansonsten sind die „Spielregeln" relativ einfach:

* Ziehen Sie Ihren Ski an, bevor Sie sich setzen.
* Setzen Sie sich so auf die Kante der Plattform, daß das Skiende im Wasser ist und die Spitze mit 30-35% aus dem Wasser ragt.
* Das zweite Bein hängt frei von der Plattform und dient beim Start nur Balancezwecken.
* Halten Sie die Hantel mit angewinkelten Armen dicht am Körper in Hüfthöhe.
* Lehnen Sie Ihren Oberkörper zurück und richten Sie Ihren Blick auf das Boot.
* Geben Sie Ihr Startkommando, bevor das Boot die Leine straff gezogen hat und warten Sie dann unbedingt ab, bis Sie Zug auf der Hantel spüren. Das Boot benötigt (je nach PS-Zahl) u.U. einen geringfügigen „Vorlauf", um die erforderliche Geschwindigkeit zu erreichen, so daß Sie nicht erst zu stark einsinken.
* Halten Sie schon während des Startvorgangs Ihre Rücklage bei und lassen Sie das freie Bein möglichst lange zur Stabilisierung des Gleichgewichts im Wasser nachschleifen, bevor Sie mit dem Fuß die Monolasche suchen.

Da das Boot Sie von der Plattform zieht, verlangt also auch diese Startmethode ein relativ passives Verhalten in der ersten Phase.

Der Sprungstart

Das Springen von einem Startsteg oder einem Ponton ist für den geübten Wasserskiläufer natürlich die „Show schlechthin". Im wesentlichen gelten zwar die gleichen Kriterien wie für den Sitzstart, jedoch ist die Gefahr des Einsinkens beim aufkommen auf dem Wasser naturgemäß ungleich größer. Aus diesem Grunde bedarf es hier einer besonders guten Abstimmung mit dem Bootsfahrer. Der Ablauf in Kurzform:

* Stellen Sie sich mit dem „freien" Bein so weit wie irgend möglich auf die Kante der Plattform.
* Heben Sie mit dem anderen Bein die Skispitze leicht an.
* Halten Sie die Hantel - wie beim Sitzstart - mit angewinkelten Armen dicht am Körper in Hüfthöhe.
* Geben Sie Ihr Startkommando bereits zu einem Zeitpunkt, in dem noch 2-3 Meter der Wasserskileine vor Ihnen lose auf dem Wasser schwimmt. Gegenüber dem Sitzstart benötigt das Boot hier einen wesentlich größeren „Vorlauf", um ein Einsinken beim Aufsprung auf das Wasser zu vermeiden.
* Gehen Sie gleichzeitig mit Ihrem Startkommando in die Hocke, indem Sie Ihr freies Bein beugen. (Das andere Bein hebt die Skispitze nach wie vor an!)
* Sobald Sie Zug auf der Leine spüren, springen Sie aus der Hockstellung ab und versuchen mit dem Skiende auf dem Wasser aufzukommen.
* Federn Sie den Sprung mit Ihrem Standbein ab und lassen Sie das freie Bein so lange im Wasser nachschleifen, bis Sie genügend Rücklage und damit ein gutes Gleichgewichtsgefühl erreicht haben.
* Erst jetzt führen Sie den Fuß Ihres freien Beines langsam in die Monolasche.

Im Gegensatz zum Sitzstart erfordert der Sprungstart also auch schon in der ersten Phase eine gut „getimte" Aktivität des Läufers.

Der Strandstart

Das Starten aus dem knietiefen Wasser kommt dem Sprungstart sehr nahe. Es fehlt halt nur der Vorgang des Springens. Wir können uns daher darauf beschränken, nur auf die geringfügigen Unterschiede bei dieser Startmethode hinzuweisen:

* Gehen Sie nicht weiter als in Kniehöhe ins Wasser.
* Halten Sie die Skispitze aus dem und das Skiende im Wasser.
* Auch hier wird die Hantel mit angewinkelten Armen dicht am Körper in Hüfthöhe gehalten, jedoch genügt (je nach PS-Zahl) eine „Leinenvorgabe" für das Boot von 1-2 m.
* Frühzeitiges Startkommando und das Abwarten (bis Zug auf die Leine kommt) sind zwar ebenfalls gleich, jedoch besteht dann die spezielle Problematik darin, den Körperschwerpunkt sofort vom Bein, mit dem Sie im Wasser stehen, über die Skibindung zu verlagern. Halten Sie daher Ihre Schultern von vornherein so weit wie möglich über dem Monoski.

Das Nachschleifen des freien Beines in der ersten Startphase gehört selbstverständlich auch beim Strandstart zu einem optimalen Bewegungsablauf.

Das Starten an Wasserski-Seilbahnen auf Monoski

Das in unserem Anhang erläuterte System der Wasserski-Seilbahn bedingt, daß der Monoskiläufer aus der Sitzposition, aus dem Stand oder nach Absprung von einem Podest „in den fahrenden Zug" einsteigen kann. Ein Rutschstart ist schon wegen des höheren Kiels des Monoskis nicht möglich. Und ein Tiefwasserstart kann aus technischen Gründen für den einzelnen Läufer nach Anhalten des Umlaufseils nur in hochrangigen Wettkämpfen für die Ausnahmesituation zugestanden werden, in der an verkürzten Leinen gestartet werden muß. In diesem Fall reicht die Wasserskileine nämlich nicht bis zum Startsteg. Außerdem steht die gesamte Anlage nur unter dieser Voraussetzung einem einzigen Läufer zur Verfügung.

Insgesamt läßt sich sagen, daß das Starten auf Monoski an der Seilbahn leichter und schneller erlernbar ist als hinter dem Boot. Gegenüber dem Tiefwasserstart hat der Läufer den Vorteil, daß sein Körper sich von vornherein über der Wasseroberfläche befindet und nicht erst durch Wasserverdrängung dorthin gebracht werden muß. Und gegenüber dem Sitz- bzw. Sprungstart am Boot hat er den Vorteil, daß er sich nur auf den Rhythmus des Umlaufseils und nicht auf die Fahrweise eines Bootsfah-

Kamm- und Ristgriff eignen sich für den Monoskistart am besten.

An der Seilbahn sollte zuerst der Sitzstart gelernt werden.

Beim Start an der Seilbahn aus der Sitzposition bedarf es nur eines kleinen Schrittes mit dem freien Bein in Fahrtrichtung...

rers einstellen muß. Ansonsten sind die Unterschiede hinsichtlich Körperhaltung und Bewegungsablauf minimal. Unsere bisherigen Ausführungen zum Themenkomplex „Umsteigen von Paar- auf Monoski" gelten alles in allem also auch hier bis auf folgende Ausnahmen:

* Der sicherste Start an der Seilbahn ist für den Monoskibereich der Sitzstart. Der Lernende sollte daher mit dieser Startmethode beginnen. Als zusätzliche kleine Hilfe besteht vor allem hier die Möglichkeit, den „freien" Fuß in der Sitzposition auf die Rampe zu stellen und mit diesem einen unterstützenden Schritt nach vorn zu vollziehen, sobald Zug auf der Wasserskileine ist.
* Zur Vorbereitung des eleganteren Sprungstarts kann als nächster Lernschritt der Start aus dem Stand von der unteren Rampe zwischengeschaltet werden. Bis auf die Tatsache, daß der Läufer nicht im Wasser steht und die Skispitze auf der Rampe anheben muß, ähnelt diese Startmethode insbesondere hinsichtlich der Körperhaltung dem Strandstart.
* Egal, ob Sitzstart, Start aus dem Stand oder Sprungstart, gegenüber den unter den entsprechenden Abschnitten detailliert beschriebenen Bewegungsabläufen am Boot ändern sich drei weitere Dinge:

Erstens die Blickrichtung, die nach oben zum Umlaufseil so gelenkt ist, daß man sich gut auf den Zeitpunkt des Einklinkens der Wasserskileine in den Mitnehmer (Metallgabel) einstellen kann.

Zweitens der Umstand, daß die Seilbahn keinen „Leinenvorlauf" benötigt, da die vorbestimmte Geschwindigkeit ja konstant und ununterbrochen eingehalten wird und man so in den „fahrenden Zug" einsteigt.

Und drittens die Tatsache, daß das Startkommando nicht vom Läufer, sondern vom Bedienungspersonal gegeben werden muß.

Entscheidend für den gelungenen Monoskistart ist an der Seilbahn ebenso wie am Boot bei Sitz- und Sprungstart, daß

* der Körperschwerpunkt sofort auf das angewinkelte Standbein über die Bindung gebracht wird,
* nach dem Aufkommen auf dem Wasser die Hüfte nach vorn und der Oberkörper zurückgelehnt wird und
* der freie Fuß vor dem Einführen in die Monolasche zunächst so lange im Wasser nachgeschleift wird, bis ein sicheres Gleichgewichtsgefühl vorhanden ist.

Die Umstellung vom Boot auf die Seilbahn ist - was das Starten angeht - mithin bei Beachtung der geringfügigen Abweichungen kein Problem. Umgekehrt muß der Tiefwasserstart nachträglich gelernt werden.

Die mehrfache Weltmeisterin Deena Mapple: Ein Ski ist natürlich manövrierfähiger als zwei Ski.

Kurvenfahren und Heckwellenkreuzen auf Monoski

Das systematische Erlernen des Wasserskilaufens nach didaktisch-methodischen Grundsätzen im allgemeinen und des Kurvenfahrens auf Monoski im besonderen dient mehreren Zielen. Zum einen soll das Lernen schon dadurch Freude bereiten, daß es möglichst rasch zu vielen kleinen und größeren Erfolgserlebnissen führt. Und zum anderen soll möglichst von Beginn an das Einschleifen von nachher schwer korrigierbaren Fehlern vermieden werden, so daß eine gute Basis für die sportlichen Weiterentwicklungen geschaffen wird, die von Weltmeistern in den nächsten Abschnitten unseres Buches beschrieben werden. Aus diesem Grunde muß vorab der Vollständigkeit halber darauf hingewiesen werden, daß jeder Wasserskiläufer - egal, ob er am Boot oder an der Seilbahn läuft - mit dem Erlernen des richtigen Kurvenfahrens sofort dann beginnen sollte, wenn er die erste Startmethode sicher beherrscht. Das ist im Bootsbereich der Tiefwasserstart und im Seilbahnbereich der Sitzstart. Mit einer 2. oder 3. Startmethode kann man sich später immer mal beschäftigen. Wir haben die einzelnen Methoden nur der besseren Übersichtlichkeit wegen in einem Abschnitt zusammengefaßt. - Eine weitere Vorabempfehlung gilt ebenfalls gleichermaßen für Boot und Seilbahn: Ebenso wie beim Erlernen des Paarskilaufens sollte man sich alsbald an gleichmäßig rhythmisches Kurvenfahren in guter Körperhaltung gewöhnen, um jeden Schlappseileffekt von Anfang an zu vermeiden.

Mike Hazelwood demonstriert die korrekte Haltung beim Wellenkreuzen

Die gute Monoski-Haltung in Kürze:

* Die Füße stehen beide flach - also einschließlich der Ferse des hinteren Fußes - so auf dem Ski, daß die Zehen des hinteren Fußes die vordere Bindung (fast) berühren,
* die Beine sind so angewinkelt, daß das Knie des hinteren Beines die Kniekehle des vorderen Beines berührt und kein „tunnelartiger Freiraum" sichtbar ist,
* die Hüfte wird in Richtung der Hantel nach vorn gedrückt,
* der Oberkörper bleibt in allen Phasen bei geradem Rücken zurückgelehnt (merke: Die meist automatisch bei Problemen auftretende „Bananenhaltung" mit Vorlage verhindert korrektes Laufen),
* die Arme bestimmen wie die Kolbenstangen alter Lokomotiven zusammen mit dem Oberkörper u.a. auch Rhythmus und Geschwindigkeit dadurch mit, daß sie zwecks Beschleunigung zur Hüfte „dichtgeholt" und zwecks Verlangsamung und Einleitung der Kurve „aufgemacht" werden.
* der Kopf leitet in der Regel komplexe Körperbewegungen ein, wobei die Augen nach Aussage von Weltmeisterin Camille Duvall immer 8-10 m in Fahrtrichtung schauen sollten.

Auch das rhythmische Kurvenfahren und das Heckwellenkreuzen am Boot setzen noch keineswegs die Anschaffung eines leistungsfähigeren Monoskis voraus. Es dürfte im Gegenteil in der Regel von Vorteil sein, die berühmte „Qual der Wahl" erst dann entstehen zu lassen, wenn das eigene Urteilsvermögen schon ausgeprägter ist und man weiß, welche sportlichen Ziele im Slalombereich in Betracht kommen.

Ziel der ersten Übungen mit dem auch bislang benutzten Ski mit ebener oder leicht konkaver Lauffläche muß es also sein, die Kurven bzw. Bogenschwünge nach beiden Seiten möglichst spiegelgleich und rhythmisch durchführen zu können. Für das Training am Boot bedeutet dies, daß zu Beginn das zusätzliche Problem der Heckwelle ausgeschaltet werden sollte. Das gleiche Vorgehen wie im Anfängerbereich auf Paarski bietet sich an: Zuerst rhythmisches Kurvenfahren mit kleinen gleichförmigen Schwüngen innerhalb der Heckwelle an einer verlängerten Leine. Und anschließend rhythmisches Kurvenfahren mit größeren Schwüngen ausschließlich rechts und dann links neben der Heckwelle ohne Kreuzungen. Erst wenn diese Aufgaben in wirklich guter Haltung absolviert werden können, schließt sich das gleichmäßige Kurvenfahren einschließlich Heckwellenkreuzen an.

Die einzelnen Phasen des Kurvenfahrens sollte man sich zuvor mental bewußt machen und an Land im Rahmen eines geeigneten Aufwärmprogramms üben. Erfahrene Wasserskitrainer binden zu diesem Zweck beispielsweise eine Wasserskileine um einen Baum oder einen Pfahl und lassen die einzelnen Abläufe in entsprechender Körperhaltung simulieren:

* **Beschleunigung:** Sie wird durch das gleichzeitige Heranziehen der Hantel an die Hüfte und die Verlagerung des Körpergewichts nach rechts oder links ausgelöst, wobei der Läufer sich gegen die Zugrichtung des Bootes stemmt. Der Ski wird dabei aufgekantet und nach Ansicht des USA-Experten G. Thurlow im Verhältnis 50:50 (vorderer zu hinterem Fuß) belastet.
* **Einleitung der Drehung:** Durch Aufrichten des - allerdings konstant zurückgelehnten Oberkörpers - aus der seitlichen Schräglage wird der Ski flach gestellt und die Beschleunigung bei langsamer Streckung der Arme beendet. Die Skibelastung geht von 50:50 in das Verhältnis 60:40 über.
* **Bremsen:** Durch ein kurzes stärkeres Belasten des vorderen Fußes im Verhältnis von etwa 70:30 verlangsamt der Läufer seine Geschwindigkeit je nach Kraftaufwand und Technik, wobei eine Körpervorlage vermieden werden muß.
* **Drehung:** Das Verlagern des Körpergewichts in die Gegenrichtung bewirkt ein Wiederaufkanten des Skis und bestimmt damit den Kurvenverlauf. Ist der Kurvenradius zu groß oder fährt der Läufer im Verlauf der Drehung gar ängstlich ein wenig geradeaus, entsteht der unerwünschte „Schlappseileffekt", weil der notwendige Gegenzug fehlt. Gleichförmige enge Kurven halten die Leine straff. Skibelastung 50:50.
* **Wiederbeschleunigung:** Erneutes Stemmen gegen die Zugrichtung durch Gewichtsverlagerung und Heranziehen der Hantel zur äußeren Hüftseite lassen die Geschwindigkeit des Läufers wieder ansteigen. Diese Phase vollzieht sich bis zum Zeitpunkt des Verlassens der Heckwelle. Da der Ski bis dahin aufgekantet bleibt, wird die Heckwelle praktisch „durchschnitten".

Rhythmisches Kurvenfahren mit Heckwellenkreuzen.

An der Seilbahn vollziehen sich die Bewegungsabläufe ebenso bis auf die Tatsache, daß es keine Heckwelle gibt und der Zug von oben kommt. Der Seilbahnläufer „zieht" daher im allgemeinen in der Beschleunigungsphase länger, muß aber das Hin- und Herpendeln des Umlaufseils einkalkulieren. „Zug von oben" heißt weniger tief im Wasser laufen, so daß vergleichsweise niedrigere Geschwindigkeiten erforderlich sind.

Die Limits muß der einzelne - ob Boot oder Seilbahn - selbst herausfinden. Ein paar „Abgänge" sind durchaus nützlich, denn „wer niemals stürzt, lernt auch nichts".

DER SLALOMSKI

Etwa ein Dutzend Hersteller bieten auf dem stark international geprägten Markt derzeit über 120 Modelle mit meist unterschiedlichen Variations- und Ausstattungsmöglichkeiten an. Und welchen echten Fan „turnen" die heute üblichen farbenfrohen Designs nicht an? Jugendliche, die ihren ersten heißgeliebten Slalomski mit ins Bett nehmen wollen, gibt es wirklich. - Kurzum, die richtige Kaufentscheidung zu treffen, fällt in aller Regel schwer. Nicht nur wegen der verwirrenden Vielfalt des Angebots, sondern auch wegen der kaum auszuschaltenden persönlichen Emotionen. Schließlich möchte jeder zumindest im Traum einmal Weltmeister sein. Das Sportgerät des Champions muß jedoch ganz spezifischen technischen Erfordernissen genügen und verzeiht normalerweise keine Fehler. Exweltmeister Joel McClintock: „Das Wichtigste ist, Dich zu vergewissern, daß Du einen Ski bekommst, der Deinem Leistungsstandard entspricht und etwas Raum für Leistungssteigerungen läßt. Ein Ski, der für einen höheren oder niedrigeren Leistungsstandard entwickelt wurde, macht eine sportliche Weiterentwicklung sehr schwierig."

Die richtige Auswahl des „typengerechten" Slalomskis fällt selbst dem Experten schwer.

Noch vor wenigen Jahren war es relativ leicht, nach dieser Maxime den passenden Ski zu finden. Man fragte nach der Skilänge und danach, ob die Lauffläche konkav oder tunnel-konkav geformt ist und wußte weitgehend Bescheid. Im Zuge des technischen Fortschritts wird heute generell auf dem Skimarkt zunächst zwischen 4 verschiedenen Leistungsebenen unterschieden:

* **Leistungssport** (Tournament), dem alle Läufer zugeordnet werden, die den Slalomkurs an der 13-m-Leine und kürzeren Leinen beherrschen.
* **Wettkampfsport** (Competition), der alle Teilnehmer an regionalen oder nationalen Wettkämpfen und Meisterschaften umfaßt.
* **Breitensport** (Sport), der die Interessen der Läufer berücksichtigt, die das Training im Slalomfeld aufnehmen, aber nicht systematisch betreiben wollen.
* **Freizeit- bzw. Hobbysport** (Recreational), in dem alle Anfänger, Wochenend- und Urlaubsläufer sowie diejenigen aktiv sind, die primär viel Spaß beim „freien" Fahren haben wollen.

Daneben werden spezielle Slalomski für Damen, Kinder und schwergewichtige Läufer angeboten. Und schließlich liegt neuerdings der „Freestyle-Ski" im Trend, mit dem spezielle Kunststücke, aber auch schwierige Drehungen ermöglicht werden.
Wer seine Entscheidung heutzutage nur von der Ausformung der Lauffläche abhängig machen möchte, geht im Zweifel von falschen Voraussetzungen aus. So werden zum Beispiel von mehreren Firmen „Tunnel-Ski" und „Concave-Ski" (Konkav-Ski) sowohl im Freizeit- und Hobbybereich, als auch für den Leistungssport propagiert. Die Unterschiede rekrutieren sich also aus einer Vielzahl technischer Details, von denen wir nur die wichtigsten aus der Sicht der jeweiligen sportlichen Interessen und Ausgangslagen behandeln möchten:

* **Was sind Ihre sportlichen Ziele?** Werden Sie sich vor einem Kaufgespräch klar darüber, welchen Leistungsstandard Sie bei realistischer Einschätzung anstreben sollten. Haben Sie ernsthaft die Absicht, konsequent und regelmäßig zu trainieren oder wird es vielleicht doch nur bei einem Wasserski-Wochenende pro Monat bleiben? Alle führenden Firmen beschreiben nämlich, welcher Ski für welchen Leistungslevel entwickelt wurde. Geben Sie sich eine ehrliche Antwort!
* **Welche Körpergröße und welches Gewicht haben Sie?** Diese beiden Faktoren bestimmen zwangsläufig das Volumen des Skis, das Ihnen ausreichend Auftrieb vermittelt. Wie unsere beispielhafte tabellarische Übersicht zeigt, spielt hierbei natürlich auch die Geschwindigkeit eine Rolle, mit der Sie im Slalomfeld die Bojen umrunden können. Derartige Tabellen der Hersteller geben selbstverständlich nur Richtwerte an.
* **Soll der Ski auch von anderen benutzt werden?** Beim Kauf eines neuen Slalomskis sind Kompromisse nicht zu empfehlen. Ernsthafte Trainingsabsichten erfordern auch das für den einzelnen am besten geeignete Trainingsgerät. Ein „Familien-Monoski" kann zweifellos auch sehr viel Freizeitvergnügen vermitteln, sichtbare Leistungsverbesserungen sind jedoch kaum damit zu erwarten.
* **Auf welchen Gewässern laufen Sie normalerweise?** Handelt es sich um vorwiegend rauhes oder um meist spiegelglattes Wasser? Ein im Zweifel etwas größerer Ski absorbiert Wellen besser, verzeiht Fehler eher und ermöglicht ein weicheres Laufen. Wenn Ihre Werte also zwischen den in der Tabelle ausgedruckten Zahlen liegen, wissen sie, ob Sie sich zum nächst kürzeren oder längeren Ski orientieren müssen.
* **Laufen Sie hinter einem schwach motorisierten Boot?** Orientierungstabellen für die Skiwahl - so wie sie auch von vielen Herstellern angeboten werden - geben immer nur eine Antwort auf die empfohlene Skilänge. Die Breite ist jedoch ebenfalls von Bedeutung. Je breiter ein Ski, insbesondere am Heck, um so leichter fällt zum Beispiel der Tiefwasserstart hinter einem PS-schwachen Boot. Ein schmales Heck läuft tiefer durch das Wasser und ermöglicht engere Kurven.
* **Sind Sie ein Rücklage- oder Vorlage-Läufer?** Jeder Läufer hat seinen eigenen Stil und spezifische Eigenarten. Läufer, die dazu neigen, in den Kurven das Körpergewicht mehr in Richtung des vorderen Teiles des Skis zu verlagern, sollten einen Slalomski wählen, der dies zumindest teilweise ausgleicht. Konkret

Körpergewicht	Ski-Größe in cm und „inches" für		
	unter 48 km/h (30 mph)	48 - 58 km/h (30 - 36 mph)	verkürzte Leinen
36-46 kg (80-100 lnbs)	160 cm (64")	160 cm (64")	-
45-54 kg (100-120 lbs)	165 cm (66")	160 cm (64")	160 cm (64")
54-64 kg (120-140 lbs)	165 cm (66")	165 cm (66")	160 cm (64")
64-73 kg (140-160 lbs)	170 cm (68")	165 cm (66")	165 cm (66")
73-82 kg (160-180 lbs)	170 cm (68")	170 cm (68")	165 cm (66")
82-91 kg (180-200 lbs)	175 cm (70")	170 cm (68")	170 cm (68")
91-100 kg (200-220 lbs)	175 cm (70")	175 cm (70")	170 cm (68")
100-109 kg (220-240 lbs)	-	175 cm (70")	175 cm (70")

handelt es sich um Slalomski mit einem Vorderteil, das breiter und weniger gebogen (rocker) ist als andere. Liegt Ihr Körpergewicht mehr auf dem hinteren Teil während der Drehungen, ist entsprechend ein schmaleres und stärker gebogenes (rocker) Vorderteil vorteilhafter. Die Skilänge ist also keineswegs allein entscheidend, wie irrtümlich meist angenommen wird. Die Gesamtfläche macht's. Und die kann bei einem 165-cm-Ski größer sein als bei einem 167-cm-Ski. Das täuscht oft, weil ein stärker gebogener Ski (rocker) eher schmaler wirkt.

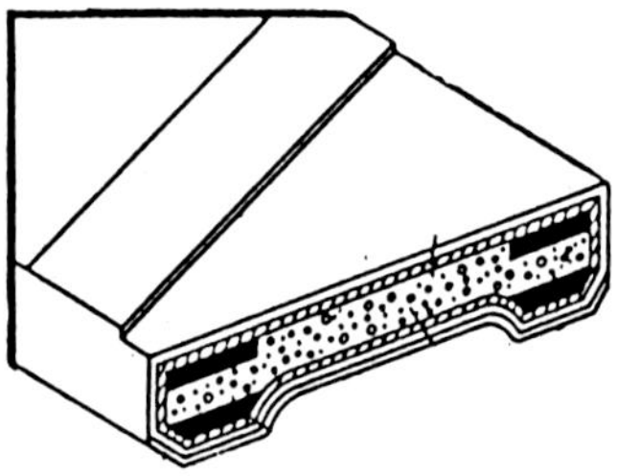

Man muß nicht unbedingt Diplom-Ingenieur oder Diplom-Chemiker sein, um die richtige Skiwahl treffen zu können. Grobe Kenntnisse in Materialkunde reichen.

* **Wie sollten Sie sich für einen Ski entscheiden?** Nehmen Sie sich zunächst Zeit für die Lektüre des von den führenden Herstellern angebotenen Prospektmaterials. Dann aber sollten Sie den oder die in Frage kommenden Ski - wenn eben möglich - vor dem Kauf testen. Die Sportshops an den Wasserski-Seilbahnen bieten dafür die besten Möglichkeiten. Für den Wettkampfläufer ist der vorherige Test ein „Muß". Dazu sind mindestens 5-10 Durchgänge im Slalomfeld erforderlich. Und zwar zu Beginn auf Basisform-Niveau (Geschwindigkeit und Leinenlänge) und anschließend auf dem individuellen Höchstniveau. Testvergleichen sollten auch wirklich vergleichbare Bedingungen (Wasser Geschwindigkeit, Boot, Heckwelle, Wind etc.) zugrunde liegen.
* **Wann sollten Sie sich für einen neuen Ski entscheiden**? Selbst Wettkampfläufer machen oft den Fehler, einen neuen Ski zum Beginn einer neuen Saison zu kaufen. Das kann zu Fehlentscheidungen führen, weil man nach einer längeren Pause durchaus nicht sicher sein kann, ob der favorisierte neue Ski die gewünschten Verbesserungen tatsächlich bringt. Um sicherzugehen, ist es besser, zunächst mit dem „alten" Ski den Vorjahresstand zu erreichen und dann im direkten Vergleich zu prüfen, ob und in welchen Bereichen (Beschleunigung, Verlangsamung, Drehung) tatsächlich Fortschritte erzielt werden können. Daß man während der Saison keine anderen Ski ausprobieren soll, ist eine Mär. Kris LaPoint (USA): „Bei einem richtig durchgeführten Test wird höchstens das Gefühl für die Unterschiede sensibilisiert. Und das kann von Vorteil sein."
* **Was Sie über das Herstellungsmaterial wissen sollten.** Holz arbeitet und ist im Slalomski-Bereich >out<, weil der von Experten entwickelte Ski wie „aus einem Guß" sein muß. Daher ist heute Kunststoff >in<. Auf die technisch komplizierten Details zu der Frage, ob und zu welchen Teilen Carbon, Graphite, Aramid, GfK, Fiberglas, Kevlar, Kohlefaser etc. verwendet werden sollten und welche Konstruktion besser ist (Torsionsbox oder Honeycomb, also Bienenwabensystem, Schalen- oder Sandwichbauweise, EP- oder PU-Druckverbund mit Aluminium oder Kunststoffabdeckplatten) kann hier nicht eingegangen werden. Nur soviel: Graphite in Verbindung mit Kevlar und einer Aluminiumabdeckplatte geben dem Höchstleistungs-Slalomski in der Regel die nötige Steifheit. Ist ein Ski zu steif, ist er zwar sehr schnell, liegt aber in den Kurven nicht tief genug im Wasser und neigt zum „skip out", also zum Ausbrechen. Ist er zu weich, beschleunigt er schlecht, liegt aber in den Kurven tiefer im Wasser. Faustregel: Wie beim Vergleich zwischen Sportwagen und Luxuskarosse ist auch hier das sportliche Produkt im Interesse der besseren Beschleunigung immer härter als der Ski für den Freizeitsportler.

Die Flexibilität, also die Biegsamkeit oder Härte, eines Slalomskis entscheidet mit über die Laufeigenschaften: Auf die richtige Ausgewogenheit kommt es an.

* **Das Geheimnis der Laufflächen.** Was im Bootsbau die Rumpfform oder im Automobilsport die Reifenauswahl, ist in der Ski-Entwicklung die Ausformung der Lauffläche. Doch muß auch dieses Kriterium immer in Zusammenhang mit den vielen anderen in diesem Abschnitt beschriebenen Faktoren gesehen werden. Derzeit werden auf dem Markt die abgebildeten Formen angeboten. Die Tatsache, daß sich flache Laufflächen am besten für das Geradeauslaufen eignen, haben wir für den Paarski-Sektor bereits erwähnt. Auch Racingläufer verwenden zielkonform diese Form. Ebenso einleuchtend ist, daß konkave - also nach innen gewölbte - Formen besser für Kurvenfahrten geeignet sind, weil der Läufer mehr oder weniger starke Schräg- bzw. Seitenlagen einnimmt. Die Kunst der Hersteller liegt nun darin, Umfang und Grad der „Auswölbung" sowie eine entsprechende Kombination mit flachen Randstreifen so zu gestalten, daß den Bedürfnissen jeder Leistungsstufe Rechnung getragen wird. Der Hobbyläufer möchte Kurvenfahren, aber auf einem Ski stehen, der auch ruhig geradeaus läuft. Für ihn haben die meisten Firmen den nicht so breiten Tunnel entwickelt. Der Profiläufer der Weltspitze möchte auch an verkürzten Leinen in extremen Seitenlagen noch sicher seine „turns" ziehen können. Für ihn, aber auch für die übrigen Leistungsstufen, werden der mehr oder minder breite Tunnel, Doppel-Tunnel-, Parabol-Tunnel und stark parabelförmig konkav geformte Laufflächen angeboten. Vergleiche sind kaum möglich, weil die jeweiligen Abweichungen in den vielen Details (z.B. Gradzahlen, Optimierung aller übrigen Einflußfaktoren etc.) zum Teil beträchtlich sind.

flach

Tunnel

breiter Tunnel

Doppel-Tunnel

Parabol-Tunnel

parabelförmig konkav

* **Sind Sie ein „Rocker-Fan"?** Die bananenförmige Krümmung eines Slalomskis nennt man „Rocker" und stellt eine weitere Wissenschaft bei der Herstellung dar. Da können minimale Gradzahlen über Erfolg oder Flop entscheiden. Je stärker die Krümmung, um so mehr schleift der Ski, was ihn im Extremfall langsamer macht. Eine nicht so starke Krümmung erleichtert das Einleiten der Drehung und läßt den Ski in der Kurve tiefer im Wasser liegen. Generell ist die Bananenform eher für den leistungsstarken Läufer zu empfehlen, da sie auch das Laufen in rauhem Wasser begünstigt. Es kommt in jedem Falle aber auf die Ausgewogenheit an.
* **Bevorzugen Sie kantige Typen?** Da der Ski im Slalomfeld permanent auf- und umgekantet wird, haben die Kanten zwangsläufig einen mitentscheidenden Einfluß auf die Laufeigenschaften. Die meisten „bevels" (so der englische Ausdruck) verfügen über einen 45°-Winkel. Selbst kleinste Veränderungen können das gesamte Laufgefühl wandeln. - Zu scharfe Kanten machen den Ski zu griffig und lassen ihn ruckartig in die Kurven gehen. Große und grob abgerundete oder unebene Kanten lassen den Ski unkontrollierbar bzw. schwerfällig oder träge werden. Einige Hersteller bieten Ski mit unterschiedlichen Neigungswinkeln der abgerundeten Kanten im vorderen, mittleren und hinteren Teil an. Dazu USA-Profi Glenn Thurlow: „Wichtig ist, daß das Heck des Skis mehr abgerundet ist. Zur Skispitze hin kann die Kante durchaus in eine leicht eckige Form übergehen." Generell kann man sagen, daß leicht abgerundete Kanten den Ski tiefer im Wasser laufen lassen und ihn dadurch geringfügig langsamer machen, aber das geschmeidige Aufkanten in der Drehung erleichtern.
* **Lieben Sie längerlebige Bindungen, die funktionieren?** Durch richtig oder falsch ausgewählte und auf dem Ski positionierte Bindungen können Sie Laufstil und Leistungsvermögen verbessern oder verschlechtern. Damit ist über die Bedeutung alles gesagt. Es gibt auch für den Slalomski verstellbare und nicht

Die Bindung muß nicht nur passen, sie muß auch bequem und haltbar sein.

Der optimalen Plazierung der Bindung auf dem Ski kommt größte Bedeutung zu. Entgegen der Darstellung auf unserem Foto sollte der große Zeh des hinteren Fußes die vordere Ferse berühren.

verstellbare Bindungen. Letztere nennen sich Fix- oder Plattenbindungen, die natürlich in verschiedenen Größen angeboten werden. Gehen Sie für Ihren eigenen wertvollen Slalomski keine Kompromisse ein und wählen Sie eine zumindest ebenso wertvolle Plattenbindung, die

* bequem ist (Geschmeidigkeit des Materials, Fußbett, Fütterung etc.)
* analog Ihrer Schuhgröße auch wirklich paßt und
* haltbar ist, damit sie der hohen Beanspruchung standhält und das für den Ski schädliche und teure Umtauschen vermieden wird.

Ist die Bindung zu locker, können Sie den Ski nicht optimal kontrollieren, sitzt sie zu eng, löst sie sich unter Umständen bei einem Sturz nicht vom Fuß und kneift. Die Wichtigkeit der Plazierung auf dem Ski ergibt sich bereits aus unseren Ausführungen zur Frage der Belastungsanteile beim „Kurvenfahren":

* In der Regel ist die vordere Bindung so zu montieren, daß vom Fersenteil (innen) bis zum Skiende 45 bis 47 Prozent der Gesamtlänge des Skis verbleiben.
* Die Ristlasche bzw. die hintere Bindung muß anschließend so plaziert werden, daß der große Zeh des hinteren Fußes das vordere Fersenteil berührt oder fast berührt.
* Die Bindungen mehr nach vorn zu schieben, heißt dreierlei: Der Ski wird langsamer, er ist schwieriger zu drehen und das Durchkreuzen der Heckwelle wird härter.
* Durch das Versetzen der Bindungen mehr nach hinten wird der Ski zwar schneller, neigt aber zum Hakenschlagen in der Kurve.

Die Grundsatzfrage, ob für den hinteren Fuß die Rist- bzw. Monolasche ausreichend ist, muß dem Bereich der Glaubenslehre zugeordnet werden. Es gibt selbst Weltklasseläufer, die eine zweite Vollbindung für den hinteren Fuß mehr für hinderlich als nützlich halten. Andere schwören auf die bessere Führung von zwei Bindungen. Für den Slalom-Anfänger oder -Fortgeschrittenen sind 2 hintereinander montierte Bindungen schon wegen des schwierigeren Starts nicht zu empfehlen, zumal heute schon Mono- bzw. Ristlaschen in so hochwertiger Form angeboten werden, daß sie einer Bindung bis auf das fehlende Fersenteil schon fast gleichen.

Die vordere Bindung ist so zu plazieren, daß vom Fersenteil (innen) bis zum Skiende 45 bis 47 Prozent der gesamten Skilänge verbleiben.

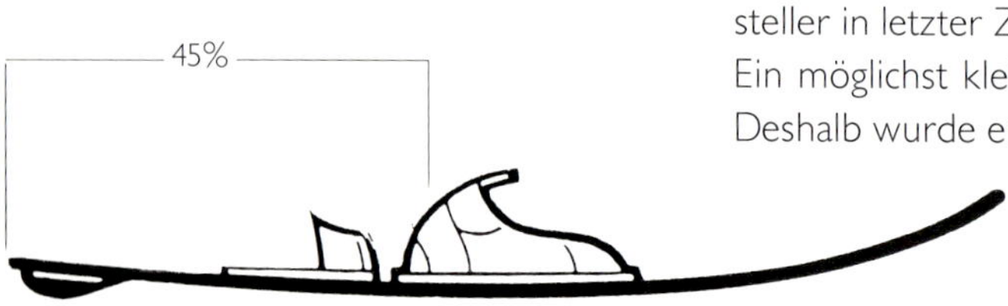

Wollen Sie Ihr „Führungsverhalten" verbessern?

Der Kiel bzw. die Finne eines Skis ist verantwortlich für die Richtungsstabilität. Größe und Form sind entscheidend. Die Gesamtfläche des Kiels zu verkleinern, ohne die Führungseigenschaften zu mindern, war das Ziel zahlloser Tests der Hersteller in letzter Zeit.

Ein möglichst kleinflächiger Kiel ermöglicht mühelosere und weichere Drehungen. Deshalb wurde er von einigen Firmen einfach mit Löchern versehen, die gleichzeitig das Bremsen erleichtern, weil sie eine zusätzliche Turbulenz erzeugen. Außerdem mindern sie den auf dem Kiel lastenden Wasserdruck in der Kurve, was sich positiv auf die Manövrierbarkeit auswirkt.

Sportlich schick sehen die modern gewordenen tragflächenförmigen Flügel am Kiel aus. Diese „wings" oder auch „brakes" genannten Spoiler sollen die Geschwindigkeit des Skis in den Kurven kontrollieren. Soll der Ski schneller gemacht werden, müssen die Vorderseiten der Flügel etwas nach oben verstellt werden. Veränderung der Winkelstellung nach unten heißt dementsprechend langsamer. Der Bewegungsspielraum liegt allerdings nur zwischen 0 und 11°, wobei die Wahrheit sicher in der Mitte liegen dürfte. Einen wirklichen Nutzen können sich jedoch nur Wettkampf- oder Leistungssportler davon versprechen, die im Slalomfeld Leinenlängen von 14 m und darunter erreichen.

„Spoiler, brakes" oder „wings" nennt man die neuerdings propagierten Flügel am Kiel. Nützlich sind sie für den Leistungssportler, wobei es auf die optimale Winkelstellung ankommt. Der Kiel oder die Finne selbst sollte aus rostfreiem Stahl gefertigt sein, da Aluminium und Kunststoff sich zu stark biegen.

Die meisten Wasserski-Boote werden seit jeher von amerikanischen Herstellern angeboten. Auf dem Bootsmarkt wird zwischen Innenbordern, Z- bzw. Heck-Drive und Außenbordern unterschieden.

Innenborder verfügen über einen direkten Wellenantrieb, so daß der Propeller unter dem Heck des Rumpfes sitzt. Die relativ schweren Innenbordmotoren (Viertakter) sind ebenso wie der Skimast (zum Befestigen der Wasserskileine) in der Regel im Mittelpunkt des Bootes installiert. Zusammen mit den zumeist vorhandenen Finnen unter dem Rumpf verleiht diese Konstruktion dem Boot eine optimale Stabilität. Selbst starke Läufer können den Innenborder in Phasen der Extrembeanspruchung somit nur minimal aus der vorgegebenen Fahrspur ziehen. Die Maschinen verfügen bei größtenteils 250 bis 350 PS auch mit maximaler Passagierzahl über ausreichend Kraftreserven, insbesondere in der Startbeschleunigung. Der durch das vergleichsweise hohe Gewicht bedingte größere Tiefgang macht sich nicht nachteilig bemerkbar, da die in den letzten Jahren ständig verbesserten Rumpfformen mit einem mehr oder weniger starken „V" keine hinderlichen Heckwellenbildungen mehr zulassen. Als zusätzlicher Vorteil wird im Wasserskibetrieb die am Heck angebrachte Badeplattform angesehen, die das Ein- und Aussteigen erleichtert. Der längeren Lebensdauer, der geringeren Reparaturanfälligkeit, der einfacheren Wartung und der im Wasserskibetrieb vielseitigeren Einsatzmöglichkeiten stehen beim Innenborder der höhere Anschaffungspreis, der höhere Spritverbrauch und die höheren Versicherungskosten gegenüber. Je nach Interessenlage und Einsatzgebiet können sich das durch den Maschinenraum verminderte Platzangebot und der größere Tiefgang mit starr befestigtem Propeller (z.B. in flachem Wasser) als nachteilig erweisen. Die Tatsache, daß die „Trecker"-ähnlichen Maschinen auf Höchstgeschwindigkeiten von 70-75 km/h ausgelegt sind, muß unter gesellschaftspolitischen Aspekten eher als Vorteil angesehen werden. Auch im Wettkampfsport werden keine höheren Geschwindigkeiten verlangt.

Z- bzw. Stern-(Heck-)Drive-Boote ähneln vom äußeren Eindruck den Innenbordern. Dadurch, daß die Maschine im Heck des Bootes untergebracht ist, wird mehr Bewegungsspielraum im mittleren Teil des Bootes geschaffen. Außerdem wird häufig im Bug zusätzliche Sitzfläche oder ein Kabinenraum eingerichtet. Die Geräuschentwicklung ist vergleichsweise niedrig. Auch die Möglichkeit, den Antrieb zu liften, kann sich in manchen Gewässerbereichen als Vorteil erweisen. Dagegen steht ein umfangreicheres Wartungserfordernis für den Antrieb. Und insgesamt wird die Wasserskitauglichkeit durch einige Kriterien eingeschränkt. Zum einen mindert die „indirekte" Kraftübertragung die Startbeschleunigung. Zum anderen läßt das hohe Heckgewicht den Bug beim Start sichtbehindernd hochsteigen. Und schließlich entwickeln einige Modelle lästige Heckwellen-Turbulenzen. Trotzdem stellt dieser Bootstyp für den familienorientierten Hobbyläufer eine gute Alternative dar.

Außenborder bestechen den Wasserski-Fan durch zwei wesentliche Vorteile: Die optimal flache und weiche Heckwelle und die vergleichsweise höhere Endgeschwindigkeit. Das ist auch der Grund dafür, daß neuerdings verstärkt Außenborder für den Barfuß-Wettkampfsport angeboten werden. Hierbei ist zu berücksichtigen, daß inzwischen Außenbordmotoren mit bis zu 200 PS entwickelt wurden. Den unbe-

streitbaren Vorteilen, zu denen auch das große Platzangebot und die im Verhältnis niedrigeren Anschaffungs- und Unterhaltungskosten zu zählen sind, stehen jedoch auch einige bedenkenswerte Nachteile gegenüber. Der meist niedrigere Tiefgang schränkt die Rauhwassertauglichkeit und damit den Fahrkomfort ein. Ferner fehlt die im Wasserskibetrieb so begehrte Badeplattform. Und letztlich soll der Gebrauch von Zweitaktmotoren auf Betreiben des Bundesumweltschutzministeriums in den kommenden Jahren eingeschränkt werden. Vorerst wird dieser Bootstyp aber sicher auch wegen der unzähligen Kombinationsmöglichkeiten (für Bootskörper und Maschinen) von der Mehrzahl der Wassersportler bevorzugt. In den unteren Preisklassen sollte man jedoch darauf achten, daß das Boot nicht nur über eine ausreichende Länge (mind. ca. 5 m), sondern wegen der speziell im Wasserskibetrieb gegebenen Schaukelgefahr über eine genügende Breite (mind. ca. 2 m) verfügt. Von den im Unterbewußtsein durch das Autofahren vorgeprägten Vorstellungen über PS-Werte eines Fahrzeugs muß man sich darüber hinaus lösen. Ein Boot rollt nicht über das Wasser, sondern muß durch das bremsende Element geschoben werden. Wenn dann noch ein Wasserskiläufer gezogen werden soll, werden eben mehr PS als fürs Auto benötigt. Konkret kann man sagen, daß sich für Außenborder in der Praxis folgende Faustregel für die Mindestmotorisierung gebildet hat:

$$\frac{\textbf{Gewicht des Bootes (ohne Motor) x 2}}{\textbf{10}} = \textbf{erforderliche PS-Zahl}$$

Zum Kauf eines Wasserski-Bootes sollten Sie sich in jedem Fall erst nach einer Testfahrt mit Wasserskiläufer im Schlepp und nach Klärung der Stationierungsmöglichkeiten in Sommer und Winter entschließen. Die „Qual der Wahl" kann Ihnen vielleicht die Entscheidungs-Matrix auf der nächsten Seite erleichtern, die nach unserem Muster mit Plus- oder Minuspunkten zu versehen ist.

MERCURY
200

	Boot „X"	+/–	Boot „Y"	+/–
Kaufpreis:				
Kraftstoffverbrauch:				
Unterhaltskosten (Vers., Rep., Wartung, Garage etc.):				
Umfang des Einsatzes für Wasserski in Std. p.a.				
Sonstiger Einsatz in Std. (Urlaub etc.):				
Wo soll das Boot eingesetzt werden? (Größe des Gewässers bestimmt Bootsgröße)				
Zugvermögen mit Läufer im Schlepp				
Sonstige Fahreigenschaften Heckwelle/Kursstabilität:				
Verarbeitung/Komfort:				
Wiederverkauf/Lebensdauer:				
Servicenetz/Reparaturen:				
Limits für Anhänge- + Stützlast beim Zugfahrzeug				

Wie sich aus dem vorhergehenden Abschnitt zum Thema „Wasserski-Boote" ergibt, interessieren den Wasserskiläufer beim Training im Grunde nur

* die zügige Beschleunigung auf die vorgegebene Trainingsgeschwindigkeit
* das Einhalten der verlangten Geschwindigkeit möglichst ohne Korrekturen,
* die Kursstabilität auch beim kräftigen Ziehen im Slalomfeld und
* die jeweilige Beschaffenheit der Heckwelle bei den von Disziplin zu Disziplin differierenden Geschwindigkeiten.

Damit sind auch die Hauptkriterien genannt, nach denen Boote und Bootfahrer von den Aktiven im Freizeit- und Wettkampfsport beurteilt werden.

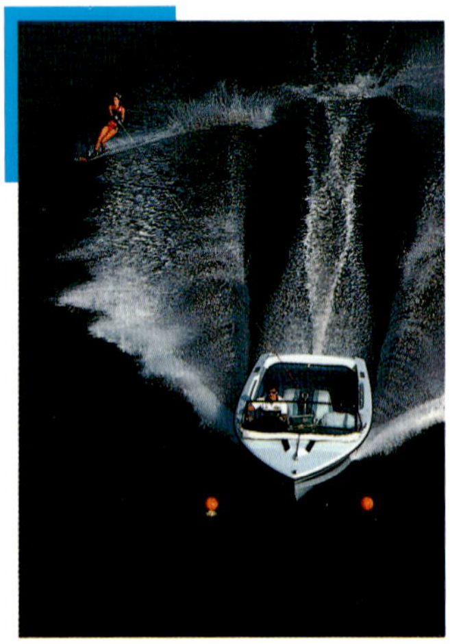

Bootfahrer im Wasserskibetrieb müssen viele Dinge kennen und können. In der Bundesrepublik gibt es nur eine Handvoll lizensierter Fahrer, die auch international eingesetzt werden können. Für jedermann ist es aber eine lohnende Aufgabe, sich von routinierten und wettkampferfahrenen „drivern" die Details abzuschauen, auf die es ankommt (vorausgesetzt, man ist lernwillig und lernfähig).

Die 7 Todsünden oder: Warum viele Bootfahrer scheitern.

1. Sie quälen den Motor sofort nach dem Start, ohne ihn auf Betriebstemperatur warmlaufen zu lassen.
2. Sie wollen sich und der Welt zeigen, welch überragendes Fahrertalent in ihnen steckt und fahren für die Galerie und nicht für den Sport.
3. Sie reden, lachen und schimpfen am Steuer mit jedermann, was das Konzentrationsvermögen des Läufers stört und überdies gefährlich ist.
4. Sie führen vor Beginn des Trainings nicht die erforderlichen drei Kontrollen durch: Überprüfung der Sicherheitsausrüstung und des Wasserski-Zubehörs, Öl-, Sprit- und Temperaturkontrolle sowie „speed-check", der Aufschluß über einzuhaltende Geschwindigkeiten gibt.
5. Sie entwickeln nicht genügend Sensibilität für zeit-, personen-, reglement- und situationsgerechtes Beschleunigen, Verlangsamen bzw. Stoppen des Fahrzeugs.
6. Sie sind nicht in der Lage, eine gewünschte Geschwindigkeit auf Anhieb exakt zu erreichen und diese ohne Abweichungen einzuhalten.
7. Sie können das Boot nicht auf schnurgeradem Kurs halten.

Dabei ist zu bedenken, daß starke Läufer das Boot im Slalomfeld oft um 20-30 cm bei ihren „turns" aus dem Kurs ziehen und die Geschwindigkeit um 3-5 km/h reduzieren. Gute Bootfahrer sind in der Lage, diese Abweichungen auszugleichen.

Gute Bootfahrer sind vor allem lernfähig.

Ein Bootfahrer, der behauptet, alles zu kennen und zu können, ist ein Risikofaktor und für den Wasserskisport kaum oder nur bedingt geeignet. Wie schwer das fehlerfreie Ziehen von Wasserskiläufern ist, zeigt allein die Tatsache, daß es in

Deutschland nur etwa eine Handvoll lizensierter Bootsfahrer gibt, die auch zu internationalen Wettkämpfen herangezogen werden können. Gerade diese erprobten Spitzenfahrer wissen aber, daß man auch auf diesem Gebiet nie auslernt. Das gilt besonders für den Schulungsbetrieb, der viel Erfahrung voraussetzt. Das beste „feeling" entwickeln meist diejenigen Fahrer, die den Sport bereits selbst in allen Variationen ausgeübt haben. Ausnahmen bestätigen die Regel. Auf jeden Fall ist zunächst ein fundiertes Wissen erforderlich, das über die Kenntnisse hinausgeht, die bei der Erlangung des Bootsführerscheins vermittelt wurden:

* Auf dem Gebiet der **Gesetzes- und Reglementkunde** sollten zusätzlich die wichtigsten Bestimmungen der Wasserski-Verordnung und der international gültigen Reglements für den Wasserski-Wettkampfsport bekannt sein, weil sich hieraus auch wichtige Verhaltenshinweise für die Übungspraxis ergeben.
* Für die **Ausrüstung eines Wasserskibootes** legen erfahrene Fahrer wesentlich höhere Maßstäbe an, als sie vom Gesetzgeber vorgegeben wurden, weil sie Zeitverluste, Ärger und Gefahren vermeiden wollen. Sie sorgen rechtzeitig für drei Ausrüstungsbereiche vor: Der **Sicherheit** dienen u.a. Anker, Feuerlöscher, Erste-Hilfe-Ausrüstung, Rettungswesten, Paddel, Werkzeugkasten mit Ersatzteilen, Reservekanister, Leinen und Ankerhaken. Für den **Wasserskisport** sind Ersatz-Wasserskileinen und -hanteln, Quick-Release, möglichst 1 Zusatz-Speedometer, eine Stoppuhr und Schreibzeug für Notizen im Übungsbetrieb erforderlich. Die **Fahrerausrüstung** umfaßt Sonnenbrille, Creme für Haut und Lippen, Mütze als Sonnenschutz, Regen- und Windschutzkleidung sowie rutschfeste Schuhe.

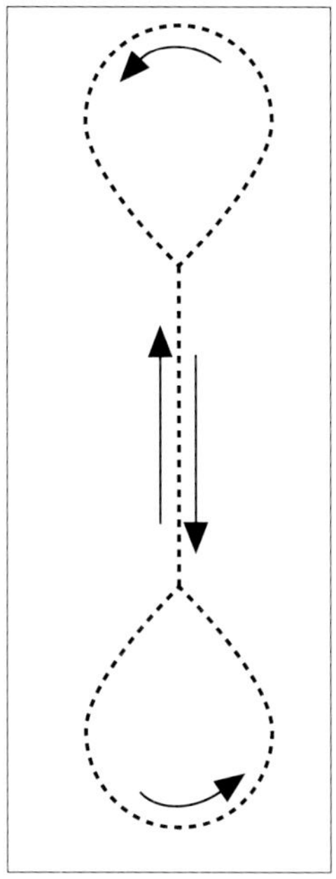

Minimierung der Wellen bei öfterem Durchfahren einer Wasserskistrecke ohne Unterbrechung.

Sektor	**Zielgruppe**	**Geschwindigkeit**
Paarski-Anfänger	Kinder + leichte Personen schwere Personen	25-30 km/h 30-35 km/h
Paarski-Fortgeschrittene	Je nach Leistungsstand (unabhäng. von Alter + Gewicht)	35-40 km/h
Monoski-Anfänger	Kinder + leichte Personen schwere Personen	30 km/h 35 km/h
Monoski-Fortgeschrittene	Je nach Leistungsstand	35-40 km/h
Slalom-Anfänger	Kinder + leichte Personen schwere Personen	33-39 km/h 39-46 km/h
Slalom-Läufer	Jugendliche + Damen Herren	43-55 km/h 46-58 km/h
Figurenlauf	alle Alters- + Könnensstufen	27-30 km/h
Springen	Damen Herren	-51 km/h -57 km/h
(sollte nur lizensierten Wettkampffahrern vorbehalten bleiben - Aufsicht erforderlich)		
Barfuß-Anfänger	Je nach Körpergewicht	50-60 km/h
Barfuß-Fortgeschrittene	Je nach Disziplin = siehe Reglement-Erläuterungen	

Vorbildliches Fahren
nach Sturz eines Läufers
Alternative I ohne störende Wellen.

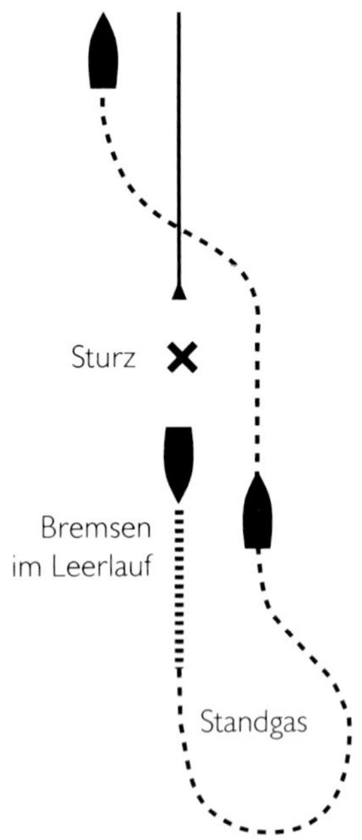

Vorbildliches Fahren
nach Sturz eines Läufers
Alternative II ohne störende Wellen.

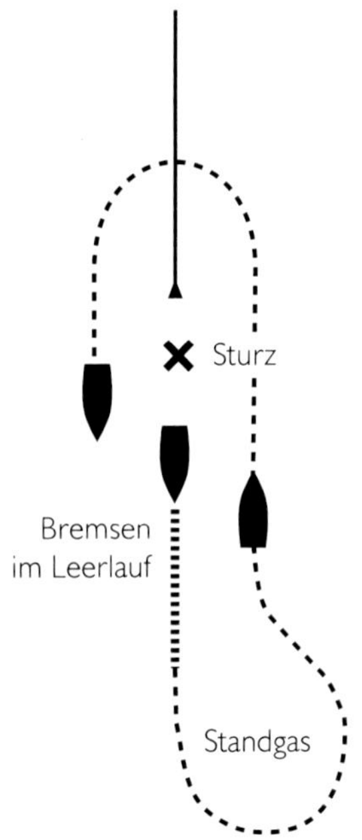

* Das **Ausbildungs- und Lehrwesen** der nationalen Wasserski-Verbände macht die Vergabe von Lizenzen an Fachübungsleiter und Trainer abhängig von der Teilnahme an umfassenden Lehrgängen. Daran sind primär die Sportleiter von Wasserski-Clubs und die Wasserski-Lehrer von Ferienclubs interessiert. Was unabhängig davon aber **jeder Bootfahrer ohne Ausnahme** wissen sollte, sind die Geschwindigkeiten, mit denen Wasserskiläufer im Übungsbetrieb zu ziehen sind (siehe Tabelle auf Seite 57). Um es zur Ergänzung dieser Tabelle deutlich zu sagen: Die meisten Hobbyläufer lernen deswegen nur schwer oder kaum etwas, weil sie zu schnell gezogen werden. Das mag überraschen. Routinierte Trainer wissen aber, daß der Übende nur dann einen optimalen Lernerfolg erzielen kann, wenn er sich absolut sicher und entspannt fühlt. So empfiehlt Ex-Weltmeister Joel McClintock speziell den Slalomläufern immer wieder, mit niedrigem „speed" zu beginnen (siehe oben).

Wasserskisportler hassen jede Art von Wellenbildung.

Der Traum eines jeden Läufers, ob Anfänger oder Spitzenathlet, ist spiegelglattes Wasser. Und was machen viele Bootfahrer in aller Welt? Teils durch Unkenntnis, teils durch Unerfahrenheit und zuweilen auch aus Rücksichtslosigkeit zerstören sie diesen wunderbaren Traum. Dabei kann der gute Bootfahrer viel tun, um unnötige Wellenbildung, die sogenannten „Roller", zu verhindern:

* Beobachten Sie bei Testfahrten vorab, wie die selbst erzeugten Wellen verlaufen und richten Sie Ihre Fahrweise darauf ein, indem Sie immer nur auf einer schnurgeraden Linie fahren. Das gilt besonders für unbekannte Gewässer.

* Die höchsten und unangenehmsten Wellen werden durch Kurvenfahrten verursacht. Vermeiden Sie daher alle Kurven - wenn irgend möglich -. Stürzt ein Läufer, läßt der gute Fahrer das Boot im Leerlauf bzw. mit „Standgas" zunächst in der Geradeausfahrt zum Stillstand kommen und dreht erst dann ohne Wellenbildung bei. Beim Slalomtraining wird der Läufer ohnehin häufig nach einem Durchgang „abgelassen". Die sich aufschaukelnden Wellen, die das Wasserskilaufen für eine Zeitlang unmöglich machen, verhindern Sie, indem Sie Kurven mit Ihrem Boot nur am Ende oder außerhalb einer Wasserskistrecke fahren.

* Kalkulieren Sie bei Ihrer Fahrweise die sich unterschiedlich auswirkenden Wind- und Strömungsverhältnisse ein.

* „Backwash" nennen Wasserskiläufer die von einem steilen Ufer oder einer Bordwand zurückschlagenden Wellen. Richten Sie daher Ihre Fahrweise (Kurs, Abstand und Geschwindigkeit) so ein, daß das Wasser nicht oder möglichst nur minimal aufgerauht wird. Das gilt auch, wenn Sie nach einer gefahrenen Kurve anhalten und Ihre eigenen Wellen auf Ihr Boot zulaufen.

* Beim Stoppen sinkt das Boot tiefer ein. In das dadurch hinter dem Heck entstehende „Loch" fließt entsprechend Wasser nach. Dosieren Sie daher den Bremsvorgang so, daß die Heckwellenbildung auf ein Mindestmaß beschränkt bleibt.

* Vermeiden Sie - wenn möglich - Verdrängerfahrten, da hierbei die Wellenbildung erheblich stärker ist als in der Gleitfahrt.

Von der Sicherheit an Bord kann Ihr Leben abhängen. Folgeschäden und Rettungsaktionen können besonders im Wassersport teuer werden. Voraussicht und Vorbeugen sind daher oberstes Gebot für jeden Wassersportler. Für Wasserskiboote besteht zwar eine Registrierungspflicht (Binnenschiffsregister), aber - anders als für Straßenfahrzeuge - keine Versicherungspflicht. Jeder Wassersportler haftet jedoch für alle Schäden, die er im Zusammenhang mit dem Besitz oder Gebrauch eines Sportbootes verursacht. Beteiligen Sie sich daher nicht an Wasserskiaktivitäten mit Booten, die nicht registriert und ausreichend versichert sind!

SICHERHEITSREGELN FÜR DEN BOOTFAHRER

1. Sie tragen die Verantwortung für Boot und Besatzung. Vergewissern Sie sich deshalb vor jedem Fahrtantritt über den Zustand des Bootes und seiner Ausrüstung (s. S. 57). Prüfen Sie, ob für jede Person eine Rettungsweste und zur Kennzeichnung bei Manövrierunfähigkeit eine rote Flagge an Bord ist.

2. Betreiben Sie niemals Wassersport unter Zeitdruck. Wählen Sie den Fahrtantritt immer so, daß eine Rückkehr vor Einbruch der Dunkelheit garantiert werden kann. Und beachten Sie die gesetzliche Bestimmung, wonach Wasserskilaufen bei Sichtweiten unter 1000 m verboten ist.

3. Auf Binnenschiffahrtsstraßen ist das Wasserskilaufen nur auf den durch rechteckige blaue Tafeln (siehe links) gekennzeichneten Wasserflächen erlaubt. Beachten Sie die für einige Flächen geltenden eingeschränkten Uhrzeiten. Auf Seeschiffahrtsstraßen ist das Wasserskilaufen außerhalb des Fahrwassers grundsätzlich erlaubt. Beachten Sie die für bestimmte Flächen geltenden Verbote.

4. Wasserskiboote müssen Großfahrzeugen und Kleinfahrzeugen ohne Maschinenantrieb ausweichen. Beim Begegnen müssen Sportboote Backbord an Backbord vorbeifahren und generell einen ausreichenden Abstand einhalten, der 10 m nicht unterschreiten darf. Berücksichtigen Sie ferner, daß Überholmanöver erst begonnen werden dürfen, wenn sichergestellt ist, daß sie ohne Gefahr beendet werden können. Der Wasserskiläufer muß sich immer während der Vorbeifahrt an Fahrzeugen im Kielwasser des Zugbootes aufhalten.

5. Folgen Sie einem vorausfahrenden Sportboot, das einen Wasserskiläufer im Schlepp hat, nur in einem ausreichenden Sicherheitsabstand von etwa 200 m und achten Sie darauf, daß andere (nachfolgende) Boote den gleichen Abstand einhalten, wenn Sie einen Läufer ziehen.

6. Nehmen Sie Rücksicht auf Schwächere. Schwimmer, Ruderer, Kanuten, Segelsurfer und Taucher bedürfen besonderer Rücksicht. Sie sind zwar ohnehin ausweichpflichtig, sollten diese Wassersportler aber in einem solch großen Bogen umfahren, daß Ruderboote zum Beispiel nicht kentern können.

7. Ein Verstoß gegen die Hilfeleistungspflicht ist strafbar. Hilfeleistungen untereinander sind erste und vornehmste Pflicht eines jeden Wassersportlers.

8. Benutzen Sie keine seitlich am Fahrzeug anzubringende Lernstange, einen Zugfallschirm oder einen Flugdrachen ohne besondere schriftliche Genehmigung der Wasser- und Schiffahrtsdirektion.

9. Benutzen Sie auf keinen Fall die mancherorts im Wasser installierten Slalomstrecken oder Sprungschanzen ohne ausdrückliche Genehmigung und Freigabe des/der Eigentümer/s.

10. Stellen Sie den Motor ab, wenn Wasserskiläufer ein- und aussteigen. Das gilt insbesondere, für Boote mit Außenbordmotor oder Z-Drive-Antrieb.

11. Starten Sie niemals mit einem Wasserskiläufer im Schlepp, ohne eine deutliche und unmißverständliche Startfreigabe ("o.k.") durch den Läufer selbst gehört zu haben. (Ein Verheddern des Läufers in der Leine ist gar nicht so selten.)

12. Vergewissern Sie sich vor jeder Kurs- bzw. Richtungsänderung, ob keine Kollisionsgefahr mit einem neben oder hinter Ihnen fahrenden Fahrzeug besteht. Mit Läufer im Schlepp ist Ihr Fahrzeug immerhin über 20 m lang.

13. Ziehen Sie die Wasserskileine immer sofort ein, wenn kein Läufer mehr im Schlepp ist. Das gilt auch bei einem eventuellen Sturz. Erstens haften Sie für Folgeschäden, wenn andere Fahrzeuge in die im Wasser treibende Leine fahren. Und zweitens vermeiden Sie nur so, daß der Propeller Ihres eigenen Bootes die Leine erfaßt, was leider sehr häufig passiert.

14. Nähern Sie sich einem gestürzten Läufer nur in langsamer Fahrt ohne Wellenbildung in einem Abstand, der ausreicht, um ein unkontrolliertes Zutreiben des Bootes auf den Läufer durch Wind und auslaufende Wellen zu verhindern.

15. Beenden Sie die Fahrt mit einem Läufer im Schlepp grundsätzlich nur durch kontinuierliches Verringern der Geschwindigkeit und vermeiden Sie unter allen Umständen das abschließende „Vorbeidonnern" am Startplatz, durch das noch einmal Schwung für eine demonstrative Alleinfahrt geholt werden kann. Die Risiken für die sich oft überschätzenden Läufer, für dritte Personen am Ufer und für die Umwelt sollten Sie nicht übernehmen.

SICHERHEITSREGELN FÜR DEN BEOBACHTER

Außer dem Bootfahrer muß nach den auch international geltenden verkehrsrechtlichen Bestimmungen immer noch eine zweite (geeignete) Person an Bord des einen Läufer schleppenden Bootes als „Beobachter" sein.

1. Erkundigen Sie sich als Beobachter vor Fahrtantritt nach der Bedeutung der gültigen Handsignale und verbalen Kommandos, die der Verständigung zwischen Bootfahrer und Läufer dienen (siehe nächsten Abschnitt).

2. Achten Sie besonders bei den Startvorbereitungen darauf, daß zwischen Bootfahrer und Läufer keine Mißverständnisse entstehen, und halten Sie den Fahrer gegebenenfalls über die Situation des Läufers informiert.

3. Beobachten Sie die gesamte Fahrstrecke ebenso wie den Läufer. Machen Sie Fahrer und Läufer auf im Wasser schwimmende Gegenstände, eventuelle Behinderungen und Gefahren rechtzeitig aufmerksam.

4. Sorgen Sie während der gesamten Fahrt, bei der der Bootfahrer u.a. auf die Einhaltung des Kurses, der Geschwindigkeit, andere Fahrzeuge und auf die Armaturen zu achten hat, für eine reibungslose Kommunikation zwischen Fahrer und Läufer und bedienen Sie das eventuell vorhandene „Quickrelease" (Schnellauslöser) nur im Notfall, wenn Sie über ausreichende Vorkenntnisse verfügen.

5. Helfen Sie nach einem Sturz des Läufers dem Bootfahrer beim Einziehen der Wasserskileine und beim Aufnehmen von Läufer und Skiern.

6. Verhalten Sie sich ruhig an Bord, da jegliche Hektik an Bord eine Gefahrenquelle für alle Beteiligten darstellt. Beschränken Sie sich daher in der Kommunikation auf alle notwendigen Informationen.

SICHERHEITSREGELN FÜR DEN LÄUFER

1. Akzeptieren Sie als Bootfahrer nur eine Person, die über einen gültigen Sportbootführerschein und die notwendige Erfahrung verfügt.
2. Laufen Sie nur Wasserski, wenn im Zugboot auch eine (geeignete) Person als Beobachter vorhanden ist.
3. Benutzen Sie stets eine ausreichend tragfähige und schützende Wasserskiweste.
4. Überprüfen Sie regelmäßig Ihre gesamte Ausrüstung (Wasserskiweste, Ski, Leine, Trockenanzug etc.) und beseitigen Sie Schadstellen vorher.
5. Geben Sie niemals das Startsignal, bevor die Wasserskileine vom Boot straff gezogen wurde und Sie wirklich startklar sind.
6. Greifen Sie weder beim Start, noch während der Fahrt, noch bei Beendigung des Laufs in das Hanteldreieck oder die durchhängende Leine.
7. Sprechen Sie vor dem Start in unbekannten Gewässern die Fahrtroute mit dem Fahrer ab und laufen Sie nicht in flachem Wasser mit Untiefen.
8. Laufen Sie auf keinen Fall Wasserski in der Nähe von Stegen, Pontons, Pfeilern, Fahrwassermarkierungen, ankernden oder manövrierunfähigen Fahrzeugen und verzichten Sie vor allem darauf, Personen, schwimmende Tiere oder Objekte mit einer Wasserfontäne zu bespritzen. Die Mehrzahl von Unfällen ist auf Übermut zurückzuführen.
9. Ist ein Sturz unvermeidlich, versuchen Sie sich rückwärts oder seitwärts fallen zu lassen. Der Aufprall auf dem Wasser ist so erheblich weicher als bei einem Sturz nach vorn. Außerdem ist die Gefahr geringer, daß Sie mit Ihrem Ski in Berührung kommen.
10. Geben Sie sofort nach einem Sturz dem Bootfahrer ein Handzeichen, wenn Sie und Ihre Ausrüstung „o.k." sind. Unnötig schnelles Wenden des Bootes mit störender Wellenbildung etc. wird so vermieden.
11. Ist der Sturz in einem Gewässer erfolgt, in dem auch andere Boote und Schiffe verkehren, sollten Sie nach dem Handzeichen für den eigenen Fahrer einen Ski zur Verdeutlichung Ihrer Position aus dem Wasser hochhalten.
12. Laufen Sie niemals Wasserski vor einem Ihnen folgenden anderen Fahrzeug.
13. Halten Sie sich im Begegnungsverkehr grundsätzlich im Kielwasser des Zugbootes auf.
14. Werfen Sie beim Erlernen des Monoski- oder Barfußskilaufens einen Hilfsski nicht innerhalb eines gekennzeichneten Fahrwassers ab.
15. Laufen Sie nicht Wasserski bis zur völligen Ermüdung oder gar Erschöpfung. Mit übermäßig starker körperlicher Beanspruchung nimmt das Konzentrationsvermögen ab und die Unfallgefahr zu.
16. Im Wasserskisport findet eine relativ starke kurzzeitige neuromuskuläre Beanspruchung (Zusammenwirken von Muskeln und Nervensystem) statt. Um Verletzungsgefahren vorzubeugen und Ihre organische Leistungsbereitschaft zu verbessern, sollten Sie sich daran gewöhnen, vor jedem Start ein etwa 15-minütiges Aufwärmprogramm mit Lauf-, Dehn-, Sprung- und gymnastischen Übungen zu absolvieren.
17. Zur Vorbereitung Ihrer Wasserskistarts gehört u.a. auch das für die Praxis erforderliche Erlernen der international üblichen Signale und Kommandos für die Verständigung zwischen Bootfahrer und Läufer und gegebenenfalls zwischen Trainer und Läufer.
18. Befassen Sie sich daher aufmerksam mit dem nächsten Abschnitt.

REGELN, DIE JEDER KENNEN MUSS

Wasserski ist sicher nicht der Sport, bei dem die Aktiven permanent „mit dem Gesetzbuch unter dem Arm" herumlaufen müssen. So benötigt zum Beispiel im Bereich „Wasserski-Seilbahn" nur der Betreiber (also der Eigentümer oder Pächter) bestimmte behördliche Genehmigungen für den Betrieb der Anlage. Der Wasserskiläufer kann sich dagegen unbeschwert seinem Wassersportvergnügen hingeben, wenn er die Anweisungen des Bedienungspersonals und die im Aushang bekanntgemachten Verhaltensempfehlungen befolgt.

Die Benutzer eines Wasserski-Zugbootes sollten vor jeder Fahrt darüber informiert sein,

* auf welchen Wasserflächen das Boot zum Ziehen eines Wasserskiläufers eingesetzt werden darf (in unserem Anhang haben wir das derzeit gültige Verzeichnis über zugelassene Wasserskistrecken in Deutschland abgedruckt).
* welche wesentlichen verkehrsrechtlichen Bestimmungen die „Wasserskiverordnung" in der zur Zeit gültigen Fassung vom 17.1.1990 enthält (in unserem Anhang finden Sie auch einen Abdruck dieser Verordnung) und
* daß die „Verordnung über das Führen von Sportbooten auf den Binnenschiffahrtsstraßen" Auskunft über Fragen gibt, die mit der Erteilung oder der Entziehung des sogenannten Sportbootführerscheins „Binnen" in Zusammenhang stehen.

Die „Verordnung über die Eignung und Befähigung zum Führen von Sportbooten auf den Seeschiffahrtsstraßen" regelt die entsprechenden Fragen zum „Sportbootführerschein Küste".

Bei den Verständigungssignalen zwischen Bootsbesatzung und Läufer muß grundsätzlich unterschieden werden zwischen

* den international üblichen Signalen und Kommandos für die Kommunikation zwischen Bootfahrer und Läufer sowie
* den Handzeichen, die der Verständigung zwischen Trainer bzw. Wasserskilehrer und Läufer dienen.

Signale des Läufers
für den Bootfahrer:

1. schneller
2. langsamer
3. anhalten, ich möchte aufhören
4. drehen
5. zurück zum Steg
6. Geschwindigkeit ist o.k.
7. „"Es ist alles o.k."
(nach einem Sturz)

1

2

3

4

5

6

7

Diese gut merkfähigen Signale sind um das akustische Kommando für die Startfreigabe zu ergänzen. Der Bootfahrer kann meist nicht genau erkennen, ob der im Wasser befindliche Läufer startbereit ist oder gar die Leine noch um eine Hand oder einen Fuß geschlungen ist. Da die Hände beim Start beide die Hantel fest umschließen, hat sich international das laut und deutlich vom Läufer gerufene „o.k." durchgesetzt. Kommandos wie z.B. „stop" und „go" lassen sich dagegen draußen in der Natur eher verwechseln.

Zu diesen ebenfalls leicht verständlichen Signalen, die im Freizeit- und Breitensport üblich sind, gesellen sich eine Reihe weiterer optischer und akustischer Zeichen und Kommandos, die bei schwierigen Übungen speziell im Leistungssport verwendet werden.

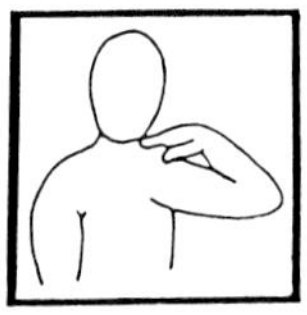

»Kopf hoch!«

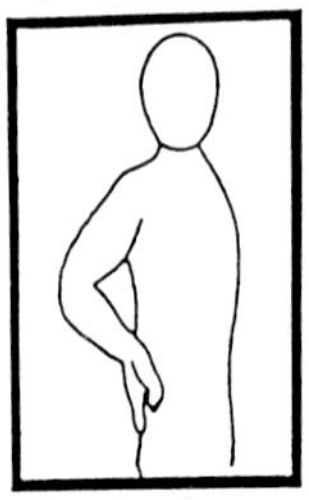

»Hüfte nach vorn!«

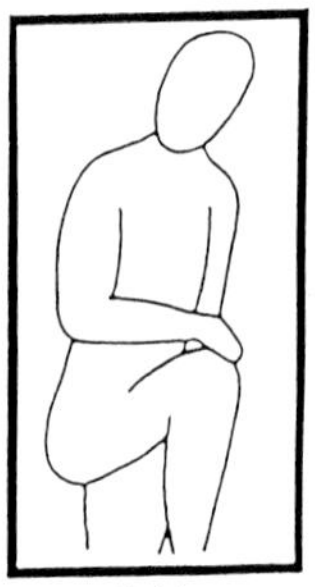

»Knie anwinkeln!«

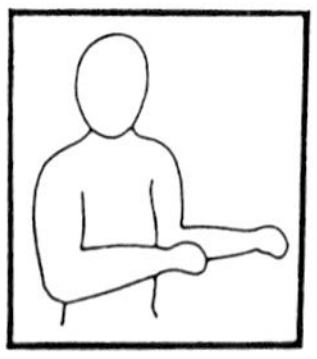

»Arme anwinkeln!«

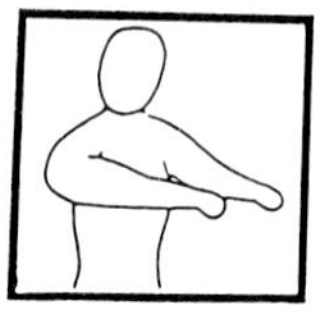

»Arme strecken!«

Auf die für Binnenschiffahrtsstraßen und Seeschiffahrtsstraßen geltenden Schall- und Flaggensignale sowie sonstigen Verkehrszeichen braucht hier nicht näher eingegangen zu werden, da sie für alle Verkehrsteilnehmer gelten.

REGELN FÜR DEN UMWELTSCHUTZ

Die im „Verband für Naturschutz und Landschaftspflege der Sportschiffahrt (NLS) e.V." zusammengeschlossenen Wassersportverbände haben u.a. „Zehn goldene Regeln für das Verhalten von Wassersportlern in der Natur" entwickelt und seit Jahren propagiert. Darin wird primär an die Einhaltung der in Naturschutzgebieten, Feuchtgebieten, Schilfgürtelbereichen, Röhrichtbeständen und sonstigen bewachsenen Uferpartien geltenden Vorschriften und Gebote für Abstandseinhaltung erinnert. Auch an Hinweisen, keine Abfälle (wie z.B. Lebensmittel- oder Verpackungsreste), Reiniger oder Antifoulingfarben mit Schwermetallen ins Wasser einzubringen sowie Vorsicht beim Tanken walten zu lassen, fehlt es natürlich nicht.
Zwar weisen die Aktiven zu Recht immer wieder darauf hin, daß sie selbst wohl zu allerletzt daran interessiert sein können, das Wasser zu verschmutzen, in dem sie Sport treiben. Andererseits sollte jeder, der diesen Sport ausübt, bedenken, daß er ein Stück Natur beansprucht und schon daher eine Art Vorbildfunktion anstreben muß. Schließlich steht der Sport oft im Blickfeld des Widerstreits öffentlicher Meinungen.

Die geschichtliche Entwicklung des Wasserski-Wettkampfsports haben wir u.a. in unserem Abschnitt „Eine interessante Vergangenheit" kurz umrissen. Heute werden zwar alle Sparten und Disziplinen vom Weltverband (International Water Ski Federation) betreut, jedoch sind die Schwerpunkte des Wettkampfgeschehens in den drei „Erdteil-Gruppen" (Amerika-Zone, Europa-Afrika-Zone und Asien-Australien-Zone) sowie in den insgesamt über 60 organisierten Nationen zum Teil unterschiedlich ausgeprägt. So werden zum Beispiel in Deutschland derzeit offizielle Meisterschaften und Titelkämpfe „nur" in den Wettkampfsparten „Wasserski-Boot, Wasserski-Seilbahn und Barfuß-Wasserski" mit den jeweiligen drei Disziplinen Slalom, Figurenlauf und Springen ausgetragen, wobei das Schwergewicht inzwischen auf dem Bereich „Seilbahn" liegt. In den meisten anderen Ländern hat die „klassische" Wettkampfsparte Wasserski-Boot nach wie vor auch hinsichtlich der Anzahl der Wettkämpfe und Wettkampfteilnehmer die eindeutig größere Bedeutung. Darüber hinaus werden international auch offizielle Meisterschaften in den Wettkampfsparten „Wasserski-Racing" und „Kneeboard-Wasserski" ausgetragen, in denen Deutschland allerdings ebenfalls auf einige Aktive verweisen kann. Und schließlich stehen im Wasserskiland Nr. 1, USA, Meisterschaften im „Wasserski-Schaulaufen" (Teams) und „Freestyle-Wasserski" (Einzelpersonen) auf dem Programm. Speziell in den USA muß überdies noch einmal zwischen den offiziellen Meisterschaften des nationalen Verbandes (AWSA) und der International Water Ski Federation (IWSF) und der auf rein kommerzieller Basis ausgerichteten „Pro-Tour" (Einladungswettkämpfe für Profis) unterschieden werden.

Wir möchten uns in den folgenden Abschnitten primär den im deutschsprachigen Raum bedeutsamen Wettkampfbereichen widmen. Dabei freuen wir uns, Ihnen als Autoren prominente Weltklasseathleten präsentieren zu können. Da die „klassische Basissparte" Wasserski-Boot die relativ junge Sparte Wasserski-Seilbahn von Beginn an mitgeprägt hat, stimmt ein Großteil gültiger Trainingsempfehlungen überein. Soweit es relevante Unterschiede gibt, werden diese jeweils in Kurzform von einem der in Europa führenden deutschen Spitzenläufer erläutert.

WETTKAMPFREGELN FÜR DIE SPARTE „WASSERSKI-BOOT"

Verantwortlich für die Herausgabe und die Fortschreibung der Wettkampfregeln ist das „Tournament Council" der „International Water Ski Federation (IWSF)", also der Wasserski-Weltverband.

Ausgetragen werden die drei Disziplinen Slalom, Figurenlauf (auch „Tricks" genannt) und Springen. Die Mehrzahl der Wettkampfläufer startet in allen drei Disziplinen. Der Läufer mit dem aus speziellen Punktetabellen ermittelten höchsten Kombinationsergebnis gewinnt die Kombinationswertung. Die einzelnen Disziplinen erfordern unterschiedliche Fähigkeiten und Fertigkeiten, und jede hat dem Zuschauer eine besondere Attraktion zu bieten:

* Im Slalomwettbewerb benötigt der Läufer all' seine Kraft, „um das Boot und den Slalomkurs zu schlagen". Trotz hoher Geschwindigkeiten ist ein enormes Rhythmusgefühl erforderlich. Zuschauer begeistern sich an den waghalsigen Schräglagen des Läufers im Kampf um die Bojen und an den hohen Wasserfontänen.
* Der Figurenlauf verbindet die Elemente von Eiskunstlaufen, Gymnastik und Ballett. Gefragt sind Beweglichkeit, Geschicklichkeit und ein gutes Balancegefühl.
* Das Schanzenspringen ist die spektakulärste Disziplin, die ein Höchstmaß an Mut und Konzentrationsvermögen erfordert. Zuschauer staunen über die fulminanten Weiten, die bei Geschwindigkeiten bis zu 100 km/h beim Auftreffen auf der Schanze erreicht werden.

SLALOM

Unsere nachfolgende Grafik zeigt ein Slalomfeld, das vom Läufer bei vorgegebenen und genau kontrollierten Geschwindigkeiten des Zugbootes bewältigt werden muß. Während das Boot durch die mit Bojen markierte „Bootsgasse" fährt, muß der Läufer 6 Außenbojen umrunden. Je 3 auf jeder Seite. Die Bojenumrundungen werden aber nur gewertet, wenn der Läufer in das Slalomfeld durch das „Einfahrts-Bojenpaar" hineinfährt. Gelingt dies alles ohne Sturz, muß er das Slalomfeld auch wie-

FREIZEIT&SPORT **muhl**

Boote - Wasserski - Zubehör

Ihr kompetenter Partner für Wasserski-Equipment seit über 35 Jahren !

Als wettkampferfahrene Wasserskifamilie mit dem erfolgreichen Nachwuchs Andy und Suzy möchten wir Sie diesem wunderschönen Sport näherbringen. Die ideale Kombination aus Hobby und Beruf garantiert unseren Kunden optimale und ehrliche Beratung, denn wir wissen worauf es ankommt ! Das MUHL-Team importiert exclusiv weltbekannte Produkte zu realistischen Preisen und ist auch über die Grenzen Deutschlands hinaus bekannt für auzgezeichneten Service und freundliche Bedienung. Lassen Sie sich von uns in die herrliche Welt des Wasserskisports entführen und fordern Sie unsere Spezialkataloge an über:

A) Wasserski und alles was dazugehört
B) Boote für die Familie oder Spezial-Wasserskiboote
C) Bootszubehör (ca. 3.000 Artikel)

FREIZEIT - u. SPORT -MUHL Postfach 1408 34334 HANN.MÜNDEN
Ruf: 05541 / 8045 Fax: 4307

der durch das „Ausfahrts-Bojenpaar" verlassen. Das Boot zieht dann eine Schleife und fährt mit einer um 3 km/h erhöhten Geschwindigkeit in entgegengesetzter Richtung wieder in das Slalomfeld, wobei das Ausfahrtstor als Eingangstor des neuen Durchgangs gilt. Dies wiederholt sich so lange, bis der Läufer entweder stürzt, oder eine Boje nicht außen umrundet, oder ein Ein- bzw. Ausfahrtstor verfehlt.
Die Anfangsgeschwindigkeit des Bootes wird für den Wettkampf von der jeweiligen Jury unter Berücksichtigung der Wetter- und Wasserbedingungen nach Maßgabe der Reglementtabelle festgelegt. Sie kann 43, 46, 49, 52, 55 oder 58 km/h betragen, wobei die Höchstgeschwindigkeit für Damen, Jugendliche und die „Veteranen" 55 km/h und die Höchstgeschwindigkeit für Herren 58 km/h beträgt. Sobald das Slalomfeld auch bei Höchstgeschwindigkeit ohne Fehler gemeistert wurde, wird das Zugboot nach jedem Durchgang kurz angehalten, um die Leinenlänge verkürzen zu können. Das Reglement schreibt folgende Leinenlängen mit den in nachstehender Übersicht genannten Farbmarkierungen vor:

Leinenlänge	Farbe	englische Bezeichnung*	Gewertetes Gesamtergebnis**
18,25 m	rot	15 off	24 Bojen
16 m	orange	22 off	30 Bojen
14,25 m	gelb	28 off	36 Bojen
13 m	grün	32 off	42 Bojen
12 m	blau	35 off	48 Bojen
11,25 m	violett	38 off	54 Bojen
10,75 m	weiß	39,5 off	60 Bojen
10,25 m	weiß	41 off	(Weltrekord liegt bei 3 Bojen an dieser Leinenlänge)

* Die englische Bezeichnung basiert auf der Berechnung mit „feet" (Fuß), wobei von der früher einmal üblich gewesenen Leinenlänge von 22,9 m ausgegangen wurde.
** Das gewertete Gesamtergebnis schließt die Bojenumrundungen bei niedrigeren Bootgeschwindigkeiten ein.

Das in den vergangenen Jahren gestiegene Leistungsniveau ermöglicht es, Slalomwettkämpfe normalerweise mit der Höchstgeschwindigkeit beginnen zu lassen. Um Kraft zu sparen, gehen gute Läufer häufig das Risiko ein, die von der Jury festgesetzte Anfangsgeschwindigkeit oder Anfangsleinenlänge „auszulassen" und sofort mit einem höheren Schwierigkeitsgrad zu beginnen. In diesen Fällen müssen dann aber alle 6 Bojen im 1. Lauf fehlerfrei umrundet werden, da andernfalls keine Gutschrift für die „ausgelassenen" Durchgänge erfolgen kann.
Wenn ein Läufer im Slalomfeld stürzt oder eine Bojenumrundung nicht schafft, können zu der bis dahin erreichten Bojenzahl auch 1/2 oder 1/4 Boje hinzugerechnet werden. Entscheidend ist, wo der Läufer stürzt oder die Boje verpaßt. Sieger eines Wettkampfes ist, wer die höchste Bojenzahl erreicht.

Die sportlichen Leistungen im Slalomfeld werden zu Recht bewundert. Bei konstanter Bootgeschwindigkeit muß der Läufer abwechselnd immens beschleunigen und stark bremsen, um die Slalombojen, die 11,50 m vom Weg des Bootes entfernt sind, umrunden zu können. Je nach Leinenlänge katapultiert sich der Spitzenläufer nach einer Bojenumrundung auf 96-112 km/h. Danach muß er jeweils auf 16-32 km/h abbremsen, wenn er noch „die Kurve an der nächsten Boje

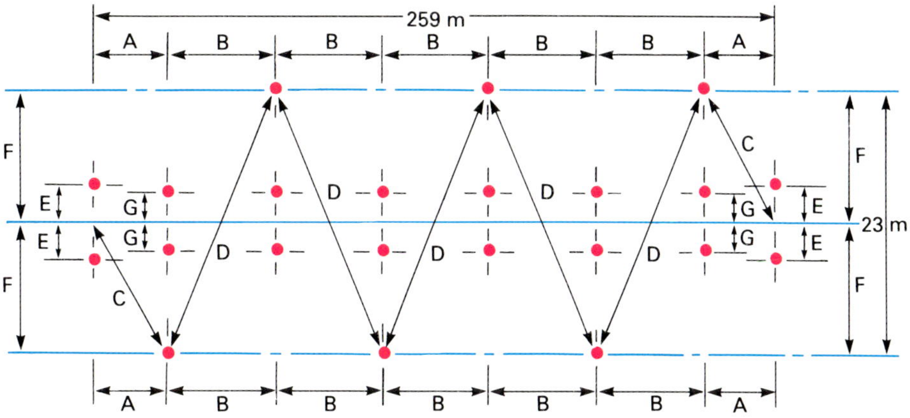

Offizieller Kurs für den Slalom-Wettbewerb
Abmessungen:
259 m insgesamt

A = 27 m
B = 41 m
C = 29,347 m ± 1/3% on 259 m
D = 47,011 m ± 1/2% on A, B, C, D
E = 1,25 m ± 1% on F
F = 11,5 m ± 5% on E

kriegen will". Der bei diesen Gewaltakten auf der Wasserskileine zwischenzeitlich lastende Zug ist kolossal. Slalom-Höchstleistungen setzen voraus, daß der Athlet in der Lage ist, das 3- bis 4fache des eigenen Körpergewichts zu halten. Im Ausland durchgeführte Tests haben ergeben, daß Top-Läufer bei der Beschleunigung einer Zugkraft von bis zu etwa 450 kg widerstehen.

FIGURENLAUF

Die Wasserfläche, auf der diese Disziplin „Tricks" absolviert wird, ist lediglich durch 2 Bojenpaare gekennzeichnet, die anzeigen, wann der Läufer mit seinem Programm beginnen muß. Die Bootgeschwindigkeit (ca. 27-32 km/h) bestimmt der Läufer ebenso wie die Leinenlänge. Außerdem benutzt er seine eigene Trickhantel. Trickski werden vom Handel in unterschiedlichen Längen (95-110 cm) und Breiten (27-30 cm) als Paar- und als Mono-Trickski angeboten. Hervorstechende Merkmale im Sinne der Zweckbestimmung sind die schräg angebrachte Monoskilasche und die flache sowie manchmal etwas gerillte Lauffläche ohne Kiel. International werden nur noch Mono-Trickski benutzt, wobei breitere Ski etwas drehfreudiger sind, während schmalere Ski eine bessere Führungsstabilität aufweisen. Laut Reglement darf die Breite 30% der Länge nicht übersteigen. „Zur Ausrüstung" gehört nach den Wettkampfvorschriften ferner die „Person des eigenen Vertrauens", die im Boot das sogenannte „Quick-Release" zum schnellen Auslösen der Leine (besonders bei schwierigen Tricks mit Hantel am Fuß) im Notfall bedient.

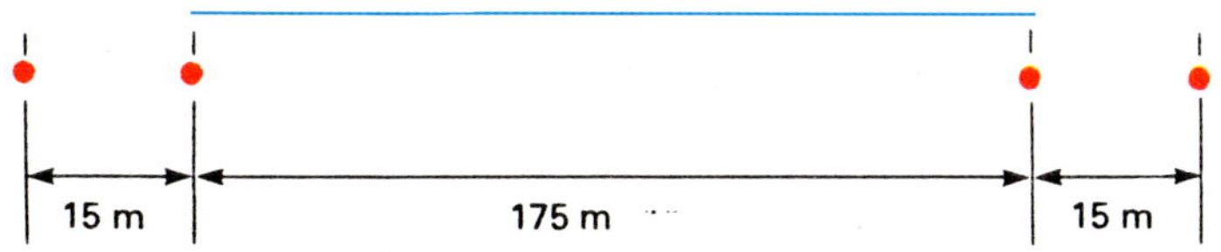

Offizieller Kurs für den Figurenlauf

Ein Figurenlauf besteht aus 2 Durchgängen von je 20 Sekunden. Während das Boot also die markierte Strecke zweimal durchfährt, führt der Läufer vor den Augen einer 5köpfigen Jury sein Trickprogramm aus, das vorher in schriftlicher Form bekanntzugeben ist. Zugelassen sind nur Figuren, die im internationalen Reglement beschrieben und dort je nach Schwierigkeitsgrad mit einer bestimmten Punktzahl versehen sind. Die Jury bewertet zwar nicht den Laufstil, achtet jedoch streng darauf, daß alle Tricks sauber und korrekt ausgeführt werden. Sieger dieses Wettbewerbs ist, wer die insgesamt höchste Punktzahl in 2 Durchgängen erzielt hat. Die 20-Sekunden-Frist beginnt, sobald der Läufer zwischen einem Bojenpaar zur ersten Figur ansetzt. Sie endet vorzeitig bei einem Sturz bzw. wird durch ein akustisches Signal angezeigt. Wiederholungen von Tricks werden nicht gewertet. Im Reglement wird unterschieden zwischen

* Tricks, die auf 2 Skiern und auf einem (entsprechend höher bewerteten) Ski ausgeführt werden.
* Drehungen auf dem Wasser (Water Turns) und den (entsprechend höher bewerteten) Drehungen in der Luft beim Sprung über die Welle (Wake Turns),
* den sogenannten Basisdrehungen (BAS) sowie den unmittelbar darauf zu absolvierenden Drehungen in die Gegenrichtung (REV) und
* den Figuren, die aus der Vorwärtsposition (F) gestartet werden bzw. in ihr enden, sowie Figuren, die aus der Rückwärtsposition (B) gestartet werden bzw. in ihr enden.

Wie die nachfolgend abgedruckte Übersicht aus dem in englischer Sprache abgefaßten Reglement zeigt, stehen dem Aktiven derzeit 179 Tricks zur Auswahl zur Verfügung. Die Punktzahlen für einen einzigen Trick reichen von 20 Punkten (90°-Drehung auf 2 Skiern) bis 1000 Punkte (Doppelsalto über die Welle). Läufer der Weltspitze zeigen bis zu über 20 Tricks in einem Durchgang à 20 Sekunden. Um im Durchschnitt weniger als 1 Sekunde pro Trick zu benötigen, ist nicht nur ein ausgeklügeltes Programm, sondern auch ein enormer Trainingsfleiß erforderlich. Der Weltrekord bei den Herren liegt zur Zeit bei 11.030 Punkten (Tory Baggiano/USA) und bei den Damen bei 8530 Punkten (Tawn Larsen/USA). Der neue von Weltmeister Patrice Martin aus Frankreich gelaufene Rekord von 11.230 Punkten ist soeben offiziell anerkannt worden.

Die Bewertung der laut internationalem Reglement zugelassenen Tricks:

WATER TURNS

CODE	DESCRIPTION			NO.	2 SKIS BAS	2 SKIS REV	1 SKI BAS	1 SKI REV
S	Side Slide			1	20	20	40	40
TS	Toehold side slide			2	-	-	130	130
B		180	F-B	3	30	30	60	60
F			B-F	4	30	30	60	60
O		360	F-F	5	40	40	90	90
BB			B-B		40	40	90	90
5B		540	F-B		50	-	110	
5F			B-F		50	-	110	
7F		720	F-F		60	-	130	
7B			B-B		60	-	130	

WAKE TURNS

CODE DESCRIPTION			NO.	2 SKIS BAS	2 SKIS REV	1 SKI BAS	1 SKI REV
LB	180	F-B Stepover	6	70	70	110	
LF		B-FStepover	7	70	70	110	
TB	180	F-BToehold	8	-	-	100	100
TF		B-FToehold	9	-	-	100	100
TO	360	F-FToehold	10	-	-	200	200
TBB		B-BToehold	11	-	-	200	200
T5B	540	F-BToehold	12	-	-	350	350
T7F	720	F-FToehold		-	-	450	
T5F	540	B-FToehold	13	-	-	350	

WAKE TURNS

WB	180	F-B	14	50	50	80	80
WF		B-F	15	50	50	80	80
WO	360	F-F	16	110	110	150	150
WBB		B-B	17	110	110	150	150
W5B	540	F-B	18	310	310	310	310
W5F		B-F	19	310	310	310	310
W7F	720	F-F	20	600	600	600	600
W7B		B-B	21	480	480	480	480
W9B	900	F-B	22	750	750	750	750
W9F		B-F		750	750	750	750
WLB	180	F-B Stepover	23	110	110	160	-
WLF		B-F Stepover	24	110	110	160	-
WLO	360	F-F Stepover	25	200	200	260	260
WLBB		B-B Stepover	26	200	200	260	260
WL5B	540	F-B Stepover	27	300	300	420	420
WL5LB		F-B Double Stepover		-	-	500	500
WL7F	720	F-F Stepover	27A	700	700	700	700
WL9B	900	F-B Stepover	2 7B	800	800	800	800
WL5F	540	B-F Stepover	28	300	300	420	420
WL5LF		B-F Double Stepover		-	-	500	500
WL7B	720	B-B Stepover		550	550	550	550
WL9F	900	B-F Stepover	28A	800	800	800	800
TWB	180	F-B Toehold	29	-	-	150	150
TWF		B-F Toehold	30	-	-	150	150
TWO	360	F-F Toehold	31	-	-	300	300
TWBB		B-B Toehold	32	-	-	330	330
TW5B	540	F-B Toehold	33	-	-	500	500
TW5F		B-F Toehold	34	-	-	500	-
TW7F	720	F-F Toehold	35	-	-	650	650
TW7B		B-B Toehold	36	-	-	650	-
TWLB	1 B0	F-B Toehold Stepover	37	-	-	320	-
IWLF		B-F Toehold Stepover	38	-	-	380	-
TWLO	360	F-F Toehold Stepover	39	-	-	480	480
TWLBB		B-B Toehold Stepover	40	-	-	480	480
TWL5B	540	F-B Toehold Stepover	41	-	-	600	600
TWL5F		B-FToehold Stepover	42	-	-	650	-
WFLIPF Forward Sommersault			43	800	-	800	-
WFLIPB Backward Sommersault			44	700*	-	700*	-
SLB		F-B Ski Line	45	-	-	350	350
SLF		B-F Ski Line	46	-	-	400	400
SLO	360	F-F Ski Line	47	-	-	400	400
SLBB		B-B Ski Line	48	-	-	450	450
SL5B	540	F-B Ski Line	49	-	-	550	550
SL5F		B-F Ski Line	50	-	-	550	550
SL 7B	720	B-B Ski Line	51	-	-	650	650
SL7F	720	F-FSkiLine	52	-	-	750	750
WOfLIP8 Wake		Double flip	53	1000	-	1000	-
WfLIPBFT Wake		Flip Full Twist	54	800	-	800	-
WLIPBFB Wake		Flip Half Twist	55	750	-	750	-

* neu 500

Erläuterungen: Side-Slide = 90°-Drehung; 180, 360, 540, 720 und 900 = Gradzahlen der Drehung; F = Vorwärtsposition; B = Rückwärtsposition; Toehold = Fuß in der Hantel; Stepover = ein Bein über die Leine; Sommersault bzw. Flip = Salto; Ski Line = mit Ski über die Leine.

SCHANZENSPRINGEN

Die Herrichtung einer Wettkampfstrecke ist für das Springen ebenso an strikte Reglementvorschriften gebunden wie für die beiden übrigen bereits erläuterten Disziplinen. Um eine Strecke „rekordfähig" zu machen, muß sie vor einem Wettkampf von speziell ausgebildeten und lizensierten Funktionären „homologiert", das heißt vergleichbar (durch Vermessen) gemacht werden. Für das Springen ist dieser Vorgang naturgemäß von besonderer Bedeutung, weil hier Weitenmessungen den Ausschlag geben.

Wie unsere nebenstehende Grafik zeigt, werden die Weiten mit Hilfe von 3 am Ufer installierten Meßtischen (auf denen übereinander je zwei Winkelmeßscheiben angebracht sind) ermittelt. Die zum Aufsprungkegel, den der Springer (mit seinem Körperschwerpunkt) auf dem Wasser hinterläßt, gemessenen Gradzahlen werden in einen Computer eingegeben. Der von ihm errechnete Schnittpunkt ("J") weist das Weitenergebnis bis auf 10 cm genau aus.

In den Ausscheidungsrunden offizieller Titelkämpfe stehen in der Regel jedem Wettkampfteilnehmer zwei, in den Finalläufen drei Versuche zu.

Nach dem Aufsetzen auf dem Wasser muß er noch 100 m auf mindestens 1 Ski weiterfahren, damit ein Sprung gewertet werden kann. Unberücksichtigt bleiben Stil und Haltung. Das weiteste Ergebnis zählt.

Die zugelassene Höchstgeschwindigkeit des Bootes beträgt bei den Damen und Junioren 51 km/h, bei den Herren 57 km/h. Bei Abweichungen kann die Jury Wiederholungssprünge zulassen. Es steht dem Springer frei, eine geringere Geschwindigkeit für das Boot zu wählen. Das Boot passiert die Schanze innerhalb einer „Bootsgasse" in einem Abstand zwischen 14 und 19 m. Der genaue Abstand kann vom Springer innerhalb dieser Toleranz ebenfalls selbst bestimmt werden. Die Leinenlänge beträgt einheitlich für Damen und Herren 23 m.

Die Sprungschanze muß mit einer Länge zwischen 6,40 m und 6,70 m aus dem Wasser ragen (unter der Wasseroberfläche sind mindestens 60 cm vorgeschrieben). Die Breite muß mindestens 3,70 m und darf maximal 4,30 m betragen. Empfohlen werden 4,20 m bis 4,25 m. Die Schanzenhöhe ist verstellbar. Damen und die weibliche Jugend springen über eine Höhe von 1,50 m (Absprungkante zur Wasseroberfläche), Junioren können zwischen den fixen Höhen von 1,50 m und 1,65 m wählen, Die Herren springen, entweder über eine Höhe von 1,65 m oder über 1,80 m. Die

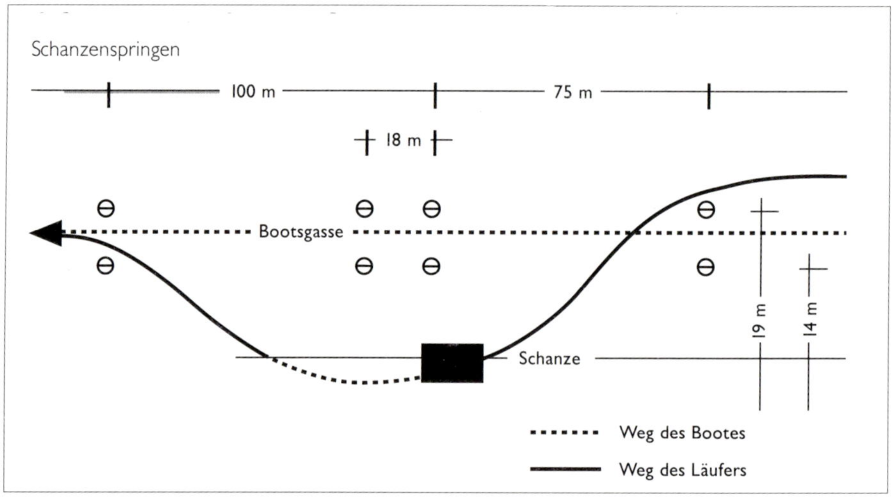

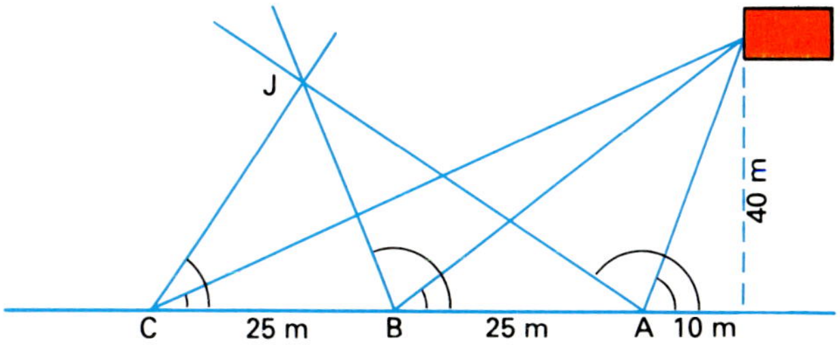

Oberfläche der Sprungschanzen werden aus Holz oder Fiberglas hergestellt und sind zum Teil mit Wachs beschichtet. Berieselungsanlagen halten sie im Wettkampf naß.
Zur Ausrüstung der Springer gehören 1,78 m bis 1,88 m lange und relativ breite, vor allem aber sehr stabile Sprungski aus Kunststoff, ein stark gepolsterter Neopren-Sprunganzug, ein Kunststoff-Helm und meistens ein Armgurt, der verhindert, daß die Arme auf der Schanze „lang gezogen" werden. Wie wichtig eine optimale Haltung beim Springen ist, zeigt die Tatsache, daß Weltklasseathleten durch ein-, zwei- oder dreimaliges „Schleudern" hinter dem Boot mit einer Effektivgeschwindigkeit von mehr als 100 km/h auf die Schanze auftreffen. Auf dem Schanzentisch befindet sich der Springer dadurch nur etwa eine fünftel Sekunde (0,21). In der Zeit eines Wimpernschlages muß er durch Aufrichten des Körpers „abdrücken", wenn Spitzenergebnisse erzielt werden sollen. Der Weltrekord wird bei den Herren gehalten von unserem amerikanischen Mitautor Sammy Duvall mit 62,40 m und bei den Damen (über die niedrigere Schanze) mit 47,50 m von Deena Mapple/USA. Neue Rekorde (S. Duvall: 62,80 m, und J. Llewellyn aus Kanada: 63,00 m) bedürfen noch der offiziellen Anerkennung.

KOMBINATIONSWERTUNG

In den Wettkampf-Ergebnislisten werden für jeden Teilnehmer in jeder Disziplin u.a. auch die erreichte Punktzahl für die Kombinationswertung ausgewiesen. Bedeutsam ist dieses Ergebnis selbstverständlich nur für die Aktiven, die an allen drei Disziplinen teilnehmen. Das Streben nach der „Königskrone des besten Allrounders" ist aber bei den meisten Läufern stark ausgeprägt. Der Computer bzw. die Kombinationstabellen gehen bei der Errechnung der Punkte von dem in der jeweiligen Disziplin erzielten Bestergebnis aus, das mit dem Basiswert 1000 versehen wird. Ausgehend von dieser Höchstzahl werden dann für alle Nächstplazierten die Kombinationspunkte in den einzelnen Disziplinen nach unterschiedlichen Formeln ermittelt.

* Für die Disziplin Slalom lautet die Formel
$$\frac{\text{Läuferergebnis plus } 24 \times 1000}{\text{Bestergebnis plus } 24}$$

* Für die Disziplin Figurenlauf gilt die Formel
$$\frac{\text{Läuferergebnis} \times 1000}{\text{Bestergebnis}}$$

* Beim Springen gelten für Damen und Herren voneinander abweichende Formeln

Damen: $$\frac{\text{Läuferergebnis minus } 17 \times 1000}{\text{Bestergebnis minus } 17}$$

Herren: $$\frac{\text{Läuferergebnis minus } 25 \times 1000}{\text{Bestergebnis minus } 25}$$

Kombinationssieger ist der Läufer mit der höchsten Gesamtpunktzahl.

WETTKAMPFREGELN FÜR DIE SPARTE „WASSERSKI-SEILBAHN"

Verantwortlich für die Herausgabe und die Fortschreibung der Wettkampfregeln für das Ressort Seilbahn ist das „Cableski-Council" der Europa-Afrika-Gruppe der „International Water Ski Federation (IWSF)". In den übrigen Erdteilen und auf Weltebene (d.h. Weltmeisterschaften) werden zur Zeit in dieser Wettkampfsparte Titelkämpfe noch nicht ausgetragen. Allerdings ist eine entsprechende Ergänzung des Wettkampfgeschehens für die nächsten Jahre vorgesehen.
Eines gesonderten Reglements für diese getrennt vom Ressort „Boot" geführte Sparte bedarf es, weil die Wettkampfbedingungen stark voneinander abweichen. So schwankt zum Beispiel das Führungsseil der Seilbahn durch den Zug, den der Läufer mit der Wasserskileine ausübt, zum Teil erheblich. Außerdem kommt der „Zug" von oben und nicht - wie hinter dem Boot - von vorn etwa in Hüfthöhe. Und schließlich fehlt an diesem elektrisch betriebenen Zuggerät die Heckwelle eines Bootes, die durchaus ein bestimmtes Wettkampfkriterium darstellt. Trotzdem konnten vom „Mutter-Ressort" die meisten der eigentlichen Wettkampfregeln übernommen oder zumindest adaptiert werden. Das Slalomfeld hat die gleichen Abmessungen, die Punktetabelle für den Figurenlauf ist identisch und auch die Maße für die Sprungschanze stimmen mit denen des Boot-Sektors überein. Das Seilbahnreglement befaßt sich daher in erster Linie mit der grundverschiedenen Betriebstechnik und den daraus resultierenden andersartigen Meßmethoden. Außerdem sind einige Aspekte der Sicherheit und des Wettkampfablaufs anders zu beurteilen. Die Abweichungen sind jedoch nicht gravierend, so daß die Erläuterungen der Disziplinen dieser Sparte auf wenige Hinweise beschränkt werden können.

Slalom

Die relativ kurzen „Geraden" der Seilbahn lassen die Anbringung eines „Einfahrts-" und eines „Ausfahrtstores" nicht immer zu. Ansonsten gelten - wie unsere Grafik zeigt - dieselben Distanzen. Die Erhöhung der Geschwindigkeit um je 3 km/h nach der Umrundung der 6 Bojen in einem Durchgang ist technisch kein Problem. Lediglich beim Verkürzen der Leinenlänge sind - anders als am Boot - kleine Pausen zum Einklinken einer jeweils neuen Wasserskileine in das Führungsseil erforderlich.

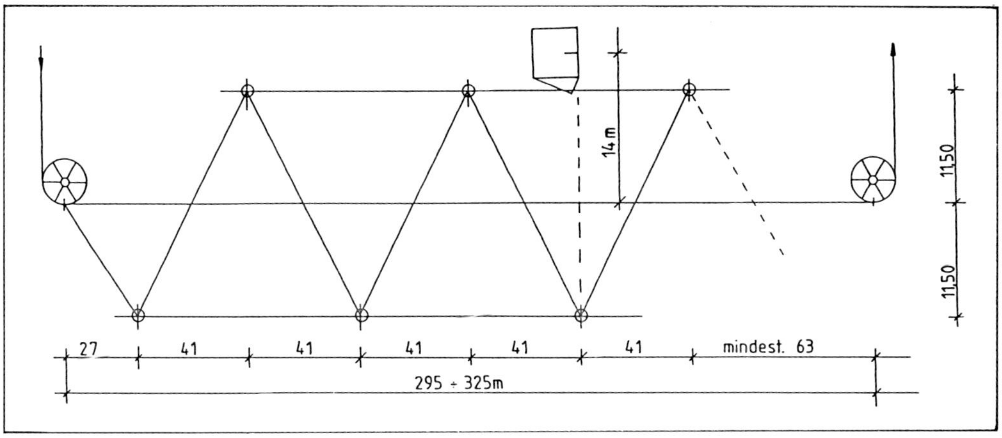

Der offizielle Wasserski-Slalom-Kurs an der Wasserski-Seilbahn.

Figurenlauf

Die Bewertung der „Tricks" in dieser Disziplin erfolgt nach den gleichen Kriterien und einer gleichlautenden Punktetabelle wie am Boot. Anstelle der Bezeichnung „Wake-Tricks" (Tricks über die Heckwelle) wurde hier lediglich die Bezeichnung „Air-Tricks" gewählt. Das bedeutet, daß bei diesen Figuren hier ebenfalls ein deutliches Abheben des Trickskis vom Wasser sichtbar sein muß. Jeder Läufer hat auch hier 2 Durchgänge von je 20 Sekunden. Nach einem Sturz im 1. Durchgang muß sich der Läufer möglichst schnell wieder zum Startplatz begeben, während in der Zwischenzeit andere Teilnehmer starten.

Springen

Das „Anschleudern" auf die Schanze: Aus einer Position weit rechts neben dem Umlaufseil fährt der Springer buchstäblich in „letzter Sekunde" schräg auf die Schanze zu, um eine möglichst hohe Geschwindigkeit zu erreichen. Der Landepunkt des Läufers wird an drei Meßtischen (siehe oben 1-3) anvisiert.

Die Maße der Schanze sind mit denen am Boot ebenso identisch wie die zugelassenen Schanzenhöhen und die Meßmethoden. Jeder Läufer hat auch hier zwei bzw. drei Versuche.

Ein Sprung kann nur gewertet werden, wenn der Teilnehmer auf mindestens einem Ski die nächste „Umlenkrolle" der Seilbahn passiert.

Wie beim Wettkampf am Boot kann der Springer „verweigern", ohne disqualifiziert zu werden. Zum Beispiel wenn er glaubt, nach einer „Schleuderkurve" die Anfahrt nicht mehr auf der Ideallinie zu erreichen. In beiden Wettkampfsparten wird dies jedoch nur dann zugestanden, wenn er (in Fahrtrichtung) links an der Schanze vorbeifährt. Andernfalls erfolgt - sofern keine ersichtliche Störung vorgelegen hat - Ausschluß vom weiteren Wettbewerb.

Kombinationswertung

Auch hier gelten die gleichen Regelungen wie beim Wettkampf am Boot. Die in den jeweiligen Ergebnislisten ausgedruckten Kombinationspunkte für die einzelnen Disziplinen werden nur dann berücksichtigt, wenn der Aktive an allen 3 Wettbewerben teilgenommen hat.

Ein Vergleich zwischen den an Boot und Seilbahn bislang erzielten Bestleistungen und offiziellen Rekorden würde hinken, weil die unterschiedlichen Zuggeräte zumindest in Teilbereichen voneinander abweichende Fahrtechniken erfordern.

Zum Jahreswechsel '92/'93 geführte Europa-Rekorde:

Slalom Damen:
Sabine Häberle/Deutschland.
4 Bojen an der 12-m-Leine

Slalom Herren:
Michael Mäder/Deutschland.
1 Boje an der 10,75-m-Leine

Tricks Damen:
Julia Gromyko/GUS - Nichte des früheren Außenministers
6480 Punkte

Tricks Herren:
Oleg Nadin/GUS
6830 Punkte

Springen Damen:
Magda Slot/Holland
35,00 m

Springen Herren:
Christian Swoboda/Österreich
51,70 m

DER WEG, EIN WELTMEISTER ZU WERDEN

von Sammy Duvall

Der am 9. August 1962 geborene Amerikaner ist der erfolgreichste Wasserskiläufer aller Zeiten. Er gewann viermal hintereinander (1981, 1983, 1985, 1987) den Weltmeistertitel in der Kombinationswertung und zweimal in der Disziplin Springen, in der er auch den Weltrekord hält. Folgenden Bericht über seine letzte Teilnahme an Weltmeisterschaften 1987 in London wählt er als Ausgangspunkt seiner Betrachtungen:

"Sammy Duvall lag bei der 20. Weltmeisterschaft auf dem vierten Rang in der Kombinationswertung und hatte nur noch seine 3 Sprünge im abschließenden Finale des Schanzenspringens vor sich.
Er stand unter ungeheurem Druck. Als Vorlaufsieger im Springen war er der letzte Teilnehmer auf dem Wasser. Der englische Exweltmeister Mike Hazelwood hatte als Vor-

laufzweiter nun im Finale mit 58,70 m sogar Sammy's Vorlaufweite übertroffen und übernahm zunächst die Führung. Dadurch, und weil der amerikanische Wasserskistar auf Schritt und Tritt daran erinnert wurde, daß er hier an gleicher Stätte, im englischen Thorpe Park, 6 Jahre zuvor seinen ersten WM-Kombinationstitel erringen konnte, wurde der Druck zusätzlich verstärkt.
Duvall wußte, daß er 58 m weit springen mußte, um mit dem Engländer gleichzuziehen. 58,10 m waren erforderlich, um die Disziplin Springen zu gewinnen und 59,70 m, um die Weltmeister-Krone in der Kombinationswertung zu verteidigen.
Im ersten Versuch flog er 59,20 m weit. Die Goldmedaille im Springen gehörte ihm. Würde er noch etwas zulegen und den brillanten Mike Neville aus Australien wieder, wie 2 Jahre zuvor, knapp in der Kombinationswertung überbieten können? Duvall zog weit heraus, schleuderte sehr spät herein, erwischte trotzdem einen großartigen Absprung, flog durch die Luft und landete weich - 60,90 m, ein neuer WM-Rekord. Es war einer der dramatischsten Momente in der Geschichte des Wasserskisports, der Duvall zum 4. Male den Kombinationstitel und damit einen neuen Titelrekord bescherte.
Anschließend verriet er, daß er bei dieser WM eigentlich gar nicht mehr starten wollte: "... Als aber die Leute sagten, ich würde es ohnehin nicht noch einmal schaffen, mußte ich beweisen, daß ich es konnte ... in meinem tiefsten Innern fand ich zu mir selbst und haute diesen Sprung heraus."

Diese Schilderung zeigt, was man erreichen kann, wenn man wirklich will und sich in die richtige Wettkampfstimmung versetzen läßt. Das gilt für alle Leistungsstufen im Wasserskisport. Psychisch und physisch optimal vorbereitet in einen Wettkampf zu gehen, macht den Unterschied zwischen einem Verlierer und einem Meister aus. Eines der wichtigsten Dinge, die ich über die Jahre in meinem Wettkampfleben gelernt habe, ist die Tatsache, daß es relativ einfach ist, ein- oder zweimal zu gewinnen. Aber über eine ganze Saison hinweg fortlaufend und konstant zu siegen, ist

Sammy Duvall und seine Schwester Camille.

viel, viel schwieriger. Warum? Weil Du Deine Leistungsfähigkeit in zweierlei Hinsicht halten mußt: konditionell und mental. Was ist wichtiger? Die mentale Stärke, ohne jede Frage. Natürlich macht den Sieger eine Kombination von beidem aus. Auf der Leistungsebene des professionellen Wasserskisports entscheidet aber die mentale Stärke zu 95 Prozent über Sieg und Niederlage.

Ich möchte versuchen, die Kombination von Siegfaktoren zu erläutern, die hilfreich für mich sind und Dir auf jeder anderen Ebene des Wettkampfsports ebenso helfen können. An erster Stelle die mentale oder die psychologische Seite des Siegens. Ich hatte das Glück, im Laufe der Jahre viele Top-Athleten aus verschiedenen anderen Sportbereichen kennenzulernen. Einige von ihnen waren gut in dem, was sie taten, andere waren großartig. Im Grunde ist es sehr leicht, auf einen Sieger zu tippen, wenn ich in seine Augen schaue. Er hat einen besonderen Blick von Elan, von Zuversicht, von Entschlossenheit ... von „ich lehne es ab zu verlieren". Es ist der Blick, der „ES" in sich hat. Was ist „ES"? Das ist eine schwierige Frage, aber ich kann eine Erklärung anbieten. „ES" ist die Fähigkeit, in seinem tiefsten Innern zu sich selbst zu finden ohne Rücksicht auf die Situation, in der man ist. Und es ist die Befähigung, das aus sich herauszuholen, was den Sieg letztendlich ausmacht. Ich bin in der Tat davon überzeugt, daß „ES" mich so lange Zeit an der Spitze meines Sports gehalten hat. Wie man „ES" bekommen und zur Erreichung der eigenen Ziele einsetzen kann, versuche ich im folgenden Abschnitt zu beschreiben.

Ziele

Was das Setzen von Zielen anbelangt, unterscheidet sich der Sport nicht vom sonstigen Leben. Du mußt Ziele haben, wenn Du Dich von einer Stufe zur nächsten verbessern willst. Das gilt für den Sport ebenso wie für den Beruf und andere Interessens- und Lebensbereiche. Ohne Ziele sind wir verloren, schlängeln uns bestenfalls durchs Leben - agieren mit halber Lunge ohne Kontrolle über unser eigenes Schicksal. Du mußt Ziele setzen und dann einen möglichst geraden Weg finden, um von A nach B zu kommen. Wenn Du von diesem Weg abweichst, wird es sehr viel schwieriger, das zu verwirklichen, was Du wirklich willst. Ich habe in ganz jungen Jahren gelernt, was es mit den Zielen auf sich hat. Meine Schwester Camille (Slalomweltmeisterin 1985) und ich können glücklich sein, großartige Eltern gehabt zu haben, die uns rechtzeitig gelehrt haben, Ziele zu setzen. Als wir im Wasserskisport besser wurden, veranlaßte mein Vater uns, noch härter an uns zu arbeiten. Sein Programm funktionierte. Zu Saisonbeginn setzten wir uns hin und schrieben die Ziele für die kommende Periode auf. Keiner wußte, was auf dem Papier des anderen stand. Dann steckten wir die Ausarbeitungen in einen Umschlag. Anschließend nahm mein Vater je einen Hundert-Dollar-Schein, zerriß sie in jeweils zwei Stücke, schob je eine Hälfte in die Umschläge nach und versiegelte sie. Die jeweils andere Hälfte der Dollarnoten kam in seine Brieftasche. Zum Ende der Saison öffneten wir die Umschläge und bekamen die andere Hälfte der Dollarscheine, wenn wir unsere Ziele erreicht hatten. Zu dieser Zeit war ich 11 Jahre alt, aber ich bin seitdem nach wie vor daran gewöhnt, mir die Zeit zu nehmen, um meine Ziele im Wasserskisport, in geschäftlichen Angelegenheiten und für das sonstige Leben aufzuschreiben, bevor „meine Saison" beginnt. Ich glaube auch, daß es wichtig ist, sie aufzuschreiben und nicht nur darüber nachzudenken. Die Ziele sehen, spornt Dich an, sie zu erreichen.

Sammy Duvall auf dem Weg zu seinem dritten Weltmeistertitel.

Ich habe den Begriff „Ziele" erklärt, jedoch gehört zum Gewinnen zweifellos mehr, als Ziele zu setzen. Folgende Dinge sind ebenso erforderlich:

* ENTSCHLOSSENHEIT - Du mußt den Willen und den Ehrgeiz haben, der Beste zu sein, dann ist vieles möglich. Wenn der Wille fehlt, ist es völlig gleichgültig, in welcher Verfassung sich Dein Körper befindet.
* OPFERBEREITSCHAFT - Du mußt bereit sein, Opfer zu bringen für die Dinge, die wichtig für Deine Zielverwirklichung sind.
* DISZIPLIN - Du mußt die innere Kraft und Stärke haben, hinauszugehen und zu trainieren, egal,wie die Bedingungen sind und egal, wie Du Dich fühlst.
* HINGABE - Du mußt Dich Deiner Sache mit Leib und Seele verschreiben und wirklich an das glauben, was Du Dir vorgenommen hast.
* MOTIVATION - Du mußt dazu fähig sein, Dich immer wieder selbst zu motivieren und Freude an der Realisierung Deiner Ziele zu entwickeln.

Alle diese Dinge machen „ES" aus. Und wenn Du „ES" besitzt, wirst Du gewinnen.

Konditionstraining

Fast genauso wichtig ist es, in bester physischer Verfassung zu sein. Jeder ernstzunehmende Wasserskiläufer sollte einen festen Trainingsplan verwenden, nicht nur, um den Wasserski-Leistungsstandard anzuheben, sondern auch, um das körperliche Wohlbefinden allgemein zu verbessern.

Als erstes möchte ich auf einen besonders wichtigen Punkt aufmerksam machen. Um Dein Leistungsvermögen im Wasserskisport verbessern zu können, mußt Du kräftig und beweglich sein. Aus diesem Grunde mußt Du zusätzlich zu Deinem Training mit Gewichten ein Programm zur Verbesserung Deiner Beweglichkeit entwickeln. Bloßes Krafttraining tendiert dahin, Deine Muskeln fester, kürzer und dicker zu machen, wodurch Deine Beweglichkeit eingeschränkt wird. Ich empfehle, an Aerobic-Kursen teilzunehmen und/oder ausreichende Zeit für Fahrradfahren aufzuwenden. Aerobic und Fahrradfahren verbessern Deine Beweglichkeit und Deine Ausdauer, so daß Du länger Wasserski mit geringerem Kraftaufwand laufen kannst. Als ich zum Beispiel nur Gewichtheben betrieb, merkte ich, daß ich massiger wurde, an Gewicht zunahm und einen großen Teil meiner Beweglichkeit einbüßte. Daraufhin begann ich mit Aerobic und erzielte mehr Beweglichkeit, als ich mir jemals erträumt habe. Das Endresultat ist eine größere Fitness, und, was von besonderer Wichtigkeit ist, meine Kraft pro Kilogramm Körpergewicht hat aufgrund des Aerobic-Trainings im Zuge der gesamten Gewichtsreduzierung zugenommen.

Montag:
1. Aufwärmen und Dehnungsübungen (Stretching)
2. Beinstrecker - 3 Sätze/Serien
3. Beinbeuger - 3 Sätze
4. Power-Hocken - 4-5 Sätze
5. Beinpresse auf Schrägbank - 3-4 Sätze
6. Wippen in Zehenstand - 3 Sätze mit Gewichten für Wadenbereich
7. Sit-ups oder andere Übungen für Bauchmuskeln (im Strecksitz, Schwebesitz, Rückenlage Beine heben/Medizinball/Sprossenwand etc.)

Dienstag:
Mindestens 1 Stunde Aerobic plus Fahrradfahren im Gelände oder auf Heimtrainer, wenn möglich.

Mittwoch:
1. Aufwärmen - Dehnen/Stretching
2. Bankdrücken - 3 Sätze/Serien
3. butterflys (Arme/Schulter) - 3 Sätze
4. Pull over (Überzug) - 3 Sätze
5. Pull downs (mit Zugbügel zum Nacken)
6. Pull downs (zur Brust) - je 3 Sätze
7. Hanteltraining (Curls/enges Greifen)
8. Hanteltraining (weiter Griff) - je 3 Sätze
9. Armdrücken (weiter Griff) - 3 Sätze
10. Kurzhantel-Curls je Arm bis Ermüdung
11. Bauchmuskeltraining mit oder ohne Bleiweste/Gewichtsschuhe an Langbank, Kasten/Reck/Ringen oder ohne Geräte
12. Seilchenspringen

Donnerstag:
Mindestens eine Stunde Aerobic und Fahrradfahren, falls möglich.

Freitag:
Wiederhole das Montag-Programm.

Samstag:
Mindestens eine Stunde Aerobic bzw. Gymnastik

Sonntag:
Ruhe Dich aus und bereite die nächste Woche vor.

Merke:
Ein Satz besteht aus 10-12 Wiederholungen. Wenn du die Übungen als zu leicht empfindest, mußt Du die Gewichte erhöhen. Da sich der Muskel an gleichförmige Belastungen gewöhnt, mußt Du die Wiederholungszahl und/oder die Gewichte von Zeit zu Zeit ändern. Für Ausdauersportarten werden vorzugsweise die Zahl der Wiederholungen und Sätze/Serien, für kurzzeitige Wettkampfbeanspruchungen vorzugsweise die Gewichte (minimal) erhöht.

Hier nun mein ausgearbeiteter Trainingsplan, zu dem bemerkt werden muß, daß selbstverständlich ein erheblich härteres Training im Winterhalbjahr durchgeführt werden kann.

* Montag / Mittwoch / Freitag: Krafttraining
* Dienstag / Donnerstag / Samstag: Aerobic oder Radfahren
* Sonntag: Ruhetag

Die meisten Wasserskiläufer neigen aufgrund ihres Laufstils dazu, vor allem die Bein- und Rückenmuskulatur zu belasten. Selbstverständlich ist auch die übrige Muskulatur des Oberkörpers von Bedeutung, doch glaube ich, daß von einer starken Rücken- und Beinmuskulatur auf lange Sicht die hilfreichste Wirkung ausgeht (siehe hierzu auch unsere zu diesem Artikel abschließende Grafik über die „Muskelbeanspruchungen beim Slalomlaufen"). Achte bei der Ausübung des folgenden Trainingsprogramms auf die Einhaltung der Reihenfolge:

Einige wichtige Faktoren sind zu diesem Trainingsprogramm anzumerken:

A. Wenn Du keine zusätzliche Muskelmasse aufbauen möchtest, solltest Du nicht das Gewicht etwa mit jedem Satz bzw. jeder Serie erhöhen, sondern die Zahl der Wiederholungen auf 20-25 pro Satz steigern. Das gilt besonders für die Damen (bei Trainingsaufnahme nach längeren Pausen oder in der Phase der Rehabilitation gelten natürlich andere Kriterien).

B. Arbeite Deine Trainingsplanung nicht nach Gewichten in Kilogramm aus. Trainiere nach dem vorstehenden Rahmenplan unter Beachtung der gegebenen Informationen und schneide das Programm auf Deine Bedürfnisse zu.

C. Berücksichtige, daß Du Dein Trainingskonzept während der Wasserskisaison beschneiden mußt, um genügend Energie für das eigentliche Training auf dem

Wasser einsetzen zu können. Wie auch immer, stelle das Ausgleichstraining aber nicht völlig ein. Ich empfehle, Krafttraining zumindest an einem Tag in der Woche und Aerobic an zwei Tagen in der Woche beizubehalten.

Wenn Du diesen Trainingsplan konsequent anwendest, garantiere ich, daß Du eine Verbesserung Deiner Leistungsfähigkeit im Wasserskisport feststellen wirst.

Wenn Sie das Krafttraining leicht finden, stemmen Sie zu kleine Gewichte.

Was den Sieger ausmacht

Ich bin seit vielen Jahren als ein Wasserskiläufer bekannt, der Siegesleistungen dann produziert, wenn der Druck tatsächlich am stärksten ist. Vieles von dieser Fähigkeit hat sich mit zunehmender Wettkampferfahrung entwickelt. Das beste Beispiel für dieses Merkmal war mein Abschneiden bei der Weltmeisterschaft im September 1987 in London. Wahrlich „stand es Spitze auf Kopf" und es sah so aus, als ob ich den 4. WM-Titel in der Kombinationswertung in ununterbrochener Reihenfolge nicht gewinnen könnte. Ich konnte es lesen in den Augen der Leute. Meine Freunde, meine Wettkampfkonkurrenten, meine Feinde - alle dachten, daß es vorbei ist. Ich glaube, selbst meine Familie hatte ihre Zweifel. Als es aber an der Zeit war, zum Startsteg zu gehen, sagte meine Frau Sue: „Ich weiß, es scheint unmöglich zu sein, aber wenn einer es noch schaffen kann, dann bist Du es. Du bist der Champion." Das war eine Rückbestätigung dafür, was ich in Wahrheit in meinem tiefsten Inneren fühlte. „Ich konnte es schaffen". In der Minute, in der meine Füße mit dem Wasser in Berührung kamen, spürte ich, daß mir nichts im Wege stehen konnte. Den Wettkampf hindurch war ich schwach im Slalom und in Tricks gelaufen, und die einzige Möglichkeit, doch noch zu siegen, bestand darin, einen Sprung über 60 m zustande zu bringen, was nur etwa 80 cm unter meiner damaligen persönlichen Bestleistung lag. Weil ich im Schanzenspringen den Vorlauf gewonnen hatte, war ich im Finale als Letzter an der Reihe. Während des Wartens auf dem Startsteg war aber mehr und mehr der Eindruck entstanden, daß eine solche Weite an diesem Tag nicht zu schaffen ist, weil so gute Springer wie Geoff Carrington (Australien, Titelverteidiger in dieser Disziplin), Carl Roberge (USA, Mitfavorit in der Kombination) und Glenn Thurlow (Australien, Vizeweltmeister '83) Schwierigkeiten zu haben schienen, die 58-m-Marke zu überbieten. Dann aber haute Mike Hazelwood (England, Titelträger 81 im Springen) mit 58,70 m einen mächtigen Satz heraus und übernahm die Führung. Zu dieser Zeit hatte Mikes Vater, Maurice, einen Disput mit meiner Schwester Camille. Er versuchte offensichtlich, meinen Denkprozeß in der mentalen Vorbereitung zu stören. Das war der größte Fehler, den er machen konnte, weil es in mir noch mehr Feuer im Streben nach dem Sieg und dem WM-Titel entfachte.

Als ich vom Boot ans Ende der Lagune vom Thorpe Park gezogen wurde, um den ersten Sprung vorbereiten zu können, packte ich den ganzen Druck des Tages mit

Nehmen Sie im Sommer Ihr Trainingsprogramm zurück und sparen Sie Ihre Energie zum Skifahren.

Maurice Hazelwood's Worten zusammen und wandelte das ganze Bündel um in Energie. Als ich landete, wußte ich, daß es für den Titel im Springen reichte, aber ich wollte mehr, den Titel in der Kombination. Während der anschließenden Vorbeifahrt am Startsteg jubelte meine Familie mir zu, und die Atmosphäre unter den versammelten Wettkampfgegnern vermittelte den Eindruck, daß auch sie begannen, daran zu glauben, daß ich mein Ziel erreichen könnte.

Als ich von außen hereindrehte, um auf die Schanze zu preschen, wußte ich schon, „das ist er". Später brachte ich gegenüber meiner Familie, in die ich meine guten Freunde Jack und Lelani Travers einschließe, zum Ausdruck, daß dies der perfekteste Sprung in meiner gesamten sportlichen Karriere war. Ich bin davon überzeugt, daß Du in der ganzen Wettkampfpraxis vielleicht nur zwei oder drei Sprünge machst, von denen sich sagen läßt, daß sie im wahrsten Sinne des Wortes perfekt in der Ausführung waren. Und dies war für mich einer davon. Der begehrte Kombinationstitel gehörte zum 4. Male hintereinander mir.

Wie schaffte ich das? Weil ich „ES" hatte. „ES" macht aus Dir den Sieger, den Meister. Durch dieses Kapitel des Buches hindurch habe ich versucht zu erklären, was „ES" ist, und habe einige Beispiele dafür angeführt, wie ich „ES" angewendet habe, um zu gewinnen. Ohne Rücksicht darauf, welchen Leistungsstandard Du erreichen möchtest, zielorientiert zu sein, wird „ES" Dir helfen, ein besserer Wettkampfläufer zu sein und zu gewinnen. Nimm Dir die Zeit für eine Selbstanalyse und denke darüber nach, ob Du die von mir erwähnten 6 Punkte besitzt: Ziele, Entschlossenheit, Opferbereitschaft, Disziplin, Hingabe und Motivation. Wenn Du Dich dazu bringen kannst, sie zu übernehmen, außerdem ein gutes Programm als Konditionstraining zu absolvieren, wer weiß, vielleicht bist Du dann der Champion von morgen. Versuch' es! Go for it!

Muskelbeanspruchungen beim Slalomlaufen:

	Muskelbeanspruchung in allen Slalom-Phasen	Zusätzlich in Beschleunigungsphase	Phase der Verlangsamung	Phase der Drehung (Boje)
Arm-Schulter-Bereich	Unterarmbeuger Deltamuskeln Bizeps	Oberer Trapezmuskel Bizeps	Trapezmuskel	Nackenstreckmuskel
Rumpf-Bereich	gerader Bauchmuskel breiter Rückenmuskel	großer Rautenmuskel Rückenstrecker	Rückenstrecker	großer Brustmuskel
Hüft-Bein-Bereich	großer Gesäßmuskel Quadrizeps		Wadenmuskel Schollenmuskel	Wadenmuskel Schollenmuskel

WASSERSKI - SLALOM

von Kim Laskoff

Die aus Winter Park in Florida stammende blonde Amerikanerin gewann als Slalomspezialistin 1987 in England ihren ersten Weltmeistertitel mit 2 Bojen (Vorlauf) und 1 Boje (Finale) jeweils an der 11,25-m-Leine vor Camille Duvall und Deena Mapple. Diesen Weltmeistertitel im Slalomwettbewerb der Damen konnte sie 1989 bei der 21. WM in West Palm Beach/Florida mit fast genau dem gleichen Ergebnis erfolgreich vor Deena Mapple und Susi Graham verteidigen (2,5 Bojen bzw. 1 Boje an der 11,25-m-Leine). Die zweifache Slalomweltmeisterin ist nur 162,5 cm groß und wiegt 54 kg. Sie kam in weniger als 8 Jahren Training an die Weltspitze durch die Anwendung der richtigen Techniken.

Kim Laskoff gewinnt ihren zweiten Weltmeistertitel vor Deena Mapple und Susi Graham.

Du mußt nicht unbedingt groß und bärenstark sein, um eine riesige Wand von Spritzwasser aufzuwirbeln, wenn Du enge Kurven ziehst oder um die 6 Bojen im Slalomfeld fährst. Slalomlaufen ist eine der größten Herausforderungen. Letzten Endes schlagen zwar Slalomkurs und Boot immer den Läufer - obgleich Du den Kampf auf dem ganzen Weg runter bis zur kürzesten Leinenlänge mit einer guten Technik gewinnen kannst. Erfolg in dieser aufregendsten und populärsten Disziplin des Wasserskisports hängt zweifellos von der Entfaltung und Ausbildung guter Grundfertigkeiten ab. Das kann auch beim „freien Wasserskilaufen" abseits vom Slalomfeld gelernt werden.

Das Geheimnis des Slalomlaufens ist die richtige Körperhaltung. Egal, ob Du ein passionierter Hobbyläufer oder ein Profi bist, der an der 11,25-m-Leine fährt, Du mußt Dir eine fehlerfreie Haltung aneignen und diese auch beibehalten. Nur der korrekte Laufstil ermöglicht es Dir, dem Zug des Bootes zu widerstehen. Im Prinzip mußt Du Dich während des Slalomlaufens immer daran erinnern, die Schultern zurückzuhalten, die Hüfte nach vorn zu schieben, Deine Knie und Fußgelenke angewinkelt sowie Deinen Kopf aufrecht zu lassen. Klingt einfach, nicht wahr? Wie auch immer, dies alles in präziser Form zu erlernen, ist eines der schwierigsten Kapitel in dem Bestreben, den Slalomkurs beherrschen zu wollen. Das ging auch mir nicht anders.

Wenn Du trainierst, mußt Du ständig darum bemüht sein, die optimale Position auf dem Ski einzuhalten. Wenn ich sage „Schultern zurück", dann meine ich auch zurück, und zwar so, daß Du Dich weg vom Boot lehnst. Wenn Du diese Haltung einnimmst, kannst Du dem Zug des Bootes mit dem ganzen Körper, anstatt nur mit Armen und Rücken, widerstehen. Ich versuche immer, meinen Rücken etwas nach

innen zu wölben. Auf diese Weise werden meine Schultern zurückgezwungen und meine Hüfte nach vorn gepreßt - zwei fundamentale Faktoren für eine korrekte Körperhaltung.

Der Hauptunterschied zwischen den Profis und den Amateuren mit einem guten Laufstil ist der Grad des Zurücklehnens. Wenn Du Deinen Stil mit dem der in diesem Buch abgebildeten Spitzenathleten vergleichst, wirst Du möglicherweise feststellen, daß der Winkel Deines Körpers zum Wasser etwa 60° bis 80° beim Überqueren der Heckwelle beträgt, während es bei den Profis nur 45° oder weniger sind. Lehnst Du Dich richtig zurück, mußt Du nicht extrem stark sein, um mit einer kurzen Leine durch das Slalomfeld zu kommen.

Du mußt Deine Knie beugen, da sie als eingebaute Stoßdämpfer Dir helfen, die korrekte Körperhaltung auch dann beizubehalten, wenn Du in rauhem Wasser läufst oder wenn Du auf die Heckwelle triffst. Einige Läufer beugen ihre Knie und halten die eingenommene Position starr ein. Das solltest Du nicht tun - halte sie flexibel und beweglich. Gehe auch nicht tief runter in die Hocke - versuche, Deine Hüften hoch und nach vorn zu drücken. Deine Schultern, Hüften und Fußknöchel sollten die Achse auf einer geraden Linie bilden, obwohl Dein Körper in einem beträchtlichen Winkel weg vom Boot, also zurückgelehnt, ist.

Beuge Deine Knie beim Kreuzen der Heckwelle.

Dies ist also Deine Basishaltung, die wir nun versuchen müssen, im Slalomfeld umzusetzen. Wasserski-Slalom ist eine Serie von Wellenkreuzungen und Drehungen bzw. Kurven. Du schneidest die Heckwelle und drehst dann um die Bojen. Diese zwei Bewegungsvorgänge bilden die Grundlage für das, was im allgemeinen als Phasen der Beschleunigung und der Verlangsamung bzw. des Bremsens bezeichnet wird. Beschleunigung wird erreicht durch Zurücklehnen bei gleichzeitigem Ziehen. In der Bremsphase handelt es sich um eine Art des Zurücklehnens ohne Zug.

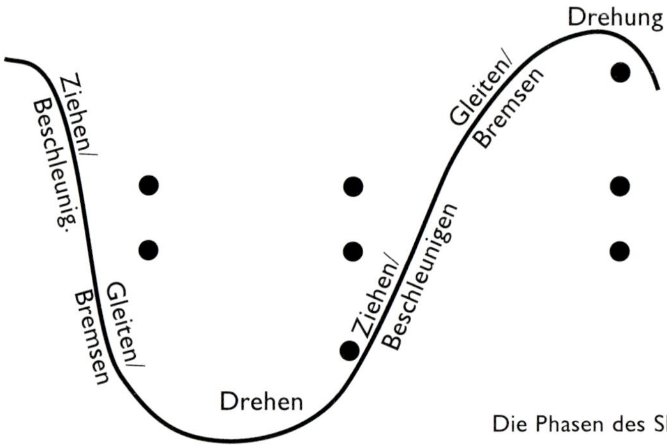

Die Phasen des Slalomlaufes

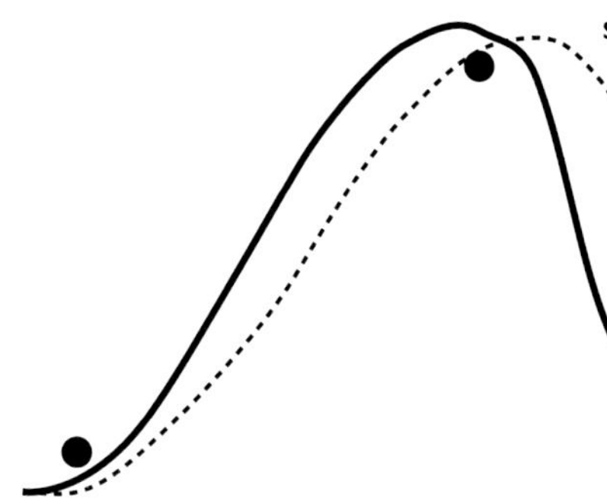

Fahre nicht auf die Bojen zu! Passiere sie auf dem Rückweg.

Schau' nicht auf die Heckwelle, wenn Du durch sie hindurchschneidest. Es ist eine generelle Regel, daß der Körper gewöhnlich dem Kopf folgt. Wohin Du schaust, fällst Du möglicherweise hin. Denk' daran, die Knie gebeugt und beweglich zu halten - Deine Knie und die Kante des Slalomskis sind die besten Waffen, die Dir beim Durchschneiden der Heckwelle zur Verfügung stehen. Versuche, Deine Knie und die Fußgelenke nach vorn zu schieben - das hält Deine Hüfte hoch. Wenn Du die Knie und Fußgelenke angewinkelt läßt, hast Du eine bessere Kontrolle über den Ski, und er kann weder von der Kante gedrückt werden, noch während der Drehung aus dem Wasser springen. Das ist besonders wichtig, wenn Du in rauhem Wasser läufst. Halte Deine Schultern zurück, damit Du dem Zug des Bootes widerstehen kannst. Schiebe Deine Hüften so weit nach vorn, daß sie vor Deinen Schultern sind. Die Hantel hältst Du währenddessen eng an der äußeren Hüfte. Vergewissere Dich, daß Schultern und Brust immer in die Richtung gedreht werden, in die Du im Slalomkurs läufst - und zwar so, daß Du einen größtmöglichen Winkel zum Heck des Bootes erzielst. Der ideale Winkel ist 90°.

Je eher Du lernst, die Heckwelle in der richtigen Haltung zu durchschneiden, um so schneller und leichter wirst Du das Bojenproblem bei Deinen ersten Starts im Kurs überwinden. Entscheidend sind - wie erwähnt - die Rücklage und der Winkel zum Bootsheck. Mit anderen Worten: Je früher Du Raum gewinnst, um so mehr Zeit hast Du zu bremsen und eine weiche Drehung um die nächste Boje auszuführen. Darüber hinaus kannst Du so von vornherein wieder einen günstigen Winkel für die Heckwellendurchquerung zur dann folgenden Boje herausholen. Im Hinblick auf diese Tragweite empfehle ich, die optimale Rücklage beim Heckwellenkreuzen zunächst beim „freien Wasserskilaufen" zu lernen, damit der spätere Übergang und Einstieg in den Slalomkurs leichter fällt.

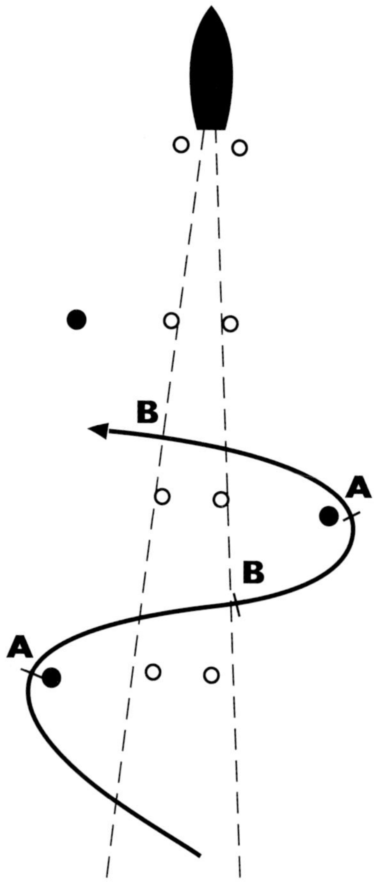

A = Beginn des Ziehens
B = Ende des Ziehens

Sobald Du die Rücklage und richtige Heckwellendurchquerung beherrschst, wird es Zeit, sich mit der gegenüberliegenden Seite, also der anderen Kante Deines Slalomskis zu beschäftigen. Gemeint ist die Phase, die in der Wasserski-Sprache prinzipiell als Kantenwechsel bezeichnet wird. Während des Kantenwechsels verminderst Du die Geschwindigkeit und bereitest die Drehung vor. Beginne die Bremsphase durch Beendigung des Ziehens, sobald Du die Heckwelle vollständig durchquert hast. Drücke Deine Knie und Fußgelenke nach vorn - dadurch wird eine bessere Gewichtsverlagerung auf dem Ski erreicht und der Wechsel von der Phase der Beschleunigung bzw. von der äußeren Skikante in die Phase der Verlangsamung bzw. auf die innere Skikante ermöglicht. Vollziehe diesen Kantenwechsel so schnell, daß Du zu keiner Zeit auf einem flach gestellten Ski läufst. Wenn der Ski flach auf dem Wasser liegt, gelangst Du mit zu hoher Geschwindigkeit in die Drehung bzw. Kurve, was zu der bekannten „Schlappleine" (durchhängende Leine ohne Zug) führt. Der korrekte Fahrtwinkel ist zwangsläufig damit verloren. Passiert es trotzdem, gibt es allerdings Möglichkeiten, diesen Fehler auszugleichen. Zum einen dadurch, daß Du (anstatt einer weichen Kurve) einen so scharfen Haken schlägst, daß die Schlappleine durch diese Bewegung beseitigt wird. Oder Du behältst ungeachtet des Raumverlustes Deine weiche Drehung bei und versuchst, durch ein anschließend aggres-

siveres Ziehen durch die Heckwelle Zeit und Raum wieder aufzuholen. Ich selbst bevorzuge die zweite Methode und habe mich damit viele Male retten können.
Während des Kantenwechsels ist es sehr wichtig, die richtige Körperhaltung beizubehalten. Dein Körper muß eine gerade Linie bilden, Kopf hoch und Schultern zurück. Halte Deinen Rücken nach innen gewölbt und schiebe Hüften, Knie und Fußgelenke nach vorn. Beginne die Drehung, indem Du Dich in die Richtung lehnst, in die Du fahren möchtest, und nimm die äußere Hand von der Hantel. Der nunmehr freie Arm bleibt nahe am Körper, damit Du die Hantel sofort wieder ergreifen kannst, sobald die Drehung abgeschlossen ist. Überdies besteht die Gefahr, daß Du Deine Balance verlierst, wenn Du den freien Arm schwingen läßt. Strecke den Arm, der die Hantel hält, in Richtung der Leinenhalterung im Boot. Bedenke dabei, daß der Arm besonders bei Leinenverkürzungen die Verlängerung der Wasserskileine ist, so daß die Orientierung auf die Bootmitte erfolgen muß.

Die Hantel mit dem „inneren" Arm zu halten und den Griff des „äußeren" Armes zu lösen, verfolgt zwei Zwecke. Einerseits findet so die erwähnte Leinenverlängerung statt und andererseits wird so das Lehnen des Körpers in Richtung der Heckwelle und der gesamte Bewegungsablauf unterstützt. In der Lernphase ist es freilich nicht erforderlich, daß der Arm voll ausgestreckt wird - diese Notwendigkeit ergibt sich erst, wenn die Leine bei der zugelassenen Höchstgeschwindigkeit verkürzt wird.

Zur selben Zeit, in der Du den Arm ausgestreckt hast, sollte die Fahrtgeschwindigkeit des Skis so weit reduziert sein, daß Du eine weiche und kontrollierte Drehung durchführen kannst. Mit Beendigung der Drehung greifst Du die Hantel mit der freien Hand und leitest die erneute Heckwellendurchquerung ein. Ein häufiges Problem ist, daß der Arm vieler Läufer nicht eine Linie zur Halterung im Boot bildet, sondern schon ein Stück voraus reicht. In diesem Falle werden sie in eine in Taillenhöhe abgeknickte Körpervorlage gezogen und der Ski gerät von der Kante. Wenn Du aber abknickst in der Taille, endet das üblicherweise damit, daß Du mit Deinem Gesicht flach auf das Wasser fällst - einer der von mir am wenigsten präferierten Stürze.
Für das Erlernen des Wellenschneidens und Drehens empfehle ich eine angenehme Ge-

1

2

3

4

schwindigkeit zwischen 40 und 52 km/h. Es ist wichtig, daß das Boot nicht zu langsam fährt, weil der Ski andernfalls zu tief durch das Wasser pflügt und das Drehen extrem schwierig wird. Zu schnelles Fahren kann ebenso sehr nachteilig sein, weil es in diesem Fall für den Läufer schwer wird, den Ski zu kontrollieren. Die ideale Bootgeschwindigkeit hängt vom Körpergewicht, von der Größe und vom Leistungsstandard ab. Generell läßt sich sagen, daß eine 45-kg-Person mit etwa 40 km/h beginnen sollte, wohingegen ein 100-kg-Läufer etwa 52 km/h benötigt.

Erst, wenn Du alle Phasen des Lernens bei der gewählten Anfangsgeschwindigkeit ohne Probleme meisterst, solltest Du an allmähliche Erhöhungen des Tempos um jeweils 3 km/h denken. In diesem Lernstadium ist es jedoch nicht erforderlich, bis an die vorgegebenen Höchstgeschwindigkeiten von 58 km/h für Herren und 55 km/h für Damen heranzugehen. Bleibe vielmehr beim Erlernen der Basistechniken so lange bei der Geschwindigkeit, bei der Du Dich wohlfühlst. Wer sich von Beginn an einen guten Laufstil aneignet, wird später entsprechend schnellere Fortschritte erzielen.
Darüber hinaus rate ich dazu, nicht die volle handelsübliche Leinenlänge von 21,5 m oder 23 m zu benutzen. Übe oder trainiere statt dessen an einer auf die Wettkampflänge von 18,25 m gekürzten Leine. Das gilt auch für den Slalom-Anfänger. Das Laufen an längeren Leinen erfordert ganz unterschiedliche Techniken und verursacht meistens besonders schnell das unerwünschte „Schlappseil" und abträgliche Zugeigenschaften.

Der halbe Kurs

Sobald Du in der Lage bist, die Heckwelle korrekt zu durchschneiden und kontinuierlich aggressive Drehungen zu absolvieren, bist Du soweit, daß Du den „Mini"- oder „halben Kurs" angehen kannst. Das Boot fährt in diesem Falle auf halber Höhe zwischen der Bootsgasse und den rechten Slalombojen 1, 3 und 5. Der Läufer umrundet diese rechten Slalombojen und anfangs die nächstgelegenen Bojen der Bootsgasse, später die weiter außen gelegenen Bojen der Bootsgasse. In dieser Lernphase beginnst Du, Dich an die fremden im Wasser schwimmenden Objekte zu gewöhnen, bekommst ein Gefühl für die Distanzen im ausgelegten Kurs und prägst Dir den für das „Timing" erforderlichen Rhythmus ein. Ich war geradezu geschockt, als ich mich zum ersten Mal am „Mini-Kurs" versuchte. Natürlich dachte ich, daß ich das auf Anhieb schaffen würde. Zu meinem allergrößten Erstaunen mußte ich aber feststellen, daß es nicht so einfach war, wie es den Anschein hatte. So benötigte ich dann viele Versuche, bis ich den Kurs im Griff hatte.
Auch im „Mini-Kurs" solltest Du an einer 18,25-m-Leine laufen. Das Boot sollte unbedingt die niedrigste Geschwindigkeit

Der „halbe" bzw. „Mini-Kurs"

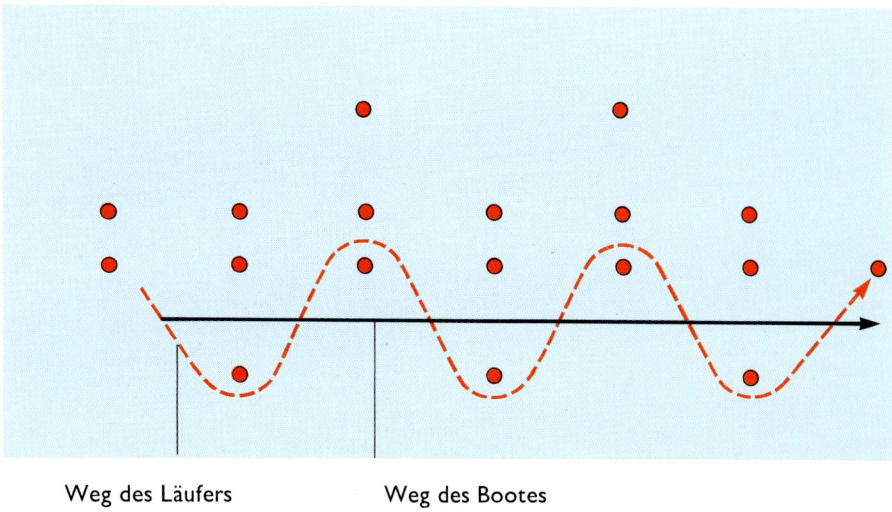

fahren, an die Du Dich beim Training während des „freien Laufens" gewöhnt hattest. Die zu umrundenden Bojen kommen nämlich schneller auf Dich zu als Du erwartest. Es ist leichter und aus der Sicht der Lernmethodik richtiger, im „Mini-Kurs" zu beginnen, bevor Du Dich an den vollen Slalom-Kurs heranwagst, weil die zu umrundenden Bojen nur halb so weit voneinander entfernt sind. Lerne den halben Kurs korrekt zu laufen, und Du wirst feststellen, daß der Übergang zum großen Original-Kurs erheblich leichter fällt.

Der „Mini-Kurs" wird Dir also das notwendige Timing und den unverzichtbaren gleichmäßigen Rhythmus vermitteln. Deine Aufgabe ist es, Dein Zurücklehnen, Dein Ziehen, Dein Einleiten der Wende, Dein Drehen und Dein erneutes Ziehen in akkurate Durchgänge durch das Slalomfeld einzubringen. Das Durchschneiden der Heckwelle und die Drehungen müssen ebenso präzis ausgeführt werden wie beim freien Laufen; sie müssen jetzt nur an einer ganz bestimmten Stelle um die Bojen erfolgen und nicht dann, wenn Du gerade möchtest. Das wird Dich dazu anhalten, weite Kurven zu ziehen. Aber denk' daran, die Boje markiert das Ende der Kurve, nicht den Anfang!

Visiere deshalb nicht die Boje, sondern den Beginn eines ausreichend großen Radius vor der Boje an. Wenn Du aber trotz allem feststellst, daß Du zu spät dran bist, um die Bojenumrundung noch zu schaffen, drehe einfach auf der Innenseite und konzentriere Dich auf die nächste. Vorerst spielt es keine Rolle, wieviele Bojen Du verfehlst, versuche sechs gleichmäßig aufeinander folgende saubere Kurven zu fahren, weil das Dir hilft, den richtigen Rhythmus zu finden.

Ein häufiger Fehler für das „Zu-spät-Sein" (an den Bojen) ist der Umstand, daß nicht lang genug gezogen wird (mithin die Rücklage nicht ausreicht). Das ist auch mein größtes Problem. Aus diesem Grunde versuche ich, ein oder zwei Sekunden länger ans Beschleunigen zu denken, als mein Gefühl es mir für die Bojenumrundungen eingibt. Wenn Du eine zu starke „Schlappleine" bekommst, ziehest Du dagegen zu lange oder stehst in der Kurve zu aufrecht mit gestreckten Beinen. Die richtige Antwort ist, sofort nach Verlassen der Heckwelle das Ziehen zu beenden und die Knie während der gesamten Drehung gebeugt und beweglich bzw. flexibel zu halten.

Sobald Du den halben Kurs beständig fehlerfrei durchlaufen kannst, bist Du „reif" für den vollen Kurs. Das ist die Zeit, wenn all' das, was ich bisher erläutert habe, zusammenkommt. Du kommst daher nicht umhin, Dich an alle Kriterien zu erinnern, die Du über Körperhaltung, Rhythmus und Timing gelernt hast.

Der volle Kurs

Im vollen Slalomfeld zu laufen, ist eine große Herausforderung, für Slalomanfänger ebenso wie für einen Weltmeister. Da ist immer noch etwas mehr zu erreichen - eine weitere Boje,

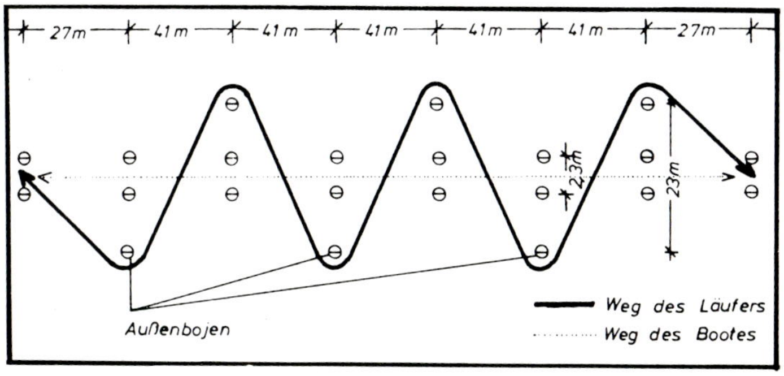

eine höhere Geschwindigkeit des Bootes oder eine kürzere Leinenlänge. Ich denke, daß das es ist, was mich an dieser Disziplin so begeistert.

Auch hier noch einmal: Verwende eine 18,25-m-Leine, wähle die niedrigstmögliche Bootgeschwindigkeit für Dich und arbeite Dich Schritt für Schritt an höhere Schwierigkeitsgrade heran. Es ist wie mit den meisten Dingen des Lebens: Du kannst unmöglich alles auf einmal erlernen. Bei Deinen ersten Versuchen solltest Du daher nicht versuchen, durch das Eingangstor zu fahren. Beginne den Kurs statt dessen mit Boje Nummer 1. Ziehe spätestens etwa 3 Meter vor dem Eingangstor weit zur rechten Seite des Kurses hinaus. Bleibe auf der äußeren Skikante und mache dann einen weiten frühen Bogen, so daß Du die erste Boje eng passieren kannst. Bereits am Ende dieser weiten Kurve beginnst Du mit aggressivem Ziehen durch die Heckwelle (bzw. Weglehnen vom Boot) und bereitest Dich dann rechtzeitig auf Boje Nummer 2 vor. Gib dabei in keiner Phase die gewünschte Körperhaltung auf. Wie beim „Mini-Kurs" solltest Du kurzerhand auf der Innenseite einer Boje drehen, wenn Du merkst, daß es für eine Bojenumrundung zu spät ist, und Dich auf die

1

2

3

4

5

6

7

8

nächste konzentrieren. Falls Du gravierende Probleme mit der Umrundung von Boje 2 bekommst, solltest Du den nächsten Durchgang hier beginnen. Schneide in diesem Falle also weit zur linken Seite hinaus, beende das Ziehen, lehne Dich nach rechts zur Heckwelle und beginne Deinen Angriff auf Boje Nummer 3 spätestens beim Passieren von Nummer 2. So wird Dir die nächste Drehung leichtfallen.

Wenn Du dann regelmäßig alle 6 Bojen des vollen Kurses umrunden kannst, ist es an der Zeit, die Starts mit dem Eingangstor zu beginnen.

Das Eingangstor

Es gibt keine allgemeingültige Formel, die exakt verrät, zu welchem Zeitpunkt man beginnen muß, das Eingangstor anzuschneiden. Im Grunde erlangt man das richtige Timing durch Ausprobieren. Beginne damit, daß Du so weit wie Du kannst zur linken Seite des Kurses herausziehst. Versuche dabei, bis auf eine Linie zu den Bojen zwei, vier und sechs zu gelangen. Auf dieser Höhe angekommen, läßt Du den flach gestellten Ski laufen, wobei Du die Skispitze sanft belastest, damit die Fahrt gebremst wird. Dann mußt Du rechtzeitig aufkanten und möglichst quer in Richtung der ersten Boje durch das Eingangstor hindurchschneiden. Zu entscheiden, wann mit dem Aufkanten und der Beschleunigung begonnen werden sollte, ist der schwierigste Teil dieser Phase. Als die beste Lernmethode erachte ich die Möglichkeit, sich einen bestimmten Punkt des Zugbootes zu merken (z.B. Bug, Leinenhalterung, Badeplattform etc.) und darauf zu achten, inwieweit mein Aufkanten zeitlich mit dem Eintreffen dieses Bootteiles im Eingangstor übereinstimmen muß. Sofern Du bei dem gewählten Zeitpunkt vor dem Eingangstor entlangläufst, mußt Du Dir ein Merkmal am Boot aussuchen, das weiter zurück zum Heck hin vorhanden ist. Landest Du dagegen hinter dem Eingangstor, bist Du folglich „zu spät" und mußt Dir einen mehr im vorderen Teil des Bootes vorhandenen Punkt merken. Wichtig ist, daß Du beide Bojen des Eingangstores möglichst eng passierst, damit Du einen möglichst günstigen Fahrtwinkel zur ersten Boje erlangst.
Mit jeder Änderung der Geschwindigkeit des Bootes oder der Leinenlänge ist selbstverständlich eine Anpassung des Timings erforderlich. Sobald Du den vollen Slalomkurs unter Einschluß des Eingangs- und des Ausgangstores bei Höchstgeschwindigkeit meisterst, kannst Du Dich mit dem Slalomlaufen an verkürzten Leinen befassen.

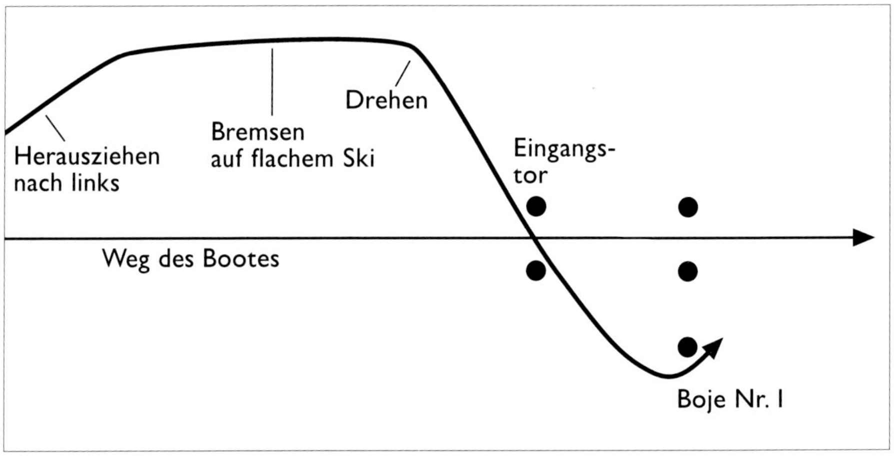

Kurze Leine

Eine häufig von Wasserskiläufern gestellte Frage lautet: „Was ist eigentlich der (Lauf) Unterschied zwischen der 16-m-, der 14,25-m- und der 13-m-Leine?" Im wesentlichen gilt, daß Deine Aktionen um so schneller und aggressiver erfolgen müssen, je kürzer die Leine ist. Bildlich gesprochen ist das Verkürzen der Leine vergleichbar mit einem Verbreitern des Slalomfeldes.

Die 16-m-Leine empfindet man ähnlich wie die 18,25-m-Leine. An ihr brauchst Du Dich weder so weit zurückzulehnen, noch so lange zu den Bojen hinzuziehen wie an den kürzeren Leinen. Das Laufen an der 14,25-m-Leine ist ein wenig schwieriger. Hier mußt Du länger durch die Heckwelle hinweg ziehen, damit Du einen größeren Anfahrtswinkel auf die nächste Boje erhältst. Kritisch ist, daß Du Deine Schultern an dieser Leine und bei allen kürzeren so weit zurücknehmen mußt. An der 13-m-Leine wirst Du einen großen Unterscheid gegenüber den vorangegangenen Leinenlängen feststellen. Ohne eine perfekte Körperhaltung ist es praktisch unmöglich, diesen Durchgang voll durchzustehen. Deine Kurven um die Bojen müssen schärfer werden, und das Beschleunigen (Weglehnen) in der Drehung muß noch eher beginnen. Für mich dauerte es „ewig", bis ich „den Bogen bei 13 m heraus hatte". Die 12-m- und 11,25-m-Längen erfordern für Spitzenläufer ein noch präziseres Timing bei den Drehungen und beim Ziehen. Da bleibt kein Raum für Unachtsamkeiten oder Irrtümer. Das gilt besonders für die 11,25-m-Leine, weil sie schließlich kürzer ist als die Entfernung zwischen Mitte der Bootsgasse und den Slalombojen.

Wind

Da Du nun weißt, wie im Slalomfeld gelaufen werden muß, ist es erforderlich, daß Du lernst, mit einem anderen Hindernis fertigzuwerden - dem Wind, der das Slalomlaufen sogar noch schwieriger macht.

Zur Lösung dieses Problems wird Dein Verstand ebenso gefordert wie Dein Körper. Schließlich geht es darum, den Wind zu kompensieren, wobei er von vorn, von hinten oder von der Seite kommen kann. Der Wind, der von vorn direkt ins Gesicht bläst, wird von den meisten Läufern bevorzugt, weil er die Bremsphase unterstützt und das Entstehen einer Schlappleine verhindern hilft. Wichtig ist, daß Du den Kantenwechsel beim Drehen näher an der Boje durchführst, da andernfalls die Gefahr besteht, daß Du durch zu starkes Bremsen innen an der Boje vorbeifährst. Der Schlüssel für die Bewältigung des Windes von vorn ist mithin länger als üblich zu ziehen ... das wird Dir helfen, genügend Raum für die nächste Bojenumrundung beizubehalten. Rückenwind ist meistens problematischer, weil er den Läufer praktisch in die Bojen „hineindrückt". Der Ski neigt dazu, weiter zu beschleunigen, wenn Du zur Einleitung der Drehung bremsen möchtest. Wenn Du nicht in die Drehung hineinbremsen kannst, wird der Ski von der Kante gezogen, und Du verlierst Deinen angestrebten Anfahrtswinkel. Versuche daher, das Ziehen eher zu beenden, und drücke mit Deinen Knien härter in die Drehung. Das wird Dir in der Phase der Verlangsamung helfen und die Drehung leichtermachen.

Bei Seitenwind gelten die vorbeschriebenen Verhaltensempfehlungen sinngemäß abwechselnd. In den Wind mußt Du härter ziehen, und sobald der Wind dann von hinten bläst, mußt Du Deine Rücklage in den Phasen der Verlangsamung und der Drehung steigern.

Rauhes Wasser

In rauherem Wasser ist es im großen und ganzen noch wichtiger, den Ski durch das gesamte Slalomfeld auf der Kante zu halten.

Zusammenfassung

Wenn Du an verkürzten Leinen lernst, wird es offensichtlich, daß großgewachsene Läufer einen Vorteil durch ihre Körperlänge und größere Reichweite haben. Aber „wir kurzen Läufer" (ich bin nur 162,5 cm groß) sind dennoch in der Lage, gut Slalom zu laufen, indem wir die richtige Technik anwenden. Ein korrekter Slalomstil kann den Mangel an Körpergröße und Reichweite ausgleichen und es den kleineren und weniger muskulösen Läufern erlauben, gegen die größeren und kräftigeren Konkurrenten im Wettkampf anzutreten.

Jeder Lernschritt aber auf dem Weg zur Leistungsverbesserung erfordert eine gehörige Portion Konzentration und harte Arbeit. Sei nicht entmutigt, wenn bestimmte Stufen schwieriger zu erreichen sind als andere. Auch ich muß noch eine Million Dinge verbessern. Diese ständige Herausforderung macht den Spaß am Wasserski-Slalom aus. - Manchmal mußt Du noch einmal von vorn anfangen, um einen neuen Lernabschnitt zu perfektionieren. Sei nicht zu stolz, um noch einmal einen Schritt zurückzugehen. Wenn Du spezielle Probleme mit einer bestimmten Leinenlänge bekommst, versuche es mit einer niedrigeren Geschwindigkeit und baue von dieser neu auf. Sei vor allen Dingen geduldig, und Du wirst sehen, daß sich all' die harte Arbeit auszahlt, wenn Du dann den Slalom-Kurs meisterst.

ZUSATZTIPS FÜR SEILBAHNLÄUFER

von Marcus Friedrich

Normalerweise wird man davon ausgehen, daß Slalomlaufen an der Seilbahn wegen des Fehlens der Heckwelle einfacher ist. Durch die Schwingungen des Umlaufseils ist jedoch - im Gegensatz zum Laufen hinter dem Boot - der Zug an jeder Boje anders. Außerdem differiert die Zugwirkung nochmals von Seilbahn zu Seilbahn. Jeder Wettkampfläufer muß daher ein Gefühl dafür entwickeln, wann und wie hart sich die Schwingungen an den einzelnen Slalombojen bemerkbar machen. Dieses Gefühl kann niemand vermitteln, das bekommt man nur durch intensives Training. Tips zu den 3 wesentlichsten Kriterien sollen aber zu möglichst schnellen Erfolgen verhelfen:

Der 23jährige Marcus Friedrich vom WSC St. Leoner See bei Heidelberg feierte in der Sparte Seilbahn seine größten Erfolge mit dem Gewinn des Europameistertitels 1990 im Slalom und des EM-Titels 1991 in der Kombination sowie im Figurenlauf.

1. EINFAHRT: Umfahre die Umlenkboje vor dem Slalomfeld so weit außen wie möglich. Leite dann die Drehung mit einem ausreichend weiten Radius so ein, daß Du die 1. Boje schon auf der Anfahrt zur 2. Boje eng passieren kannst. Das zur Einleitung der Drehung erforderliche Abbremsen erreichst Du dadurch, daß Du die angewinkelten Knie noch weiter nach vorn schiebst. Ich selbst lehne außerdem den Oberkörper weit zurück, um den anschließenden Zug abfangen zu können. Das Lösen der jeweils äußeren Hand von der Hantel hat kurz vor den Slalombojen den Sinn, mehr Platz für eine bessere Drehung zu erzielen. Meine beiden Empfehlungen hierzu: Nimm die eine Hand nicht zu früh von der Hantel und „mache stets zur Seite auf" und nie nach vorn.

2. DREHUNGEN: Da das Umlaufseil nachgibt, zieht man im allgemeinen an der Seilbahn etwas länger als hinter dem Boot. Der in diesem Buch bereits beschriebene Kantenwechsel ist jedoch in beiden Fällen gleichermaßen wichtig. Im Slalomkurs steht man entweder auf der einen oder der anderen Kante. Auch wenn die einzelnen Phasen des Slalomlaufens (Beschleunigen, Abbremsen, Drehen) an der Seilbahn aufgrund der Besonderheiten der Zugeinrichtung ein wenig ungleichmäßig sind, gelten gleiche Grundprinzipien. Die Drehungen werden durch Abbremsen eingeleitet. Das Abbremsen wird durch eine mehr oder weniger starke Verlagerung des Körpergewichts in Richtung des vorderen Teils des Slalomskis bewirkt. Entgegen der vorherrschenden Lehrmeinung vergangener Jahre sollten Kopf und Schultern die Drehung nicht einleiten, um ein „Überdrehen" des Skis zu vermeiden. Der Kopf ist vielmehr zunächst gerade auf die Bojenfluchten 1, 3 und 5 bzw. 2, 4 und 6 ausgerichtet und dreht erst nach der jeweiligen Umrundung. Die Schultern sollten während der Drehung möglichst waagerecht, also parallel zur Wasseroberfläche gehalten werden. Als gutes Training gilt das Slalomlaufen, bei dem die Hantel konstant mit beiden Händen gehalten wird. Hierdurch wird der Läufer zu einer sauberen Fahrweise gezwungen. Auf die Hantelhaltung mit einer Hand gehe ich unter den Ziffern 1 und 3 ein.

3. RHYTHMUS: Slalom-Wettkämpfe an der Seilbahn werden zumeist an der 3. Slalomboje entschieden. Warum? Durch den vom Läufer auf das Umlaufseil ausgelösten Zug von Boje 1 auf Boje 2 und von Nr. 2 auf Nr. 3 treten die eingangs erwähnten Schwingungen erstmals stark an der dritten Slalomboje auf. Viele Läufer werden davon überrascht oder können sich auf diese „Unregelmäßigkeit" nur schwer einstellen. Ich bin daher immer bestrebt, den Arm, der die Hantel hält, nicht zu weit zu strecken. Auf diese Weise bekomme ich mehr Stabilität in meine Drehung und eine bessere Korrekturmöglichkeit. Wichtig ist, daß die Hantel sofort nach Umrundung der einzelnen Bojen wieder dicht an den Körper herangeführt wird, um den Zug auf die nächste rechtzeitig ausüben zu können. Ab Boje 4 werden die Schwingungen unproblematischer, zumal der Läufer sich dann in der Regel auf den von ihm selbst vorgegebenen Rhythmus eingestellt hat.

Zum Schluß noch ein Tip für das Aufbautraining zum Saisonstart und nach längeren Pausen: Eine möglichst niedrigere Anfangsgeschwindigkeit hilft, den so wichtigen Rhythmus wiederzufinden. Selbst an verkürzten Leinen können langsamere Geschwindigkeiten dazu beitragen, das notwendige Gefühl für die Einfahrt und die Drehungen zu bekommen.

WASSERSKI - FIGURENLAUF

von Ricky McCormick

Der Amerikaner wurde als einer der Großen im Welt-Wasserskisport vor wenigen Jahren in das Wasserski-Museum in Winter Haven/Florida aufgenommen. Nicht zuletzt wegen der bedeutenden Impulse, die er der Disziplin „Tricks" vermittelt hat. Mehr als 6 von ihm entwickelte Tricks wurden in das internationale Reglement des Wasserski-Weltverbandes aufgenommen und gehören heute zum Standard bedeutender Wettkämpfe. Dazu zählen die 540°-Drehungen „Front to Back" und „Back to Front", die 360°-Stepover (ebenfalls F-B und B-F), die 540°-Stepover (F-B und B-F) sowie der Salto. Seine Begeisterung für den Figurenlauf verhalf ihm u.a. zum Weltmeistertitel im Jahre 1971 und zu 8 aufeinanderfolgenden US-Titeln von 1964 bis 1971 in dieser Disziplin.

Die Tatsache, daß er aber auch ein hervorragender „Allround-Wettkampfläufer" war, ergibt sich aus zahlreichen anderen Erfolgen, wie zum Beispiel: Weltmeistertitel im Springen 1973, drei US-Titel in der Kombinationswertung (1977-1979) und die Titel im Springen und Figurenlauf beim Olympischen Vorführwettbewerb 1972 in Deutschland. Im Jahre 1982 zog er sich vom internationalen Wettkampfsport zurück und ist heute bei der Firma Sea Ray in der Entwicklung tätig.

12 wichtige Tips vorweg

Ich laufe Trickski fast so lange, wie ich mich zurückerinnern kann. Begonnen habe ich im Alter von 5 Jahren. Es gibt aus der Sicht meiner Rückbetrachtung ein Dutzend hervorstechender Basistips, die Du beherzigen solltest, wenn Du ein guter Trickskiläufer werden möchtest:

1. Gewöhne Dich daran, Deine Bindungen ein wenig enger zu stellen als dies für eine normale Fußgelenkkontrolle üblich ist.

2. Halte die Hantel stets mit dem Ristgriff (Handrücken bzw. Knöchel nach oben) und nicht etwa wie beim Slalomlaufen im Zwiegriff (eine Hand mit Handrücken nach oben und andere Hand mit Handinnenfläche bzw. Fingerspitzen nach oben).

3. Auf Trickski solltest Du zunächst einmal in der Lage sein, enge Kurven zu drehen - also zu schneiden - und über die Heckwelle zu springen. Das vermittelt Dir das wichtige Gleichgewichtsgefühl. Trickski haben schließlich keine Ruder oder Finnen, nur zuweilen Führungsrillen.

4. Die Beine sollten immer vor dem Trick etwas angewinkelt bzw. gebeugt sein, während des Tricks gestreckter und zum Ende des Tricks mehr angewinkelt bzw. gebeugt sein. Je tiefer der Körperschwerpunkt ist, um so leichter fällt es, Tricks auszuführen.

5. Für Tricks mit vollen bzw. auch halben Drehungen muß die Hantel bei gleichbleibendem Zug dicht am Körper geführt werden, ohne daß die Leine aufgrund eines „Schlappseil-Effektes" locker wird. Ziehe die Hantel zu der der Drehrichtung gegenüberliegenden Hüfte, da Du sie so nach der Drehung leichter und schneller wieder greifen kannst. Übrigens: Nur die Hantelhaltung in der Rückwärtsstellung bildet eine Ausnahme zur Regel Nr. 2: Hier wird die Hantel mit Kammgriff gehalten (Handinnenfläche nach oben).

6. Die Gefahr, während des Rückwärtslaufens vom Boot nach hinten aus dem Gleichgewicht gezogen zu werden, verringerst Du, indem Du die Hantel tiefer hältst, weil die auf Deinen Körper wirkende Hebelkraft auf diese Weise verringert wird. Analog kann in dieser Position durch eine entsprechend höhere Hantelhaltung ein Sturz vom Boot weg (gegen die Fahrtrichtung) vermieden werden.

7. Paar-Trickski sollten ungefähr in Schulterbreite, eher aber etwas enger, geführt werden, damit die Drehung nicht zu viel und nicht zu wenig Raum beansprucht. Bei zu breiter Skiführung besteht beispielsweise die Gefahr, daß Du einen Ski beim Drehen verlierst.

8. Denke während des Laufens stets daran, daß Du Deine Ski kontrollieren mußt. Drehe aber nicht so hart, daß sie gerade deshalb außer Kontrolle geraten.

9. Übe jeden Trick zunächst an Land im Rahmen eines ausreichenden Trockentrainings. Ein großer Teil meiner Trockenübungen ist zum Beispiel darauf ausgerichtet, die Position der Leine zu perfektionieren. Für mich ist Figurenlaufen nichts anderes als die Kunst, mit der Leine richtig umzugehen. Ich benutze die Hüften als Körperachse. Daher versuche ich, die Hantel immer eng an den Hüften zu halten, so daß es bei allen Drehungen leichtfällt, sie von einer Hand in die andere weiterzugeben.

10. Der Trickski-Läufer sollte immer bestrebt sein, die Hüften nach vorn zu drücken und „sich in den Trick hineinzudrehen". Das aber kann an Land ebenso einstudiert werden wie auf dem Wasser. Du kannst herausfinden, wo die Hantel sein sollte, wohin sich Kopf und Schulter bewegen und wie überhaupt die ideale Körperhaltung auszusehen hat. Auf dem Wasser vergeudest Du unter Umständen wertvolle Zeit, Geld und Nerven durch fortwährendes Fallen.

11. Benutze eine 35 cm breite Hantel (Slalom-Hantel = 28 cm, Barfußhantel = 38 cm). Sie entspricht damit in etwa Deiner Körperbreite, so daß Du bei den Drehungen nicht so weit um die Hüften herumzugreifen brauchst.

12. Die optimale Geschwindigkeit für das Figurenlaufen hängt von Körpergewicht und -größe ab. Wenn Du beispielsweise 80 kg wiegst, solltest Du eine Geschwindigkeit ausprobieren, die zwischen 29 und 32 km/h liegt. Je leichter Du bist, um so geringer das Tempo des Bootes. Die Leinenlänge, die zwischen 11 und 14 m betragen sollte, kann auf die Heckwelle des Bootes durch einen „Side-Slide" ausgerichtet werden. An der Stelle dieser 90°-Drehung sollte die Heckwelle ausreichend breit bei Einhaltung der vorerläuterten Geschwindigkeit sein. Außerdem darf an dieser Stelle auch nicht die Gefahr bestehen, daß der Trickski bei den Drehungen in Heckwellen-Turbulenzen gerät. Und schließlich ist es auch eine Sache des Gefühls, ob man bei den auszuführenden Figuren eher einen vergleichsweise „weichen" Zug (längere Leine) oder einen „härteren" Zug (kürzere Leine) bevorzugt.

Bevor wir uns mit den bei den einzelnen Tricks anzuwendenden Techniken befassen, hier noch einige für den Anfänger besonderes wichtige Punkte:

* Deine Knie führen in alle Tricks. Wenn Du eine Drehung nach rechts machen möchtest, schwingst Du Deine locker gebeugten Knie nach rechts. Falls Du die Beine zu gerade bzw. gestreckt läßt, könntest Du nur mit dem ganzen Körper in den Trick hineindrehen. Trickski-Laufen erfordert einen geraden, aufrechten Oberkörper, während die Knie (und manchmal der Kopf) die Führung übernehmen.
* Ein Wort zur Vorsicht: Zu intensives Nachdenken und Kopfzerbrechen hat des öfteren zur Folge, daß das Gegenteil von einem kontrollierten Bewegungsablauf erreicht wird. Überreaktionen oder der Verlust des eingeleiteten Schwungs sind das Endergebnis.
* Trickski-Laufen muß Dir Freude bereiten. Von allen Disziplinen vermittelt mir der Figurenlauf das größte Vergnügen. Sicher, er erfordert Arbeit, viel Arbeit sogar, aber die Arbeit sollte Spaß machen. Solange Du locker und gut gelaunt bist, lernst Du leichter. Der erste gelungene Versuch ist dann der Lohn für die Begeisterung. Starte also in der richtigen Stimmung und mit der richtigen Einstellung, dann werde ich Dich schneller mit einem Siegerpokal in der Hand sehen, als Du denkst.

* Das Fundament muß solide sein. Die verschiedenen Tricks lassen sich aufgrund ihrer Strukturen baukastenartig ordnen. Vielleicht benötigst Du 2 Jahre für das Erlernen der Basistricks, jedoch solltest Du sorgfältig dabei vorgehen und einen Schritt erst nach dem anderen tun. Die schwierigeren und spektakulären Tricks bedingen eine gute Ausbildungsbasis. Sobald Du einen Trick erlernt hast, befasse Dich danach mit der Ausführung in die Gegenrichtung, was im Wettkampf ja nochmals dieselbe Punktzahl einbringt. Wenn Du also die Drehung nach links kannst, übe zunächst die Drehung nach rechts. Die Technik ist die gleiche. Beginne mit dem Mono-Trickski erst, wenn Du Dich auf Paar-Trickski sicherfühlst.
* Die Basishaltung muß stimmen: Knie und Fußgelenke sind so angewinkelt, daß der Körperschwerpunkt über den Skibindungen liegt, wobei der Hauptteil des Gewichts auf den Fußballen ruht; die Ski sind etwa 10 cm auseinander, der Rücken ist gerade, die Schultern waagerecht, der Kopf hoch, und die Hantel wird in Hüfthöhe mit Ristgriff (Handrücken nach oben) gehalten.
* Die korrekte Körperhaltung in der Rückwärtsposition: Knie und Fußgelenke sind angewinkelt, der Hauptteil des Körpergewichts ruht auf den Fußballen, die Hantel wird aber im Kammgriff (Handinnenfläche nach oben) eng am Rücken in Taillenhöhe gehalten; Schultern zurück und Kopf hoch. Schaue zum Horizont und nicht ins Wasser!!

Basis - Drehungen auf dem Wasser

Side Slide (90°-Drehung auf zwei oder auf einem Ski)

1. Nimm Deine korrekte Haltung für das Trickski-Laufen in Vorwärtsposition ein.
2. Drehe Deine locker gebeugten Knie in die gewünschte Richtung weg vom Boot.
3. Ziehe die Hantel möglichst tief zu der Hüfte, die zum Boot gerichtet ist.
4. Nimm zur Stabilisierung des Gleichgewichts die Hand des Armes von der Hantel, der weiter weg vom Boot ist.
5. Die Ski sind in dieser Position leicht aufgekantet, damit die Kanten nicht in das Wasser schneiden.
6. Drehe Dich in die Ausgangsstellung bei gleichzeitigem Ergreifen der Hantel mit der freien Hand zurück und leite in gleicher Form die Drehung in Gegenrichtung ein.

180° Front to Back (Abbildung auf Seite 98)

1. Sorge für Deine korrekte Trickski-Körperhaltung.
2. Ziehe die Hantel möglichst tief an eine Hüfte, während die Knie die Drehung in die Richtung der anderen Körperseite einleiten. Halte dabei den Kopf hoch und die Schultern waagerecht.
3. Halte die Hantel mit angespanntem Arm und einer Hand während der Drehung eng am Körper, so daß Du sie bei Erreichen der Rückwärtsposition leicht mit der freien Hand wieder ergreifen kannst.
4. Die Hantel ist in Rückwärtsposition dicht am Rücken in Taillenhöhe gefaßt.
5. Halte den Kopf auch nach der Drehung hoch und achte strikt auf die eingangs beschriebene richtige Körperhaltung in Rückwärtsposition.
6. Vergewissere Dich, ob Du Deine Fingerknöchel am Rücken spürst.

180° Front to Back

180° Back to Front

1. Kontrolliere noch einmal die Körperhaltung, solange Dein Rücken zum Boot gerichtet ist.
2. Nimm eine Hand von der Hantel und halte den Griff mit der anderen Hand eng am Körper.
3. Achte jetzt nur auf den Zug der Leine, der Dich fast automatisch wieder in die Vorwärtsposition gleiten läßt. Folge diesem Zug, indem Du die Drehung durch die gebeugten Knie und den aufrechten Kopf unterstützt.

Basis - Drehungen über die Welle

180° Welle Front to Back

1. Stelle die korrekte Körperhaltung für den Figurenlauf her.
2. Halte Dich direkt hinter dem Boot in der Mitte der Heckwelle auf.
3. Beginne den Trick mit dem Durchdrücken der gebeugten Knie nach vorn, während Du Dich auf den Heckwellenrand zubewegst.

4. Sobald Du am Wellenrand angelangt bist, beginnst Du, die Hantel eng an eine Hüfte heranzuziehen, wodurch die Drehung eingeleitet wird.
5. Dein Oberkörper sollte möglichst aufrecht und die Schultern waagerecht sein.
6. Steuere die Drehung auf dem Wellenkamm mit Kopf und Schultern, wobei Dein Körper eine vertikale Achse beibehält. Löse gleichzeitig die Hand der Seite von der Hantel, in die Du drehst.
7. Ergreife die nach wie vor eng am Körper gehaltene Hantel dicht am Rücken.
8. Benutze beim Aufkommen vom höheren Wellenrand auf der niedrigeren Wasserebene neben der Heckwelle Deine Knie zur Abfederung als „Stoßdämpfer".
9. Bei der Landung sollte der Körper nach wie vor die erwähnte vertikale Achse bilden.

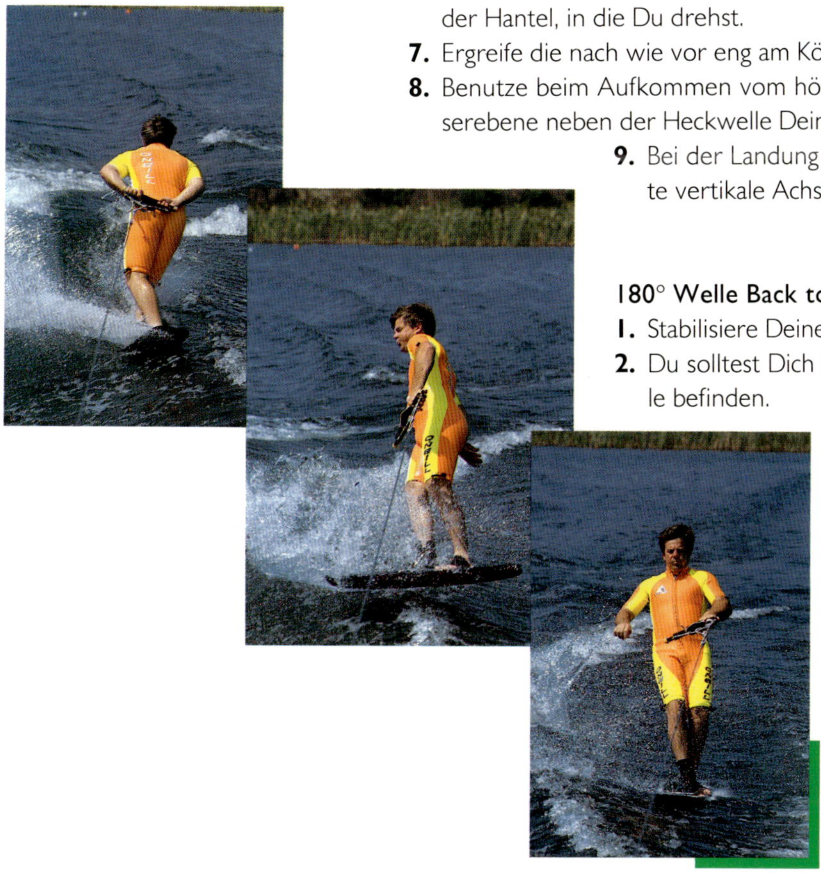

180° Welle Back to Front

1. Stabilisiere Deine Trickski-Haltung in Rückwärtsposition.
2. Du solltest Dich nicht mehr als 1 Meter neben der Heckwelle befinden.
3. Drehe die Ski und bewege Dich dabei auf die Heckwelle zu.
4. Löse die Hand des Armes, der der Heckwelle am nächsten ist, während der bereits eingeleiteten Drehung auf dem Wellenkamm.
5. Kopf und Schultern führen Dich nun in die angestrebte Vorwärtsposition, wobei die freie Hand wieder die Hantel ergreift.
6. Die gebeugten Knie fangen die Landung auf der Heckwelle ab.

360° Welle Front to Front

1. Nimm die korrekte Körperhaltung für das Trickski-Laufen ein.
2. Fahre etwa 1 Meter neben der Heckwelle. Die Hand des Armes, der der Heckwelle am nächsten ist, hält die hinter den Rücken geführte Hantel so eng am unteren Lendenwirbelbereich, daß die Knöchel den Rücken berühren. Die andere Hand erfaßt die Leine vor dem Körper.
3. Schiebe die gebeugten Knie nach vorn und bewege Dich auf die Heckwelle zu.
4. Nimm die Hand vor dem Körper von der Leine, sobald Du auf dem höheren Wellenkamm bzw. Wellenrand angekommen bist, und lasse Dich „kreiseln", nachdem Dein Kopf die Drehung in die gewünschte Richtung eingeleitet hat.
5. Halte während des Bewegungsablaufs Deinen Kopf aufrecht und die Schultern waagerecht, damit Du die erforderliche vertikale Körperachse beibehalten kannst.
6. Halte die Hantel während der Kreiselbewegung eng am Körper, damit Du sie schnell mit der freien Hand in Vorwärtsposition wieder ergreifen kannst.
7. Halte die Knie gebeugt, damit sie die Landung nach dem Aufkommen auf der Heckwelle abfangen können.

Basis - Stepover - Tricks

Back to Front - Stepover

Bedenke: Es ist sicherlich leichter, zuerst die Drehung von der Rückwärts- in die Vorwärtsposition zu erlernen, als umgekehrt, weil naturbedingt es immer einfacher ist, in eine gewohnte übliche Haltung zurückzukehren.

1. Achte auf eine korrekte Körperhaltung in Rückwärtsposition und stabilisiere sie.
2. Führe die Hantel zwischen den Beinen durch und ergreife sie mit der rechten Hand, wenn Du mit dem rechten Bein über die Leine steigen möchtest. Ebenso ist das Ergreifen mit der linken Hand erforderlich, wenn Du mit dem linken Bein über die Leine steigen willst.
3. Der freie Arm wird seitlich vom Körper zur Stabilisierung des Gleichgewichts benutzt.
4. Winkele das über die Leine zu führende Bein gleichzeitig mit dem Abheben vom Wasser an.
5. Drehe Kopf und Schultern in Richtung der Vorwärtsposition, und der Körper wird automatisch folgen.
6. Sobald Du in der Vorwärtsposition angelangt bist, ergreifst Du die Hantel mit der freien Hand.

Front to Back - Stepover

1. Nimm die korrekte Körperhaltung für das Figurenlaufen in Vorwärtsposition ein.
2. Halte Dich direkt hinter dem Boot in der Mitte der Heckwelle auf.
3. Ziehe die Hantel mit gestreckten Armen kontinuierlich zum Körper und drehe Kopf und Schultern in Richtung der Rückwärtsposition.
4. Die Leine wird (durch die beim Heranziehen gestreckten Arme) tief gehalten, so daß Du nun mit einem Bein um 180° in die Rückwärtsposition drehen kannst.
5. Winkele das über die Leine zu führende Bein rechtzeitig nach dem Abheben vom Wasser an.
6. Löse die Hand der Seite, in die Du drehen möchtest, von der Hantel und benutze den freien Arm schon während der Drehung zur Gleichgewichtsstabilisierung. Die andere Hand führt die Hantel während der Drehung von der üblichen waagerechten in die vertikale Position.
7. Stelle eine korrekte und stabile Haltung in Rückwärtsposition mit aufrechtem Kopf her.

Front to Back -
Stopover über die Welle

1. Begib Dich in eine korrekte Ausgangsposition für das Trickski-Laufen in Vorwärtsstellung.
2. Bleibe dabei zunächst in der Mitte der Heckwelle.
3. Bewege Dich dann von dort aus auf der Heckwellenrand zu, während Du die Hantel mit gestreckten Armen etwa in Oberschenkelhöhe zum Körper heranziehst.
4. Verlagere Deinen Körperschwerpunkt auf das Standbein, das also nicht über die Leine gehoben werden soll.
5. Schwinge nun das entlastete Bein hoch zur Wasserskileine.
6. Benutze die jetzt freiwerdende Hand zur Gleichgewichtsstabilisierung.
7. Steuere die Drehung in die Rückwärtsposition mit Kopf und Schultern.
8. Das freie Bein (mit oder ohne Ski) folgt der 180°-Drehung über die Leine.
9. Halte den Kopf hoch und lehne Dich ein wenig vom Boot weg.

Back to Front - Stepover über die Welle

1. Halte Dich in der vorbeschriebenen „Rückwärts-Stepover-Haltung" etwa 1 Meter neben (also seitlich von) der Heckwelle auf.
2. Benutze die freie Hand für die Beibehaltung des Gleichgewichts.
3. Halte den Kopf hoch.
4. Fahre auf die Heckwelle zu.
5. Verlagere den Körperschwerpunkt auf das im Wasser verbleibende Standbein und beginne, das andere Bein anzuheben.
6. Halte das Standbein gebeugt, während Du nun mit dem angehobenen Bein über die Leine steigst.
7. Sobald die Drehung beginnt, solltest Du bereits mit der freien Hand nach der Hantel greifen.
8. Beim Aufkommen auf dem Wasser in der Vorwärtsposition federn die Knie das Körpergewicht ab.

Basis - Toehold - Drehungen

Die Basis-Körperhaltung für die Drehungen mit „Fuß in der Hantel" vorab in Stichworten: Kopf hoch, Schultern waagerecht und gestrafft sowie Beine angewinkelt. Vergewissere Dich rechtzeitig, daß die Schlaufe der Trickskihantel wirklich an Deinen Fuß paßt. Um den freien Fuß in die Hantelschlaufe zu bekommen, mußt Du gleichzeitig das freie Bein anheben und die Hantel „bis auf halbe Strecke" nach unten führen. Denke daran, daß auch das Standbein dabei angewinkelt bleibt. Und konzentriere Dich auf die Stabilisierung des Gleichgewichts insbesondere dadurch, daß Du aufrecht mit dem Körperschwerpunkt über der Skibindung stehst. Sei darauf vorbereitet, daß der volle Zug des Bootes auf dem Fuß in der Schlaufe lastet, sobald Du die Hände von der Hantel nimmst.

„Toe" - Front to Back auf dem Wasser

1. Stabilisiere die korrekte „Toehold"-Körperhaltung mit dem Fuß in der Schlaufe der Trickhantel.
2. Beide Knie sind gebeugt bzw. angewinkelt.
3. Beide Arme werden zur Beibehaltung des Gleichgewichts benutzt.
4. Drehe das Knie des Standbeins in Richtung der Rückwärtsposition, wobei der Körperschwerpunkt über der Skibindung bleiben muß.
5. Halte den Oberkörper gerade und den Kopf hoch.
6. Beherzige, daß langsame Bewegungen bei den Drehungen leichter sind.

„Toe" - Back to Front auf dem Wasser

1. Stabilisiere die korrekte „Toehold"-Körperhaltung in Rückwärtsposition mit Fuß in der Schlaufe der Trickhantel.
2. Die Arme sorgen seitlich für ausreichendes Gleichgewicht.
3. Der Oberkörper ist gerade und der Kopf hoch.
4. Ziehe den sich in der Schlaufe befindlichen Fuß leicht an, damit die Zugkraft kurzzeitig verringert wird.
5. Drehe Kopf und Schultern in Richtung der Vorwärtsposition.
6. Halte den Körperschwerpunkt über der Skibindung und greife nach der Hantel, wodurch sozusagen automatisch die Vorwärtsposition wieder erreicht wird.

„Toehold" Front to Back und Back to Front über die Welle

Wende im wesentlichen den gleichen Bewegungsablauf wie bei den vorbeschriebenen „Toehold-Drehungen" auf dem Wasser an und befolge zwei zusätzliche Dinge:

1. Nähere Dich der Heckwelle (bzw. dem Heckwellenrand) allmählich im spitzen Winkel und schneide nicht hart auf sie zu.
2. Ziehe mit dem sich in der Schlaufe befindlichen Fuß härter, wenn Du drehen möchtest.

Anmerkung zu den „Toehold-Drehungen":

Führe schwierige Tricks und insbesondere Drehungen mit der Hantel am Fuß grundsätzlich nur dann aus, wenn sich im Zugboot ein sogenanntes „Quick-Release", also ein Schnellauslöser für die Wasserskileine und ein mit diesem Gerät und dem Figurenlauf vertrauter Beobachter befinden. Bei Stürzen mit Hantel am Fuß kann der Fahrer das Boot nicht so schnell zum Stand bringen, wie es erforderlich ist.

WETTKAMPFAUFBAU

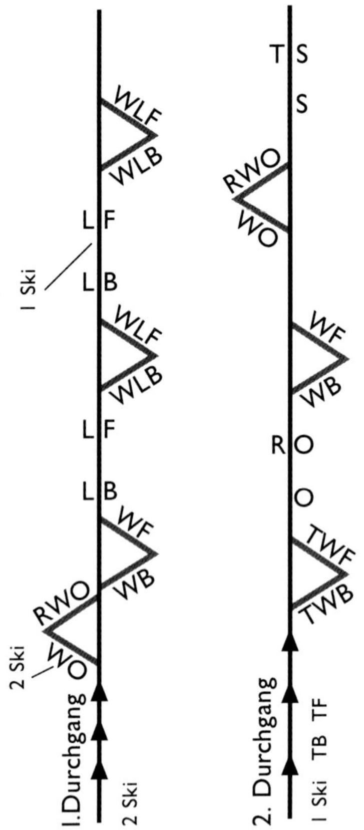

Grafische Darstellung der beiden Durchgänge.
(Sie zeigt mit Hilfe der Kürzelangaben, an welcher Stelle der Heckwelle die Tricks ausgeführt werden.)

Beispiel für den Aufbau von den zwei in einem Wettkampf zugelassenen Trick-Läufen (je 20 Sek.). Hierbei wurde davon ausgegangen, daß die Tricks beherrscht werden, die bis zu dieser Stelle des Buches erläutert wurden.

Erster Durchgang

Skis	Tricks	Kürzel	Punkte
2	Wake 360° front to front	WO	110
2	Reverse	RWO	110
2	Wake 180° front to back	WB	50
2	Wake 180° back to front	WF	50
2	Step over 180° front to back	LB	70
2	Step ober 180° back to front	LF	70
2	Wake step 180° front to back	WLB	110
2	Wake step 180° back to front	WLF	110
1	Step over 180° front to back	LB	110
1	Step over 180° back to front	LF	110
1	Wake step 180° front to back	WLB	160
1	Wake step 180° back to front	WLF	160
			Total 1220

Zweiter Durchgang

Skis	Tricks	Kürzel	Punkte
1	Toe hold 180° front to back	TB	100
1	Toe hold 180° back to front	TF	100
1	Wake toe hold front to back	TWB	150
1	Wake toe hold back to front	TWF	150
1	Water surface turn 360°	O	90
1	Reverse	RO	90
1	Wake 180° front to back	WB	80
1	Wake 180° back to front	WF	80
1	Wake 360°	WO	150
1	Reverse	RWO	150
1	Side slide	S	40
1	Reverse	TS	40
			1220
	plus Gesamtpunktzahl aus 1. Durchgang		1220
			2440

SCHWIERIGERE TRICKS

540° Front to Back über die Welle

1. Kontrolliere wiederum zu Beginn Deine Trickski-Haltung und vergewissere Dich, ob Dein Körper die erläuterte vertikale Achse bildet.
2. Fahre wie beim Trick „360° Welle Front to Front" etwa 1 Meter neben der Heckwelle und halte die Hantel ebenso mit der Hand des Armes am Rücken, der der Heckwelle am nächsten ist. Die Knöchel berühren dabei den Rücken am unteren Lendenwirbelbereich. Die andere Hand ist vorn am Seil.
3. Schiebe die Knie weiter nach vorn und fahre im spitzen Winkel auf die Heckwelle zu. Halte die Schultern dabei waagerecht und gestrafft.
4. Auf dem Wellenkamm angekommen, nimmst Du die vordere Hand von der Leine und leitest durch das Drehen des Kopfes die Kreiselbewegung in der gewünschten Richtung ein.
5. Halte dabei den Kopf hoch und die Schultern waagerecht, damit Du eine gute vertikale Körperachse einhältst.
6. Um eine möglichst schnelle Kreiselbewegung zu erreichen, muß die Hantel ganz eng am Körper gehalten werden. Sobald Du in der Vorwärtsposition bist, ergreifst Du die Hantel mit der freien Hand, während der Kopf weiter die Kreiselbewegung bis in die endgültige Rückwärtsposition steuert.
7. Lande nach nochmaligem Umgreifen bereits mit beiden Händen an der dicht am Rücken gehaltenen Hantel. (Konzentriere Dich mehr auf das Ziel, möglichst schnell zu drehen, als auf das Springen.)

540° Back to Front über die Welle

1. Stelle die korrekte Körperhaltung in Rückwärtsposition mit der beschriebenen vertikalen Körperachse her.
2. Fahre etwa 1 Meter neben der Heckwelle. Beide Hände sind an der Hantel. Kopf und Oberkörper drehst Du jetzt so weit wie möglich in Richtung des Bootes.
3. Bewege Dich nun auf die Heckwelle zu, wobei die Körperachse über der Skibindung ist. Beginne jetzt mit dem Arm zu ziehen, der am weitesten vom Boot entfernt ist.
4. Auf dem Wellenkamm ziehst Du mit dem vom Boot entfernten Arm noch einmal schnell und hart nach und leitest die Kreiselbewegung durch Drehen des Kopfes ein.
5. Halte die Hantel während des Drehens eng am Körper und ergreife sie beim Handwechsel bzw. in der endgültigen Vorwärtsposition möglichst schnell.
6. Federe das Aufkommen auf dem Wasser mit den Knien ab.

Stepover 360° Front to Front

1. Fahre etwa 1 Meter neben der Heckwelle in guter Vorwärtshaltung. Wenn Du den rechten Fuß in der vorderen Bindung hast, also auf der rechten Seite neben der Heckwelle.
2. Führe die Hantel am Rücken entlang hinter das Knie bzw. den Oberschenkel des rechten Beines. Die linke Hand ergreift die Hantel durch den Schritt so hinter dem rechten Bein, daß die Knöchel die Kniekehle bzw. den Oberschenkel berühren. Die rechte Hand hält die Leine vor dem Körper.

3. Halte das Körpergewicht jetzt auf dem Fußballen des Standbeins und fahre auf die Heckwelle zu. Die Schultern sollten dabei nach vorn bis vor den Fuß des Standbeins gedrückt werden.
4. Nimm nun die rechte Hand von der Leine und drehe den Kopf zur Einleitung des Kreisels in die gewünschte Richtung.
5. In dem Moment, in dem Du die Drehung beginnst, mußt Du das freie Bein zum Körper anziehen, damit das Übersteigen der Leine synchron erfolgen kann.
6. Vor der Landung auf dem Wasser muß die rechte Hand die Hantel ergreifen.
7. Bei der Landung sollte das Standbein den Aufsprung abfedern.

Stepover 360° Back to Back

1. Fahre in guter Rückwärtshaltung etwa 1 Meter neben der Heckwelle.
2. Der Fuß des freien Beines wird in dieser Rückwärtsposition neben dem Ski im Wasser mitgeschleift.
3. Bewege Dich unter Beibehaltung einer vertikalen Körperachse zur Heckwelle zu.
4. Auf dem Wellenkamm angekommen, solltest Du unter Einhaltung der Reihenfolge: das freie Bein zum Körper anziehen, die Hantel dicht an den Körper heranziehen und den Kopf in die gewünschte Richtung drehen.
5. Die Hantel muß während des gesamten Bewegungsablaufs dicht am Körper gehalten werden, damit im Verlauf der Drehung bis zur Landung auf dem Wasser auch eine Möglichkeit des Ausgleichens bzw. der Korrektur der Zugintensität besteht.
6. Das freie Bein sollte ebenfalls angezogen bleiben, da so eine bessere Möglichkeit für die Stabilisierung des Gleichgewichts gegeben ist.
7. Du kannst mit einer Hand an der Hantel landen. Durch Verlagerung des Körperschwerpunktes nach unten werden aber in jedem Fall Deine Erfolgschancen verbessert.

Ski Line Back

1. Wenn das rechte Bein Dein Standbein ist, solltest Du etwa 1 Meter rechts außerhalb der Heckwelle fahren (umgekehrt links).
2. Achte auf eine gute vertikale Körperachse mit gestreckten Armen, wenn du auf die Heckwelle zufährst.
3. Auf dem Wellenkamm sollte der Körper nach vorn zur Hantel bewegt werden, ohne daß ein „Schlappseileffekt" entsteht.

4. Während Du die Hantel tief zur linken Körperseite führst, werden die Beine angehockt, also zum Körper hochgeschnellt.
5. Um mit dem Sprung in die Rückwärtsposition zu gelangen, muß die Hantel mit dem linken Handgelenk so weit gedreht werden, daß der kleine Finger nach oben gerichtet ist.
6. Nachdem der Ski die Leine überquert hat, streckst Du noch in der Luft die Beine nach hinten aus.
7. Dieser Trick kann mit einer Hand oder beiden Händen an der Hantel auf dem Wasser gelandet werden.

Back Flip

1. Ist das rechte Bein Dein Standbein, solltest Du links neben der Heckwelle fahren, und zwar 1 Meter, maximal 2 Meter entfernt.
2. In der vertikal ausgerichteten Körperhaltung stehst Du auf beiden Füßen flach in der Skibindung und schneidest relativ hart auf die Heckwelle zu.
3. Die Hände befinden sich gestreckt vor dem Körper und die Beine sind leicht angewinkelt bzw. gebeugt.
4. Am Wellenkamm streckst Du die Beine, führst die Hantel dicht an den Körper und wirfst zur Einleitung der Drehung den Kopf in den Nacken, und zwar in dieser Reichenfolge.
5. Je enger die Hantel am Körper gehalten wird, um so schneller vollzieht sich die Drehung bzw. der Überschlag.
6. Es ist eine Frage des Gefühls und der Körperbeherrschung, ob Du bei der Landung eine Hand oder zwei Hände an der Hantel hast.
7. Um nach der Landung weiterfahren zu können, bedarf es zumeist einiger Versuche.

„Toehold" 360° Front to Front über die Welle

1. Wenn Dein rechtes Bein das Standbein ist, fährst Du rechts neben die Heckwelle und streifst dem an die rechte Kniekehle gehaltenen linken Fuß die Schlaufe der Trickhantel über.
2. Halte Dich etwa einen guten halben Meter neben der Heckwelle auf und den Körperschwerpunkt über dem Ballen des rechten Fußes. Die rechte Hand hält die Wasserskileine und der linke Arm ist frei für die Stabilisierung des Gleichgewichts.
3. Bewege Dich nun auf die Heckwelle zu und achte darauf, daß das Körpergewicht nach vorn orientiert bleibt.
4. Auf dem Wellenkamm löst Du die vordere Hand von der Wasserskileine und leitest die Drehung dadurch ein, daß Du den Kopf in die gewünschte Richtung bewegst.
5. Zur Aufrechterhaltung einer guten Körperachse mußt Du die Schultern waagerecht halten.
6. Der Fuß, an dem sich die Hantel befindet, muß unbedingt während der Drehung eng an der rechten Kniekehle gehalten werden, wenn ein Sturz vom Boot weg vermieden werden soll.
7. Beuge den geraden Oberkörper (durch Abknicken in der Taille) leicht nach vorn, wenn du die Hantel ergreifst, wodurch eine gute nach vorwärts orientierte Körperhaltung bei der Landung gewährleistet bleibt.

ZUSATZTIPS FÜR SEILBAHNLÄUFER

von Marcus Friedrich

Der deutsche Seilbahn-Europameister hat des öfteren u.a. auch bei dem weltbekannten Läufer und Trainer Mike Ferraro in Florida hinter dem Boot trainiert und an Wettkämpfen der Sparte „Boot" teilgenommen, so daß er über Erfahrungen in beiden Bereichen verfügt.

Der wesentlichste Unterschied gegenüber dem Trickski-Laufen hinter dem Boot besteht in dem bereits angesprochenen Fehlen der Heckwelle, was jedoch im Falle des Beherrschens einer guten Technik nicht nachteilig zu sein braucht. So werden heutzutage von den Spitzenläufern an der Seilbahn ebenfalls schwierige Tricks, wie zum Beispiel „Toehold-Stepovers" (1 Fuß in der Trick-Hantel und mit dem anderen Bein über die Leine), „Body-Overs" bzw. „Ski Line-Tricks" (mit Ski über die Wasserskileine springen) oder auch Salti gezeigt. Außerdem gelten ja - wie erwähnt - für die Sparten „Boot" und „Seilbahn" die gleichen Reglementvorgaben und Punktebewertungen. Hier nun einige Tips, die speziell auf den Seilbahnläufer ausgerichtet sind:

1. KÖRPERHALTUNG:
Da der Zug an der Seilbahn von oben kommt, neigt man dazu, den hinteren Fuß auf dem Mono-Trickski zu stark zu belasten. Seilbahnläufer müssen daher besonders darum bemüht sein, den Körperschwerpunkt über der Bindung zu halten, wobei Bindung, Knie des Standbeins und Schultern eine Linie bilden. Wichtig ist auch bei der Ausführung der Tricks, niemals ins Wasser zu schauen, da der Oberkörper in der Regel der Haltung des Kopfes folgt und man so aus dem Gleichgewicht gerät.

2. GESPRUNGENE DREHUNGEN:
Eine gesprungene Drehung wird laut Reglement erst dann gewertet, wenn der Ski deutlich sichtbar vom Wasser abhebt. An der Seilbahn heißen diese Drehungen daher „air-turns" und nicht - wie am Boot - „wake-turns". Die gesamte Sprungkraft wird aus den Beinen heraus (und nicht etwa vom Oberkörper) entwickelt. Halte die Arme bei den gesprungenen Drehungen dicht am Körper. Nur so kann man (z.B. bei 360°-Drehungen) schnell umgreifen. Außerdem ist die Geschwindigkeit der Drehung um so höher, je „geschlossener" der Körper ist. Auch hier gilt die Regel: Der Körper folgt dem Kopf.

3. TOEHOLD-TRICKS (Hantel am Fuß):
Die Seilbahn verfügt bislang noch nicht über ein geeignetes „Release-System" (System für die Schnellauslösung der Wasserskileine). Aus diesem Grunde wird die Schlaufe der Trickskihantel an der Seilbahn praktisch nur über die Fußzehen gestreift, um Verletzungen bei einem Sturz vorzubeugen. Außerdem empfiehlt es sich, das Personal am Bedienungshebel der Seilbahn darauf aufmerksam zu machen, daß man beabsichtigt, Toehold-Drehungen durchzuführen. „Toehold-Figuren" werden mit den Knien gedreht, wobei der Oberkörper aufrecht und gerade bleibt. Wenn du von der Rückwärtsposition (Back) in die Vorwärtsposition (Front) drehst, muß Du den Oberkörper bereits während der Drehung nach vorn ausrichten. Um

das Gleichgewicht zu behalten, greifen viele erfahrene Läufer nach der Drehung sofort zu der sich am Fuß befindlichen Hantel.

4. STEPOVER-TRICKS: Beim sogenannten Step wird das Knie über die Leine gebracht, der Rest des Beines folgt dann automatisch. Benutze auch an der Seilbahn den freien Arm zur Stabilisierung des Gleichgewichts und lasse den Oberkörper aufrecht und gerade. Beim Zurückdrehen in die Ausgangsposition wird das Bein angewinkelt und langsam über die Wasserskileine geführt.

5. SKI-LINE-TRICKS bzw. BODY-OVERS:
Beim Body-Over springt der Läufer mit dem Ski über die Wasserskileine. Eine hilfreiche Vorübung besteht darin, so stark an der Hantel zu ziehen, daß sich dadurch eine bis ins Wasser reichende „Schlappleine" bildet. In diesem Fall braucht man praktisch nur noch über den im Wasser liegenden Teil der Wasserskileine zu rutschen. Diese Art der methodisch richtigen Vorbereitung vermittelt u.a. auch ein Gefühl für das richtige Timing. Im zweiten Lernschritt muß dann das Überspringen der Leine geübt werden. Der Ski sollte dabei bereits vor dem Abheben auf die Drehrichtung des Sprunges ausgerichtet werden, während die Hantel runter bis zum Fußknöchel geführt wird. Beim Absprung müssen die Beine so hoch wie möglich angehockt, also zum Gesäß hochgezogen werden. An der Leine darf nur so stark gezogen werden, daß kein zu großer „Schlappseileffekt" entsteht. Berührt die Leine nämlich während der Drehung das Wasser, wird der Trick nicht gewertet.

6. SALTO:
Die wohl spektakulärste Figur beim Trickski-Lauf ist der Salto. Bis zum Jahre 1988 vertraten die deutschen Seilbahnläufer die Ansicht, daß man für den Salto die Heckwelle eines Zugbootes zum Absprung benötigt. Bis der mehrmalige Europameister Michael Mäder vom WSC Paderborn die Fachwelt eines anderen belehrte. Inzwischen wird er auch an Seilbahnen in so vielen Varianten gezeigt, daß ich hier nur kurz auf die wichtigsten Grundprinzipien eingehen möchte. Ich selbst springe den Salto als „Rechtsfüßler" nach links, wobei es durchaus auch andere Techniken gibt.
Im Grunde ist der Salto nichts anderes als eine Drehung. Zwei Dinge macht sich der Läufer zunutze: Die Geschwindigkeit der vorbereitenden Drehung des Skis auf dem Wasser und die Wasserverdrängung, die durch diese Skibewegung entsteht. Der Ski wird dabei förmlich in das Wasser eingegraben, so daß ein Druck aufgebaut wird, der den Läufer in den Überschlag katapultieren läßt. Viele Wasserskisportler machen den Fehler, daß sie den Ski nicht weit genug drehen und zu früh abspringen. Bei einem korrekten Salto verläßt der Ski das Wasser nicht, bevor er auf etwa 90° gedreht wurde. Von entscheidender Bedeutung ist darüber hinaus die Körperhaltung. Je stärker Du beim Absprung das hintere Bein belastest, um so eher fällst Du auf den Rücken. Achte daher auf eine ausreichende Vorlage des Oberkörpers. Die Hände sollten in Hüfthöhe gehalten werden, da andernfalls der Radius der Kreisbewegung zu groß wird. Der Oberkörper wird beim Absprung nach hinten gerichtet. Um diesen Effekt zu unterstützen, nehmen manche Läufer gleichzeitig beim Absprung eine Hand von der Hantel. Auf diese Weise kann die Schulter noch weiter in Überschlagrichtung gedreht werden. Die Drehung des Skis wird aber durch die Knie gesteuert, wobei das Timing wichtig ist. Wird der Ski weit genug gedreht, braucht der Läufer nicht abzuspringen. Es ist vielmehr so, als ob er mit dem Ski an einer extremen Steilkurve entlangfährt.

WASSERSKI - SCHANZENSPRINGEN

von Mike Hazelwood

Der 34jährige Engländer gilt als einer der besten und erfolgreichsten Wasserski-Springer aller Zeiten. Er verbesserte mehrere Male den heute von Sammy Duvall mit 62,40 m gehaltenen Weltrekord, zuletzt im Jahre 1986 in Alabama (USA), wo er die Rekordmarke seinerzeit auf 61,90 m schraubte. Zweimal errang er den Weltmeistertitel in seiner Spezialdisziplin, nämlich 1979 in Kanada und 1981 in England. Die Tatsache, daß er aber darüber hinaus auch ein hervorragender „Three-Event-Skier" (Allroundläufer in allen 3 Disziplinen) war, ergibt sich allein aus der Tatsache, daß er bereits im Alter von 19 Jahren den begehrten Weltmeistertitel in der Kombinationswertung gewann, und zwar 1977 in Italien. Hinzu kommen zahllose nationale und internationale Meistertitel sowie Siege bei Cash-Preis-Veranstaltungen der Profis in USA und Australien. Im Jahre 1989 zog er sich vom aktiven Wettkampfgeschehen etwas zurück und betreibt heute in Florida - ebenso wie die meisten Profis - eine Wasserski-Schule.

Schanzenspringen ist die aufregendste und spektakulärste ..., aber auch die gefährlichste Disziplin im Wasserskisport. Im Vergleich zu diesem Fliegen auf einem Paar Sprungski durch die Luft dürfte es jedoch nur wenige Dinge geben, die ebenso erregend und berauschend sind. In der Tat, Wasserski-Springer erzielen über den flachen Grund von Mutter Erde größere Distanzen als jeder andere (Boden-)Sportler, Stuntleute eingeschlossen. Und das Erstaunliche ist, daß Du gar nicht so weit springen mußt, um diesen Nervenkitzel zu erleben - über die Schanze gehen und landen, das tut's schon.

Natürlich, wenn Du es einmal überwunden und geschafft hast, willst Du unbedingt weitermachen - sich über 15 Meter hinwegschwingen, dann die 25-Meter-Marke angehen, dann 30, 40, 45, 50, 55, 60 Meter und den Weltrekord anpeilen. Hinzu kommt, daß das Schanzenspringen leicht zu erlernen ist. Wenn Dir die Basistechnik richtig vermittelt wird, ist es sehr einfach, 30 Meter weit zu springen. Dabei mußt Du Dir vorstellen, daß Du mit einer solchen Weite vor 50 Jahren Weltmeister geworden wärest.

Richtig springen zu lernen, ist immer ein erregender Wunschtraum, jedoch solltest Du die Schanze stets mit Respekt betrachten. In der Lernphase wird die Schanzenhöhe auf ihrer laut Reglement niedrigsten Höhe von 1,50 m belassen, und die Geschwindigkeit des Zugbootes sollte - je nach Gewicht des Springers - zwischen 35

und 45 km/h liegen. Nach einer groben Faustregel gelten folgende Richtwerte:
45 kg Körpergewicht = 35 km/h - 70 kg = 40 km/h - 90 kg = 45 km/h.
Bei all' diesen Richtzahlen wird davon ausgegangen, daß etwa 1,78 m lange Sprungski benutzt werden.

Anfängern empfehle ich, für ihre ersten Versuche entweder eine Wasserski-Schule zu besuchen, oder aber einen ausreichend qualifizierten bzw. lizensierten Trainer als Ausbilder in das Zugboot zu bitten. Springen ist sicher nicht schwierig, wenn Du über einen erfahrenen Trainer verfügst, ohne kann es allerdings gefährlich werden. Je erfahrener der Ausbilder ist und je besser sein Ruf ist, um so sicherer und schneller lernst Du. Springen ist solange nicht riskant, wie Du weißt, was Du tust, und solange der Wasserskilehrer weiß, was er tut. Da ist es - wie wir in den folgenden Ausführungen erfahren werden - nicht mit der Einstellung der richtigen Schanzenhöhe und des Einhaltens der richtigen Bootgeschwindigkeit getan.

Vorübungen sind die halbe Miete
Das erste, was ein Wasserskiläufer tun sollte, der sich auf den Weg macht, ein Springer zu werden, ist, mit dem Sprungski hinaus auf das Wasser zu gehen, um sich an sie zu gewöhnen und alle nützlichen Vorübungen auf dem nassen Element zu absolvieren: beschleunigen, die Welle kreuzen, über die Heckwelle springen etc. Normalerweise wird es nämlich so sein, daß Du nicht mehr auf zwei Ski gestanden hast, seitdem Du von Paarski auf Monoski umgestiegen bist. Ein neuer Gewöhnungsprozeß ist demnach vonnöten. Diese möglichst intensiv durchzuführenden ersten Lernschritte sollten sich über mindestens 15 bis 20 Minuten erstrecken.

Erst wenn Du ein gutes und sicheres Gefühl im Umgang mit diesen Sportgeräten gewonnen hast, kannst Du beginnen, Dir Gedanken über das Springen zu machen. Die Basiskörperhaltung für das Springen sieht wie folgt aus:

Die Schultern sind gestrafft und weit auseinander, die Knie sind nach vorn gebeugt, so daß das Gewicht auf den Zehen bzw. den vorderen Fußballen liegt, der Oberkörper wird ab Taille so weit nach vorn geneigt, daß die Schultern vor den Knien sind (strecke aber nicht Dein Gesäß nach hinten raus!), die Arme liegen eng an der Taille, wobei die Hantel im Zwiegriff (die Handfläche der linken Hand ist nach oben, die Handfläche der rechten Hand nach unten gerichtet) gehalten wird, der Kopf ist aufrecht und das Körpergewicht ist zu gleichen Teilen auf beide Ski verteilt.

Gehe nun wieder raus und präge Dir das Wasserskilaufen auf Sprungski in exakt dieser Körperhaltung ein. Vergewissere Dich, ob Deine Knie tatsächlich nach vorn gebeugt bzw. geschoben, die Schultern aufrecht und gestrafft sowie die Arme am Körper sind. Beschleunige, drehe, durchschneide die Heckwelle, springe über sie hinweg, mach' Dir das Gefühl für's Springen zu eigen. Je höher Du von der Heckwelle abspringen kannst und je aggressiver Du fährst, um so leichter fällt es Dir später, über die Schanze zu gehen.

Um ein Gefühl für die Schanze zu bekommen, solltest Du zunächst über die rechte Ecke des Schanzentisches fahren bzw. hüpfen. Das Boot fährt zu diesem Zweck in einem Winkel von 45° an der rechten Ecke des Schanzentisches vorbei. Der Fahrer sollte seinen Kurs bei dieser schrägen Fahrt von der Schanze weg trotzdem unter Einhaltung des vorgegebenen Winkels an den Bojen der normalerweise zu benutzenden Bootsgasse ausrichten. Wie Dich das Boot über das untere rechte Ende der Schanze ziehen sollte, zeigt unser Diagramm A. Kümmere Dich nicht darum, daß das Boot dahin tendiert, Dich in Richtung der Mitte der Heckwelle zu ziehen. Belasse nur das Körpergewicht gleichmäßig verteilt auf beide Füße und spanne den Körper so an, daß er in der vorerläuterten Idealhaltung wie eingefroren wirkt. Das Springen vollzieht sich schnell, in etwa so, als ob man auf Eis auftreffen würde.

Jeder Wasserskiläufer kennt die erwähnte Gesetzmäßigkeit, daß das Zugboot ihn immer wieder zur Heckwelle zurückziehen möchte, wenn er seitlich versetzt läuft. Das ist deswegen nicht problematisch, weil Du bei Deiner „ersten Schanzenberührung" entsprechend Diagramm A genau der (gedachten) Linie dieser Zugwirkung folgen solltest. Fahre rechtzeitig zur linken Seite der Heckwelle hinaus, schaue zur Schanze und nimm dann direkten Kurs auf den Bootfahrer. Wenn Du etwa 10 m vor der Schanze bist, solltest Du Dich noch einmal vergewissern, ob Dein Körpergewicht auch tatsächlich zu gleichen Teilen auf beiden Füßen bzw. über den Bindungen ruht und kein Ski aufgekantet ist. Stelle Dir einfach vor, daß Du das Boot erreichen möchtest und Dich daher auf die Mitte der Heckwelle zubewegst, wobei die Schanze lediglich ein kleines Hindernis auf Deinem Wege ist.
Fahre also von der linken Seite kommend beim ersten Mal nur in einer Höhe von ungefähr 30-40 cm über die rechte Ecke des Schanzentisches. Dies vermittelt Dir ein erstes Gefühl für das Springen, zeigt Dir, wie glatt und rutschig die Schanze ist,

und verschafft Dir einen Eindruck davon, was es heißt, bei dieser Geschwindigkeit auf einen sich im Wasser befindlichen Festkörper zu treffen. Denke daran, auf Deinen Zehen zu stehen - die gewachste und bewässerte Oberfläche der Schanze ist für Deine Ski „zweimal so schnell" wie Wasser.
Sobald Du sicher über diese niedrige Anfangshöhe springen kannst, sollte die Sprunghöhe über die Schanzenecke kontinuierlich gesteigert werden. Lasse dabei die Arme, die die Hantel zu den Oberschenkeln drücken, unten. Das hilft Dir dabei, die Schultern vorn und den Körperschwerpunkt über den Skibindungen zu halten. Viele Anfänger fallen, weil sie die Hantel über Taillenhöhe bringen. Achte also immer auf eine korrekte Körperhaltung, richte Deine Fahrtrichtung auf das Boot aus und versuche, zunächst in sauberem Stil über 50-60 cm Höhe zu springen. Erst wenn Du auch diese Höhe ohne Probleme meisterst, sollte der Kurs des Bootes Schritt für Schritt so weit angepaßt werden, daß Du schließlich auf der linken unteren Ecke der Schanze auftreffen und die rechte obere Ecke wieder verlassen kannst. Wenn Du auch diese knapp unter der 1,50-m-Marke liegende Höhe mit einem guten Empfinden geschafft hast, kannst Du daran denken, über den Schanzentisch zu gehen.

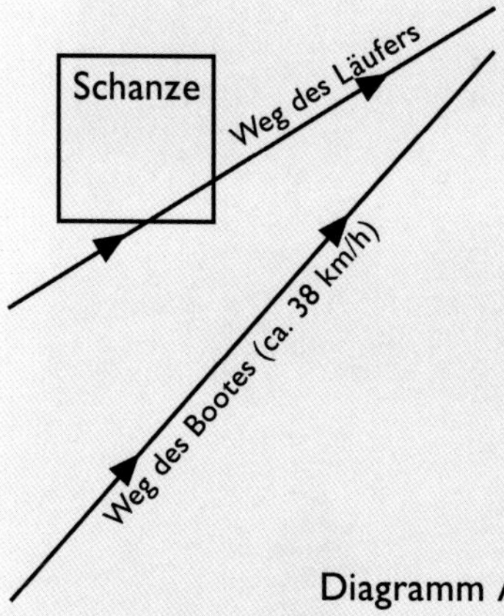

Diagramm A

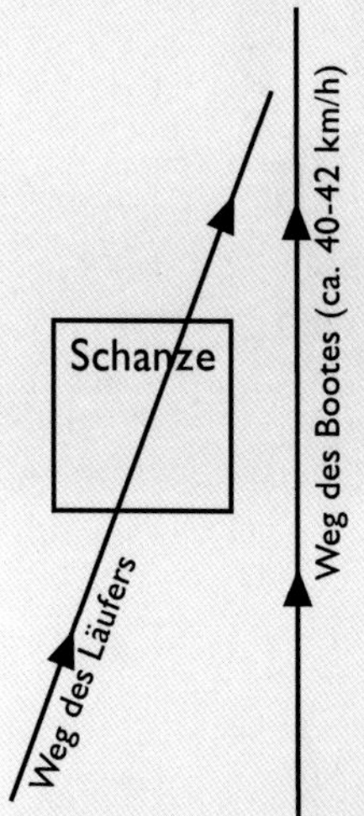

Diagramm B

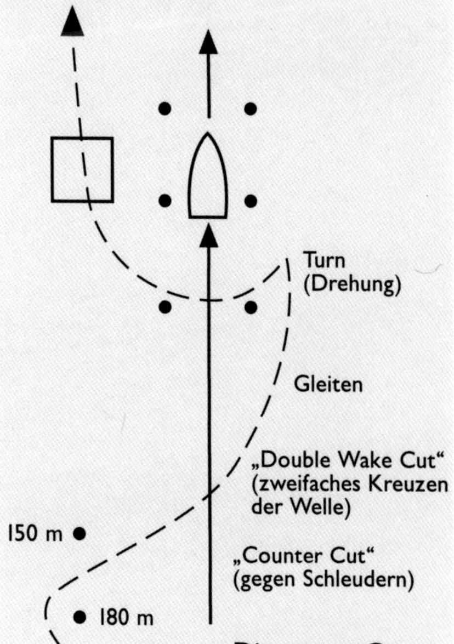

Diagramm C

Springen über die volle Höhe von 1,50 m

Während das Boot nun mit einer Geschwindigkeit von 42 km/h in etwa 2 m Abstand parallel an der Schanze vorbeifährt, richtest Du Deine Laufrichtung auf die linke untere Hälfte aus mit dem Ziel, über den rechten Teil des Tisches zu springen. Laß' das Boot voll und ganz die Aufgabe übernehmen, Dich passiv über die Schanze weg zu schleppen. Das Hauptproblem des Springens liegt nämlich in dem Fahren über die Schanze. Das mag etwas einfältig klingen, aber das Gleiten über die glatte Oberfläche und das Verlassen des Schanzentisches in aufrechter Haltung müssen als der schwierigste Teil der ganzen Aufgabe angesehen werden. Wenn man einmal aufrecht in der Luft ist, fällt das Landen nicht mehr schwer. Wie im Diagramm B dargestellt wurde, mußt Du - von links kommend - so über die Schanze fahren, daß Du sie unten in der linken Hälfte erreichst und dabei die Arme am Körper, den Kopf hoch, das Körpergewicht gleichmäßig auf beiden Füßen, die Knie gebeugt und die Ski ungefähr 30 cm voneinander entfernt hast. Diese Körperhaltung solltest Du bereits 25 Meter vor der Schanze eingenommen und dann „eingefroren" haben. Das Boot zieht Dich dann auf der naturbedingten Linie über die Schanze hinweg. Verhalte Dich ruhig und bewegungslos in der Luft. Versuche dann so zu landen, als ob Du Zuhause von einem Stuhl herunterspringst: Knie nach vorn, Skispitzen nach oben, mit dem Aufsprunggewicht über der Mitte der Fußballen und den Armen am Körper. So wirst Du es schaffen und jetzt sagen, daß Du ein Springer bist!

Der Schlüssel, um sicher über die Schanze zu kommen, ist die Körperhaltung. Halte Deine Arme unten sowie das Körpergewicht auf den Zehen und auf beide Füße gleich verteilt. Die Füße sollten etwa eine Fußlänge auseinander und der Körperschwerpunkt über den Skibindungen zentriert sein. Und dann läßt Du Dich einfach mit angespannten Muskeln passiv in gerader Linie vom Boot über den Schanzentisch ziehen. Wenn Du landest, federst Du den Aufsprung mit den Knien ab. Versuche, so auf Deinen Füßen zu landen, daß die Arme am Körper sind und der Kopf hoch ist, wobei Du geradeaus zum Horizont schaust. Mache Dir in dieser Phase noch keine Gedanken darüber, daß Du Luft unter die Ski bekommst. Um es noch

einmal zu betonen: Das Kernproblem liegt darin, in guter Körperhaltung über die Schanze zu kommen. Durch die Luft zu fliegen, ist schon deshalb nicht problematisch, weil Du nach wie vor die Füße unter Dir hast.

Schleudern bringt Weite

Eines Tages wird das Zufahren in gerader Linie auf die und das Überspringen der Schanze für Dich eine relativ einfache und leichte Übung sein. Dann wird es Zeit, sich mit der Frage der Erzielung von Weite und damit dem sogenannten „Single-Wake-Cut" (einmaliges Durchschneiden der Heckwelle) zu beschäftigen. Es wäre einfältig und widersinnig, mit diesem Schleudern zunächst einmal mit einer niedrigeren Geschwindigkeit zu beginnen. Letztendlich ist es Dein Ziel, auf eine höhere Absprunggeschwindigkeit zu gelangen. Aus diesem Grunde sollte vorab erst einmal die Geschwindigkeit des Bootes peu à peu gesteigert und die Distanz des Bootes zur Schanze vergrößert werden, was Dir u.a. eine bessere Kontrolle über den Bewegungsablauf vermittelt. Wenn Du beispielsweise ein gutes und sicheres Gefühl bei 45 km/h entwickelt hast, versuche es mit 48 km/h. Und wenn der bisher zu Übungszwecken aus der eigentlichen Bootsgasse näher an die Schanze verlegte Kurs des Bootes ausreichend sicher und angenehm für Dich ist, verlege ihn Stück für Stück weiter nach außen an die Bojen der Bootsgasse heran. Überstürze bei alledem nichts, sondern nimm die Änderungen nur allmählich, und zwar so vor, daß Du in jeder Phase völlige Kontrolle über das hast, was Du tust, und Dich dabei wohlfühlst.

Lasse das Boot nun etwa 1,50 m links von der 15-m-Boje neben der Schanze (also noch außerhalb der Bootsgasse) und natürlich auf gerader Linie parallel zur Schanze entlangfahren. Die Geschwindigkeit sollte inzwischen auf 48 km/h heraufgesetzt worden sein. Dieses Verlegen des Kurses nach außen und die Steigerung des Tempos für das Boot bedeuten für Dich, daß Du mehr Zugkraft vom Boot erhältst und dadurch weiter fliegen kannst. Voraussetzung ist selbstverständlich, daß die Leine auch hierbei stets straff gehalten wird, so daß jederzeit eine genügende Kontrolle ausgeübt werden kann. Das Durchschneiden der Heckwelle kann und sollte zuvor ohne Benutzung der Schanze trainiert werden. Beim „Cut" (also beim Durchschneiden bzw. -kreuzen der Heckwelle) solltest Du immer mehr Gewicht auf den rechten Fuß verlagern. Tue dies, indem Du den nach unten gerichteten Druck mit der Innenseite des rechten Knies ausübst. Je härter Du schneidest, um so mehr Gewicht mußt Du auf den rechten Fuß übertragen. Bei einem leichten „Cut" sollten 60% Deines Körpergewichtes auf dem rechten und 40% auf dem linken Fuß lasten. Ich selbst hatte bei einigen meiner weitesten Sprünge in etwa 90-95% meines Gewichtes über meinem rechten Fuß. Eine Reihe von Springern hat den linken Fuß bzw. Ski dabei sogar in der Luft. Das ist im sehr weit fortgeschrittenen Stadium des Wettkampf- und Leistungssports keine schlechte Sache, weil es das Bestreben ist, möglichst 100% des Körpergewichts auf den rechten Fuß zu bekommen.
Gleichzeitig mit der Verlagerung des Gewichts auf den rechten Fuß mußt Du die linke Schulter weg vom Zug des Bootes drehen. Dies läßt die linke Kante vom rechten Ski tiefer im Wasser einsinken und hilft Dir dabei, Dich weiter vom Boot wegzuschleudern. Trainiere also das wahrlich nicht ganz leichte „Cutten" so lange, bis die korrekte Körperhaltung zu Deiner zweiten Natur geworden, mithin völlig automatisiert ist. Erst dann solltest Du vor dem Springen auf die linke Seite der Heck-

welle hinausziehen und dann auf die Schanze schleudern. Ohne Frage muß das Aufkanten und Beschleunigen anfangs sehr sanft geschehen, wobei Du zunächst auf die Mitte des Schanzentisches zufahren solltest. Während Du Dich bei den Vorübungen auf das Zugboot zubewegt hast, beginnst Du nunmehr, Dich beim Springen vom Boot wegzubewegen. Der andere Winkel führt zu mehr Weite. In diesem Lernstadium solltest Du nicht verbissen an die Sache herangehen und beim Heranschleudern auf dem ganzen Weg bis zur Schanze daran denken, daß Du mit dem linken Arm ziehen mußt. Um von der Schanze abzuheben, mußt Du versuchen, Deinen linken Arm nach unten zu drücken - die rechte Hand unterstützt die Bewegung nach unten und Deine Hüften bewegen sich gleichzeitig zur Hantel. Dies läßt Dich von der Schanze abheben. Dagegen ist es nicht gut, auf die Schanze mit heruntergezogenen Schultern zuzukommen und zu versuchen, die Schultern dann plötzlich nach oben zu reißen. Das ist nicht der Weg zu einem kontrollierten Springen. Dein Sprung möchte vielmehr zusammen mit Deinem „Cut" zu einem in sich geschlossenen harmonischen Ergebnis führen. Der beste Weg, das zu erreichen, ist das Aufkanten auf dem ganzen Weg bis zur Schanze und die Hüften dann nach vorn zur Hantel zu schieben.

Wenn Du also soweit bist, auf die Schanze „zuschneiden" zu können, solltest Du vorerst von der Heckwelle aus starten. Schleudere nur von der Mitte der Heckwelle aus und kante sanft auf dem ganzen Weg bis zur Schanze auf. Richte dabei Deine Laufrichtung auf die Schanzenmitte aus, weil Du so einen größeren Spielraum für Fehlerkorrekturen erhältst. Von der Schanzenmitte aus gleitest Du dann hinauf zur - und hebst ab von der - linken Ecke der Absprungkante. Ich empfehle, auf die Mitte des Schanzentisches zu schauen - oder (wenn es individuell angenehmer ist) auf die linke Seite der Absprungkante. Viele Springer schauen tatsächlich auf die linke Seite des Schanzentisches und haben Erfolg damit. Dieses Schauen auf die linke Ecke der Absprungkante oder einfach über die Mitte des Schanzentisches hinweg sorgt dafür, daß Kopf und Schultern oben bleiben. Sofern es zu schwierig für Dich ist, auf die linke Ecke der Absprungkante zu sehen und Du dabei die Balance verlierst, richtest Du die Blickrichtung halt auf den oberen Rand der Schanzenmitte oder den oberen Teil der linken Hälfte aus. Ich selbst ziehe es vor, auf die Schanzenmitte zu schauen. Es gibt auch hier keinen absolut richtigen oder absolut falschen Weg - entscheidend ist, was für Dich persönlich am besten ist. Schaue aber auf keinen Fall auf die rechte untere Ecke der Schanze, wenn Du auf sie zufährst. Wenn Du das machst, richtet sich Dein Kopf automatisch nach unten, und Du beginnst Dich in der Laufrichtung auf diese Ecke auszurichten, was gefährlich werden kann.

Sobald Du Dich bei diesen ersten Schleuderversuchen wohlfühlst, solltest Du versuchen, etwas später auf die Schanze hereinzuziehen, aber immer mit einem konzentrierten Augenmerk auf eine gute Technik. Belasse die Geschwindigkeit des Bootes weiter bei 48 km/h und seine Fahrtrichtung noch knapp außerhalb (also links von) der Bootsgasse. Für Schüler und Jugendliche kann ein etwas geringeres Tempo von etwa 45 km/h ausreichend sein. Für Läufer mit einem höheren Körpergewicht könnten 51 km/h in Betracht kommen, jedoch rate ich generell in dieser Phase des Lernens zu 48 km/h als die im Durchschnitt sinnvollste Geschwindigkeit.

Nach gelungener Absolvierung dieses Lernabschnitts kannst Du nun aus der Heckwelle nach rechts herausziehen. Der Weg wird nun weiter, jedoch wiederholt sich im Grunde alles - drehe mit dem stärker belasteten rechten Ski, linke Schulter zurück, Arme am Körper, und schneide den ganzen Weg bis auf die Schanze zu. Ziel muß es sein, den „Cut" auf die Schanzenmitte nicht zu unterbrechen - und nicht etwa zurückzudrehen. Die in den „Cut" zu bringende Zugkraft sollte vielmehr stetig zunehmen, so daß sie am stärksten kurz vor der Schanze ist. Falls Du mit zu starker Kraft beginnst, könnte es sein, daß Du die Ski flach stellen bzw. eine leichte Drehung zurück in Richtung Boot machen mußt, weil Du andernfalls den Zielpunkt zu früh erreichen würdest. Das aber würde einen „Schlappseileffekt" hervorrufen, wodurch Du sowohl die Zugkraft, als auch die Kontrolle verlierst. Mit anderen Worten: Sobald die Leine straff ist und Du die vom Boot wegführende Richtung eingeschlagen hast, erhältst Du die notwendige Kontrolle. Sobald Du aber zurückdrehst, büßt Du die Kontrolle ein. Die Wasserskileine ist folglich Dein Kontrollinstrument beim Springen, das Dich sogar retten kann. Kommst Du beispielsweise beim Verlassen der Schanze in Schwierigkeiten, darfst Du die Hantel nicht loslassen, sondern mußt auch dann die straffe Leine halten. Sie ist immer Deine letzte Rettung: Hast Du eine zu starke Rücklage bekommen, kannst Du an ihr ziehen, was Deinen Körper wieder über die Ski bringt. Und ist die Vorlage so stark, daß die Ski hinter Dich geraten, kannst Du die Hantel als Dreh- und Angelpunkt so benutzen, daß die Ski wieder unter Dich gelangen. Denke also beim Springen zu Ende, schließlich möchtest Du auch nicht auf die Schanze fallen. Denke nur daran, daß Du alles Notwendige getan hast, und arbeite an Deinem Absprung. Vor allem rufe Dir ins Gedächtnis zurück, daß Du Deine Hüften zur Hantel bringen mußt.

Dreiviertel des Springens macht das Erlernen einer guten Technik aus: ein gutes Aufkanten, das Halten der eingeschlagenen Laufrichtung vom Boot weg, das Schieben der Hüften zur Hantel und der Absprung. Wenn Du weit genug aus der Heckwelle herausziehst, sachte hereindrehst, auf dem ganzen Weg bis zur Schanze aufkantest und die hier erläuterte Technik gut in den Sprung umsetzt, wirst Du nach der herrschenden Lehrmeinung so schnell sein, daß Du unter günstigen Voraussetzungen 55 Meter weit fliegen könntest. Mit diesem bloßen Hereinschleudern von außerhalb der Heckwelle kannst Du auf jeden Fall so viel Tempo entfalten, wie Du unter Berücksichtigung Deines Leistungsstandes beherrschen und in einen sicheren Absprung umsetzen kannst. Nach und nach kannst Du dann noch weiter herausziehen und Dich steigern.

Zu diesem Zeitpunkt Deiner Ausbildung zum Springer beträgt die Geschwindigkeit des Bootes 48 oder maximal 51 km/h, Du springst über die 1,50 m hohe Schanze, das Aufkanten auf dem gesamten Weg bis auf die Schanze meisterst Du problemlos - und Dir gelingt regelmäßig ein guter Absprung. Nun ist es an der Zeit, weiter aus der Heckwelle herauszuziehen. „Weiter" heißt jetzt, sich so lange vom Boot fortzubewegen, bis Du annähernd einen Winkel von 60° zu ihm erreicht hast. Beginne dann leicht mit Deiner Drehung und wende all' die Techniken, die Du bisher bereits gelernt hast, in gleicher Form an. Du hast nun lediglich einen längeren Weg bis zur Schanze zurückzulegen, wodurch Du eine höhere Effektivgeschwindigkeit und einen stärkeren Zug von der Schanze weg verspürst. Aus diesem Grunde ist es mehr und mehr von Bedeutung, die Schultern oben bzw. aufrecht zu halten. Möglicherweise war dies bislang nicht immer ganz der Fall, jedoch verhindern nun die hochgehaltenen Schultern, daß Du beginnst, über den vorderen Teil der Ski hinwegzurotieren.

Während die Schultern also unbedingt obengehalten werden müssen, schiebst Du die gebeugten Knie noch mehr nach vorn, so daß das Körpergewicht noch mehr auf den Zehen lastet. Halte den „Cut" nun konsequent durch bis zur Schanze. Vergewissere Dich noch einmal, ob die Schultern zwischenzeitlich nicht doch wieder nach unten gerichtet sind, was ich bei Schülern des öfteren feststelle. Sie neigen dann immer wieder dazu, die linke Schulter in Richtung des Wassers abzusenken. Denke daran, dies nicht zu tun, sondern die aufrechte Schulter leicht vom Boot wegzudrehen. - Wenn Du mit der Drehung zur Einleitung des „Cuts" beginnst, solltest Du außerdem daran denken, den rechten Ski nach vorn zu schieben und den gesamten Körper weg vom Boot zu drehen. Nur so wirst Du in der Lage sein, die eingeschlagene Richtung zielbewußt durchzuhalten, zumal Du ja um so härter ziehen mußt, je näher Du an die Schanze heranfährst. Mit dem Auftreffen auf der Schanze bringst Du die Hüfte nach vorn und ziehst. In der Luft besteht die Tendenz, daß Du Dich über die Ski hinwegbewegst. Drücke daher die Brust nach vorn, aber halte die Skispitzen hoch. Ziehe außerdem die Hantel so lange zum Körper, bis Du den Scheitelpunkt der Flugkurve erreicht hast. So schwebst Du sicher auf das Wasser, wobei als die beste Landung diejenige gilt, bei der die Beine bis zum Auftreffen auf dem Wasser gestreckt sind. Drücke dabei die Brust über die Ski, halte die Skispitzen hoch und fange den Sprung so ab, als ob Du von einem Stuhl herunterspringen würdest.

Wenn Du die Landung einmal in dieser Form geschafft hast, spürst Du selbst, daß es die sicherste Art ist. Natürlich wirst Du nicht immer in der Lage sein, so perfekt zu landen, weil die Körperposition nicht regelmäßig gut genug ist. Hast Du es aber erst einmal geschafft, so wird diese Technik Deine Landungen strukturell verbessern und stabiler machen. Verfügst Du dagegen nicht über eine solch' gute Landetechnik, wirst Du immer bei weiten Sprüngen beunruhigt sein. Es gibt Springer, die in dem Ruf stehen, ihre Sprünge nicht zum Stand bringen zu können. So etwas kann sich im Gedächtnis festsetzen, wobei dann die Einbildung vorherrscht, bei weiten Sprüngen ohnehin Probleme zu bekommen. Eines Tages wirst Du sicher einmal einen dieser einmalig schönen weiten Sprünge erleben. Was nützt es, wenn

Du dann aber nicht landen kannst? Arbeite daher ständig daran, Deine Landungen zu verbessern. Gewöhne Dich gar nicht erst an schlampige, sondern sorge für saubere Landungen.

Höchstgeschwindigkeit und „Split"?

Sobald Du Deine „Dreiviertel-Cuts" (ohne Benutzung der Bootsgasse) beherrschst und die im Reglement vorgegebenen Höchstgeschwindigkeiten (57 km/h für Herren und 51 km/h für Damen und Jugendliche) nach und nach erreicht hast, kannst Du daran denken, nach einem „Split" zu fragen. Der Bootfahrer versteht diesen gängigen Fachausdruck als den Auftrag, nun seinen Kurs in der Mitte der Bootsgasse einzuhalten. Die Bootsgasse wird beim Springen durch die Bojen markiert, die exakt 15 und 19 Meter von der Flucht entfernt sind, auf der sich die Schanzenmitte befindet.

Nach meinem Verständnis stellt der „Split" (also Mitte der Bootsgasse) oder der „Narrow Split" (also linke Hälfte der Bootsgasse) die beste Distanz zur Schanze her, weil Du einen guten Anfahrtswinkel zum Aufkanten und einen guten Zug vom Boot erhältst. Auch ich bin daran gewöhnt, so zu springen. An Wettkampforten, die nur über ein „langsameres Gewässer" verfügen oder in denen ich feststellte, daß der Bootfahrer die Eigenart hatte, immer etwas weiter außen als normal zu fahren, habe ich beispielsweise um einen „Narrow Split" gebeten.
Wählst Du dagegen einen „Wide Split" (also rechte Hälfte der Bootsgasse), so erhältst Du dementsprechend mehr Raum, um Dich beim Aufkanten „in das Wasser einzugraben". Ziehe bei Deinen ersten „Split"-Versuchen nicht zu weit aus der Heckwelle heraus und halte bei der Anfahrt zur Schanze unbedingt Deine Ski konstant im Wasser. Schließlich möchtest Du beim Durchqueren der Heckwelle keine Luft unter die Ski bekommen. Drücke Deinen rechten Fuß nach vorn und ziehe kurz vor der Heckwelle hart. Vergewissere Dich, daß beide Ski aufgekantet sind, so daß Du durch die Welle hindurchschneiden kannst. Werden die Ski flachgestellt, bekommst Du Luft darunter, wodurch sie zurückdrehen in Richtung des Bootes. Halte die Ski mithin auf dem ganzen Weg bis zur Schanze auf den Kanten, damit Du sicher sein kannst, daß die Heckwelle wirklich „durchschnitten" wird. Lasse dabei nicht zu, daß sich die linke Schulter in Richtung des Bootes dreht - sondern bleib' eingegraben im Wasser in Richtung Schanze.
Und noch eins: Bei Deiner Drehung brauchst Du nicht auf die Schanze zu schauen. Richte Deinen Blick weg von der Schanze und „cutte". Erst wenn Du vor der Heckwelle bist, nimmst Du Blickkontakt entweder zum oberen Rand der Schanzenmitte oder zur Absprungkante der linken Schanzenhälfte auf.

Der „Counter-Cut"

Wenn Du alle vorbeschriebenen Lernschritte erfolgreich absolviert hast, kannst Du Dich mit den vor der Schanze auf der 150-m- und der 180-m-Marke positionierten Bojen beschäftigen. Diese Markierungen helfen Dir in der Orientierung bei der Durchführung des „Counter-Cuts" (Gegenschleuder). Der „Counter-Cut" bereitet sozusagen Deinen „Cut", also die eigentliche Schleuder auf die Schanze vor. Setze diesen ersten „Cut" kurz vor der 180-m-Boje an, mache Deine Drehung und fahre aggressiv. Das Ziel ist, weit über die Heckwelle hinaus zu schleudern, was durch

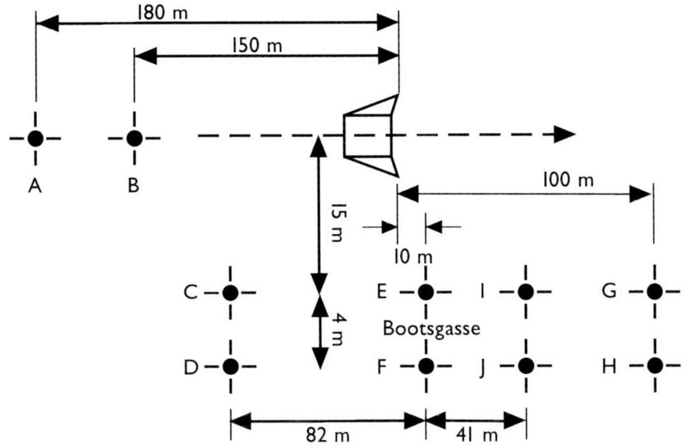

Offizieller Kurs für das Schanzenspringen

diese harte Drehung an der 180-m-Marke erreicht wird. Am besten ist, wenn Du eine „Slalom-Drehung" machst: Löse Deinen rechten Arm von der Hantel, leite die Drehung über den linken Ski ein, kante die Ski auf und ziehe, so hart wie Du kannst, auf die Heckwelle zu. Drücke Dich dann von der Heckwelle ab und lande auf Deinem linken Ski. Ich fand heraus, daß dies bei der ersten Wellenkreuzung des „Counter-Cuts" der einfachste und beste Weg ist, weil so das relativ schwierige Kontrollieren einer Heckwellendurchschneidung vermieden wird. Lande also auf Deinem linken Ski, hebe den rechten Ski leicht an und schleudere so hart wie möglich zur rechten Seite des Bootes hinaus. Auf dem ganzen Weg hinaus ziehst Du so lange, bis Du etwa einen 45°-Winkel zum Boot erreicht hast. Erst dann stellst Du die Ski flach, belastest mehr den vorderen Teil und läßt sie laufen. Wenn Du zuvor hart genug gezogen und die Schultern ausreichend weggedreht hast vom Boot, werden die Ski automatisch so weit beschleunigt, daß Du das Zugboot weit außen überholen kannst.

Nach einem solch' erfolgreichen weiten „Cut" ist es sehr wichtig, eine gute saubere Drehung zu machen. Sobald Du am Ende des „Cuts" den linken (Hantel-)Arm weit ausstreckst, beginnst Du zur Einleitung der Gewichtsverlagerung auf den rechten Ski, das linke Knie zu beugen. Mit der Gewichtsverlagerung auf den rechten Ski wird der linke Ski herumgezogen und der rechte so nahe wie möglich an ihn herangeführt. Gleichzeitig mit der Drehung der Ski bringst Du den gestreckten linken (Hantel-)Arm am Körper vorbei zur rechten Hüfte und ergreifst die Hantel mit der rechten Hand. Beginne die nun einsetzende zweite Schleuder langsam und steigere den Druck während des gesamten Verlaufs des „Cuts". Solltest Du feststellen, daß Du die Schanze bei diesem Timing zu früh erreichen würdest, verlangsamst Du den Beginn des „Cuts" und verstärkst den Druck dann zunehmend oder läßt den Kurs des Bootes einen halben Meter nach außen verlegen.

Um es noch einmal zusammenzufassen: Mache eine weiche Drehung, warte auf den Zug des Bootes und vergewissere Dich, ob Dein Körpergewicht auf dem rechten

Carlsberg
Carlsberg
Carlsberg

Ski lastet, die linke Schulter zurück ist und beide Schultern aufrecht sind. Mache dann Deine Drehung und steuere die Schanzenmitte aufgekantet so an, daß der ideale Anfahrtswinkel erhalten bleibt.
Überprüfe dann kurz vor der Schanze noch einmal, ob Deine Arme unten und die Schultern oben sind. Schiebe alsdann Deine Hüften zur Hantel, halte auch in der Luft einen geraden Kurs ein, drücke Deine Brust nach vorn und richte Dich auf die Landung ein. Schaue dabei nicht nach unten, sondern geradeaus, und entwickle ein Gefühl für den Moment des Aufkommens auf dem Wasser. Lande möglichst weich und fahre weiter.
Ein Tip für den Fall, daß das Wasser spiegelglatt ist: Sorge dafür, daß Du vor dem Springen einmal an der Landezone vorbeifahren kannst. Dies rauht das Wasser dann ein wenig auf, so daß ein Spiegeleffekt verhindert wird. Wenn Du nämlich aus der Luft herunterschwebst, kannst Du andernfalls nicht erkennen, wann und wo Du landest, weil Du nur Deine eigenen Reflektionen auf dem glatten Wasser wahrnimmst. Mir ist das einmal passiert, worauf ich prompt eine „Frühlandung" in Kauf nehmen mußte. Andere Probleme können besonders durch die Winde hervorgerufen werden, die von vorn oder von hinten kommen. Bei Rückenwind mußt Du etwas eher herausschleudern. Je nach Leistungsstand und benutztem Ski-Typ solltest Du etwa 6 m vor der 180-m-Boje den ersten „Cut" ansetzen und weit herausziehen. Kommt der Wind von vorn, empfiehlt es sich, den „Cut" entsprechend später zu beginnen.

Der „Triple-Cut"

Um an der 180-m-Boje möglichst weit herausziehen zu können, wenden Wasserskiläufer der internationalen Spitzenklasse zuweilen den „Triple-Cut" an. In diesem Fall vollzieht sich der erste „Cut" - ebenso wie der letzte auf die Schanze - von rechts nach links. Um ihn ausführen zu können, mußt Du zunächst ein wenig zur rechten Seite des Bootes hinausschwingen und Dein Timing so einrichten, daß Du weit zur linken Seite der 180-m-Boje kontinuierlich herausschleudern kannst. Dann machst Du eine harte Drehung auf Höhe der 180-m-Boje, schneidest auf die Heckwelle zu, drückst am Wellenkamm etwas ab und landest auf dem linken Ski, drehst die Schultern weg vom Boot und ziehst so hart Du kannst bis zum 45°-Winkel zum Boot. Dadurch hält die Beschleunigung an. Nun fährst Du nach vorn gerichtet auf flachgestellten Ski mit aufrechten Schultern. So gelangst Du weit außen am Boot vorbei. Wenn Dein Ski dagegen auf der Kante läuft, nimmt die Geschwindigkeit ab und Du kommst nicht weit genug vom Boot weg. Im wahrsten Sinne des Wortes möchtest Du das Boot ja einholen und an ihm vorbei beschleunigen. Darüber hinaus willst Du Dich so weit wie möglich von ihm entfernen, weil Du auf diese Weise mehr Zeit und mehr Raum erhältst, um die Geschwindigkeit beim anschließenden „Cut" steigern zu können. Außerdem ist es leichter, den idealen Winkel in die Drehung zu bekommen, wenn Du am Boot vorbeifährst. Bei Gegenwind ist es natürlich schwieriger, so weit zu gelangen, während es bei Rückenwind ein Kinderspiel ist. Mit Rücksicht hierauf solltest Du anfangs diese Bewegungsabläufe trainieren, wenn der Wind von hinten kommt. Mache eine weiche Drehung und lasse sozusagen die Ski um Deinen Körper „rollen", als ob die linke Schulter Dreh- und Angelpunkt wäre. Sobald Du den Zug vom Boot spürst, ziehst Du mit zunehmender Stärke auf dem gesamten Weg bis zum Mittelpunkt der Schanze. Falls Du das „Loch" vermeiden möchtest, in das die Springer manchmal hineingeraten, und welches den Be-

ginn der Drehung verlangsamt, mußt Du früher drehen und die Drehung auf dem rechten Ski länger durchziehen. Auf diese Weise bleibst Du höher auf dem Wasser und erreichst eine reibungslosere und kontinuierlichere Beschleunigung auf die Schanze, anstatt in ein Loch zu geraten und dies mit einer „Stop-and-go-Technik" auszugleichen. Bei der Drehung solltest Du aber auf jeden Fall die Hantel mit dem linken Arm zur rechten Hüfte ziehen. Das verhindert u.a., daß Du Dein Gesäß nach hinten streckst. Halte vor allem auch den Kopf hoch. - Mache also Deine Drehung, bringe den linken Arm zur rechten Hüfte, drücke das rechte Knie nach vorn und beuge beide Knie in die Drehung. Halte Deine Schultern oben, Knie nach vorn, und behalte sowohl den Beschleunigungsvorgang als auch den Winkel (weg vom Boot) bei. Denke stets daran, daß Du über die Schanze möchtest - drehe daher nicht in Richtung des Bootes zurück. Auf der Absprungkante der Schanze und in der Luft sind die Schultern gestrafft, während die Arme zum Körper gezogen werden. Federe den Aufsprung bei der Landung mit den Knien ab und bringe so Deinen Sprung zum Stand. - Nun hast Du das Wissen, um 60 m oder weiter fliegen zu können.

Sprünge über diese Weite sind normalerweise relativ einfach. Ich weiß, daß diese Aussage etwas spaßig oder drollig klingt, aber sie sind in der Tat einfach, wenn all' die Dinge zusammenkommen, von denen ich gesprochen habe: die Drehung im richtigen Moment, das ununterbrochene Ziehen bis auf die Schanze in der richtigen Dosierung, eine perfekte Körperhaltung, ein gelungenes Abdrücken vom Schanzentisch, das Dich nach oben katapultiert, und dann der riesige Zug vom Boot, der Dich weit nach vorn fliegen läßt. Du weißt sofort, wenn es ein perfekter Sprung ist - Du spürst es und nimmst diese besondere Schweben am Ende wahr. Du fühlst dann, wie „einfach" es ist - kein Streß, der auf Deinem Körper oder anderswo lastet.
Nur, wenn Du es erkämpfen und erzwingen willst, dann ist es verdammt hart.

ZUSATZTIPS FÜR SEILBAHNLÄUFER

von Marcus Friedrich

Der 23jährige Hamburger startet seit einigen Jahren für den WSC St. Leoner See bei Heidelberg und gilt als guter „Allround-Wasserskiläufer" der Sparten „Seilbahn" und „Boot". Im Wettkampfbereich „Seilbahn", in dem er auch begonnen hat, konnte er in den Jahren 1990 und 1991 seine größten Erfolge durch die Erringung von 3 Europameister-Titeln (Slalom, Figurenlauf und Kombinationswertung) feiern.

Auch in der Wettkampfsparte „Seilbahn" ist das Schanzenspringen, gemessen am Publikumszuspruch, die spektakulärste Disziplin. Neben den bereits angesprochenen Unterschieden zum Wettkampfbereich „Boot" (Fehlen der Heckwelle und Zugwirkung von oben), sind hier drei weitere Abweichungen erwähnenswert:

* Während die Leinenlänge am Boot 23 m beträgt, beläuft sie sich an der Seilbahn nur auf 18 m.
* Der „Anlaufweg" des Springers ist in aller Regel kürzer, so daß beispielsweise ein „Triple-Cut" kaum in Betracht kommt.
* Der Abstand zwischen Umlaufseil und der ebenfalls fest installierten Schanze kann nicht verändert werden, so daß im Anfängerbereich die Vorübungen vor den ersten Sprüngen besonders intensiv sein sollten. Auch ohne Heckwelle und Schanze sind diese in mannigfacher Form realisierbar.

Kombi-Europameister Michael Mäder vom WSC Paderborn.

Für die Trainings- und Wettkampfpraxis scheinen mir folgende Hinweise von besonderer Bedeutung zu sein:

1. „Schleudern" auf die Schanze bedeutet auch hier nichts anderes als eine gleichmäßige Erhöhung der Geschwindigkeit, bei der das Maximum beim Auftreffen auf dem Schanzentisch erreicht wird. Nur so kann der Schleudereffekt ausgenutzt und in Weite umgesetzt werden.
Drehe daher aus der Position außerhalb des Umlaufseils langsam und ziehe dann immer stärker auf die Schanze zu, wobei der gesamte Druck auf dem äußeren (rechten) Ski liegt.

2. Die vor der Schanze eingenommene Haltung entscheidet alles. Damit soll u.a. verdeutlicht werden, daß die bis zu diesem Zeitpunkt aufgetretenen Haltungsfehler auf der Schanze oder in der Flugphase nicht mehr korrigiert werden können. Achte besonders darauf, daß der Körperschwerpunkt über der Bindung liegt, da nur so ein optimaler Absprung erzielt werden kann. Halte ferner die Arme am Körper, weil Du nur so einen unerwarteten Zug in der Luft und damit „schmerzhafte Abgänge" vermeiden kannst.

Europameisterin bei den Damen: Julia Gromyko.

DIE GESCHICHTE DES BARFUSS-SKISPORTS

Nach der Geschichte des relativ jungen Wettkampfsports „Barfuß-Wasserski" wird trotz des eindeutig weltweit gestiegenen Bekanntheitsgrades noch ständig gefragt. Ebenso skurril, widersprüchlich und oft auch aus der Luft gegriffen sind die Antworten.

Zur Frage der Ursprünge und Anfänge des Sports wird entweder neckisch auf die biblische Geschichte mit dem übers Wasser gewandelten Jesus oder bierernst auf folgende Fabel verwiesen: „Barfuß-Wasserski war die australische Antwort auf den in den USA entwickelten klassischen Wasserskisport, weil dort die Flüsse so schmal sind, daß keine Slalomfelder ausgelegt werden konnten ..."

Und das Wort „Ski" bedeute in manchen Fremdsprachen „gleiten" und sei daher als Tätigkeitswort und nicht als das bekannte Sportgerät zu interpretieren, hört man zuweilen. Mit den Realitäten haben diese Stories indes nichts gemein.

Tatsache ist, daß das Wort „Barfußski" ein Widerspruch in sich ist. Der Begriff „Ski" stammt aus dem norwegischen Sprachgebrauch und wurde wie folgt beschrieben: „... ein an den Schuhen befestigtes Brett zur Fortbewegung auf Schneeflächen, welcher das Einsinken verhindert ...". Die österreichische Schreibweise „Schi" kommt daher dem Ursprung heute noch am nächsten. Dabei ist auch zu berücksichtigen, daß die Einflüsse des Schneeskisports auf den „klassischen" Wasserskisport sicher nicht nur auf die Übernahme des Wortes Ski beschränkt werden können.

Mit dem Barfußsport hatte der „Ski" zu Beginn seiner Entwicklung nur insoweit etwas zu tun, als er auch im Wettkampfwesen lange Zeit als Hilfsmittel für den Start diente. Sobald der Läufer die erforderliche Geschwindigkeit erreicht hatte, stieg oder sprang er von einem oder 2 Ski herunter. Inzwischen ist nach entscheidenden Verbesserungen der angewandten Techniken und Lehrmethoden die Verwendung eines Skis im Wettkampf nicht mehr erlaubt.

Ansonsten läßt sich das Wort „Ski" in der Verbindung mit „Barfuß" nur so erklären, daß Barfußsportler in der Regel auch hervorragende Wasserskiläufer waren und von Beginn an unter dem gemeinsamen Dach der internationalen und nationalen Wasserskiverbände organisiert sind. Hinzu kommt, daß das „nackte" deutsche Wort „Barfußlaufen" vielleicht noch mehr als der weltweit gebräuchlichere englische Begriff „barefooting" in der Öffentlichkeit zu Mißverständnissen führen könnte. Wem gehören die „Urheberrechte"?

Übereinstimmend wurde in der Literatur (z.B. „Barefooting" von John Gillette) und im bisher einzigen Wasserski-Museum der Welt in Winter Haven/Florida ("Water Ski Hall of Fame") der Amerikaner Dick Pope jr. über viele Jahre hinweg als der erste Mann bezeichnet, „der die Herausforderung des Barfußlaufens im Jahre 1947 annahm".

In Wahrheit hat sich die Geschichte wie folgt zugetragen: Chuck Sligh aus Michigan in den USA verbrachte seine Freizeit mit einem hochmotorisierten Power-Boot von Chris Craft schon deswegen meistens in Florida, weil er seinerzeit unter den Wasserski-Pionieren zu den erfahrensten Schuh-Ski-Läufern zählte. Als Schuh-Ski wurden damals Leinenschuhe verwendet, die auf kurzen Brettern aufgenagelt waren. Zum Training für einen Show-Wettbewerb im 1936 eröffneten Freizeitpark Cypress Gardens gesellte sich der ihm bekannte 16jährige Asbury Garnett Hancock. Der junge Mann war so schmächtig, daß das Schuh-Ski-Laufen bei ihm kinderleicht aussah. Da den Tüftlern klar war, daß die Länge der Lauffläche, das Gewicht des Läufers und die Geschwindigkeit in einem adäquaten Verhältnis zueinander stehen

müssen, kamen sie auf die Idee, es einmal auf „blanken Sohlen" zu versuchen. Nach einigen Versuchen mit einem Fuß auf dem Wasser und einer Reihe von Fehlversuchen gelang dem jungen A.G. Hancock Anfang 1947 tatsächlich der erste „Stunt" auf blanken Füßen. „Geburtsort" des Barfußskisports war der relativ große See „Lake Howard" in Winter Haven/Florida. Die Nachricht sprach sich natürlich wie ein Lauffeuer schnell auch bis zu dem immer um neue Attraktionen bemühten Inhaber der Cypress-Gardens-Ski-Show, nämlich Dick Pope senior, herum. Der Bauherr des gleichnamigen Freizeitparks lud Hancock sofort ein, den „Stunt" in der Wasserski-Show zu zeigen. Leider war der Youngster zu dieser Zeit aber durch einen Familienurlaub verhindert.
Das war Ansporn und Anreiz für Dick Pope junior genug, es Hancock möglichst schnell gleichzutun, um selbst in der Show auftreten zu können. Nach etlichen Tests und Experimenten erreichte auch der Juniorchef sein Ziel. Nur mit dem Unterschied, daß er über ganz andere Möglichkeiten verfügte, für eine weltweite Nachrichtenverbreitung zu sorgen. So wurden die ersten Fotos von einem Barfußläufer am 6. März 1947 gemacht und veröffentlicht. Als wahre Heldentaten müssen diese ersten in der Badehose begangenen „Schritte" im Barfußskisport anmuten, wenn man den heutigen Stand der Technik, der Ausrüstung und des Wissens zum Vergleich heranzieht.

Show-Nummer oder Wettkampfsport?

Nach seiner Geburtsstunde Anfang 1947 in den USA blieb das „Barfuß-Wasserski-Laufen" zunächst längere Zeit nur eine zusätzliche Attraktion im Wasserski-Stadion des Freizeitparks Cypress Gardens und ansonsten ein nervenkribbelndes Spektakel von „Stuntmen". Dick Pope jr. demonstrierte später auch noch als erster Wasserskisportler das Laufen auf einem Fuß, erklärte dann jedoch nach einigen bösen Stürzen das Rückwärtslaufen für undurchführbar.

Die Geschichte lehrte in allen Bereichen des Lebens, daß Bewegungen immer nur von einzelnen kantigen und hartnäckigen Macher- und Abenteurertypen ausgelöst werden. Dies gilt auch für die weitere Entwicklung des Barfußskisports. Die entscheidenden Wellenbewegungen in Richtung zum Wettkampfsport wurden - wie oft - durch parallele Aktivitäten in den frühen 60er Jahren ausgelöst. In den USA waren es Randy Rabe aus St. Petersburg/Florida und Don Thomson/Missouri, die dem Sport - zunächst unabhängig voneinander - in den Jahren 1949 bis 1965 weitere Impulse (z.B. Rückwärtslaufen) verliehen. Zur selben Zeit geriet im fernen Australien dadurch einiges in Bewegung, daß die Idee des „barefooting" dort in ein wettkampfsportliches Organisationsgewand gekleidet wurde. So trugen die Aussies in ihrem Wassersportland die ersten nationalen Meisterschaften bereits um die Jahreswende 1961/62 (dortige Sommersaison) unter Federführung ihrer Promoter Gary Barton und John Hacker aus.

Erst knapp 17 Jahre nach den ersten nationalen Meisterschaften in Australien, nämlich im September 1978, fanden die ersten US-Meisterschaften und kurz darauf (No-

vember 1978) in Canberra/Australien die ersten Weltmeisterschaften statt. Klar, daß die Australier aufgrund dieses Wettbewerbsvorsprungs bis in die 80er Jahre hinein bei den alle zwei Jahre ausgetragenen Welttitelkämpfen den Ton angaben. Inzwischen wurde ihnen aber von den Amerikanern eindeutig der Rang abgelaufen. Florida ist und bleibt daher auch für die Barfußskisportler nicht nur in historischer, sondern auch sportlicher Hinsicht, der absolute Orientierungspunkt.
Die ersten Deutschen Meisterschaften und die 1. WM (1978) auf der Mosel statt.

DIE HEUTIGEN WETTKAMPFREGELN UND FRAGEN ZUR AUSRÜSTUNG

Obwohl auch an Wasserski-Seilbahnen Barfußdemonstrationen möglich und üblich sind, können aufgrund der technischen Gegebenheiten offizielle Wettkämpfe und Meisterschaften nur hinter PS-starken Booten ausgetragen werden, die den Anforderungen des Weltverbandes (IWSF) entsprechen. Mit der rasanten Weiterentwicklung dieser Sportart seit den ersten internationalen Wettkämpfen im Jahre 1978 wurden folgerichtig auch die Wettkampfregeln kontinuierlich fortgeschrieben. Während früher zum Beispiel eine gesonderte Disziplin „Startmethoden" auf dem Programm stand, heißen die Wettkampfdisziplinen heute ebenso wie im „klassischen" Wasserskisport SLALOM (auch Wellenkreuzen genannt), FIGURENLAUF (auch Tricks genannt) und SCHANZENSPRINGEN. Ein wesentlicher Unterschied besteht halt darin, daß hier Ski in keiner Form mehr (auch nicht mehr als Starthilfe wie früher) erlaubt sind.

Slalom

Die erwähnte inoffizielle Bezeichnung „Wellenkreuzen" ist sicherlich treffender. Genau gesagt, muß der Läufer in Barfußposition die Heckwelle des Bootes auf der durch Bojen markierten Wettkampfstrecke innerhalb von zweimal 15 Sekunden so oft wie möglich kreuzen. Ein Durchgang à 15 Sekunden muß in der Vorwärtsposition und der andere in der Rückwärtsposition absolviert werden. Die zu erreichenden Punktzahlen richten sich nach dem Schwierigkeitsgrad der Wellenüberquerungen:

* vollständige Kreuzung in Vorwärtsposition auf zwei Füßen = 0,5 Punkte
* vollständige Kreuzung in Vorwärtsposition auf einem Fuß = 1,0 Punkte
* vollständige Kreuzung in Rückwärtsposition auf zwei Füßen = 0,5 Punkte
* vollständige Kreuzung in Rückwärtsposition auf einem Fuß = 1,0 Punkte

Die im Boot sitzende Jury kann bei 2-Fuß-Kreuzungen 1/2-, 1/4- oder 1/8-Punkte bzw. bei 1-Fuß-Kreuzungen 3/4-, 1/2- und 1/4-Punkte zum Schluß eines jeden Durchgangs zuerkennen, wenn der Läufer sich zum Zeitpunkt des Ablaufs der 15 Sekunden in einer Überquerung befindet.
Die Geschwindigkeit des Zugbootes wird vom Läufer selbst bestimmt. Ein höheres Körpergewicht und ein schnelles Kreuzen von Spitzensportlern auf 1 Fuß verlangen härteres Wasser und damit ein höheres Tempo. Aus diesem Grunde werden für offizielle Titelkämpfe nur noch Boote zugelassen, die mit einer 5köpfigen Besatzung (incl. Jury) und einem starken Läufer im Schlepp mindestens 72 km/h erreichen.
Ein Bojen-Karree zeigt auf der Wettkampfstrecke an, wo der Läufer mit den Kreuzungen beginnen kann bzw. spätestens beginnen muß und ab wann die 15-Sekunden-Wettkampfzeit gestoppt wird.
Die Leinenlänge beträgt 23 m, die Länge der Hantel 38 cm. Das Tragen eines Barfuß-Schutzanzuges mit eingearbeiteter Schwimmweste bzw. eingenähtem Aufprallschutz ist Pflicht.

Figurenlauf
Ebenso wie der Slalom-Wettbewerb besteht der Figurenlauf aus 2 Durchgängen von je 15 Sekunden. In dieser Zeit muß der Läufer das von ihm nach dem international gültigen Reglement zusammengestellte und bei der Jury vorher schriftlich eingereichte Trickprogramm ausführen. Jede der insgesamt 50 zugelassenen Figuren darf nur einmal gezeigt werden. Je nach Schwierigkeitsgrad werden bei korrekter Ausführung die im Reglement vorgegebenen Punktzahlen vergeben. So erzielt das kurze Laufen auf einem Fuß die niedrigste Punktzahl 10, während die Höchstpunktzahl 860 für eine 720°-Drehung auf einem Fuß von der Rückwärtsposition (Back) in die Rückwärtsposition zuerkannt wird. Ein sogenannter „Reverse-Trick", also z.B. eine Drehung in Gegenrichtung, muß immer sofort auf den „Basis-Trick" folgen. Zu den häufigsten Figurentypen in den unteren und mittleren Leistungsstufen gehören u.a.

* Hantel im Nacken, Hantel zwischen den Zähnen, Hantel am Fuß sowie die sogenannten „tumble-turns", worunter Drehungen um 180° und 360° auf dem Rücken verstanden werden, die wieder in den Barfußstand zu bringen sind.

Zu den schwierigeren Figurentypen, die von den Top-Läufern beherrscht werden, zählen u.a.

* Drehungen auf 2 Füßen oder auf einem Fuß um 180°, 360°, 540° oder 720° sowie Drehungen um 180° mit einem Fuß in der Hantel. Sogar der Salto (500 bzw. 650 Punkte) wird inzwischen von Läufern der Weltspitze gezeigt.

Die eingangs erwähnte frühere Disziplin Startmethoden wurde in den Figurenlauf integriert. Daher werden unterschiedliche Startmethoden ebenfalls je nach Schwierigkeitsgrad den im eigentlichen Figurenlauf erzielten Punkten hinzugerechnet. Hier wird im wesentlichen zwischen Vorwärts- und Rückwärtsstartmethoden, „fliegenden" Startmethoden (von einem Startsteg vor der Strecke) und Starts aus dem Wasser sowie Starts mit einem Fuß an der Hantel unterschieden. Die Punktzahlen hierfür reichen von 40 bis 370. Die Geschwindigkeit des Bootes kann der Läufer auch in dieser Disziplin selbst bestimmen. In der Praxis liegt sie meist etwas unterhalb der Slalom-Geschwindigkeit. Drei Schiedsrichter im Boot entscheiden - unterstützt durch eine Videokamera -, ob

PassTricks — Point Values

Trick	Surface		Wake	
	2 Feet	1 Foot	2 Feet	1 Foot
Somersault	500	–	650	
Jump off feet forwards	30	–	40 (out and in)	
Jump off feet backwards	150	–	150 (one only)	
Rope on Neck	30	60		
Rope in Teeth	30	60		
Tumbleturn 360	70	100		
Tumbleturn 180	70	100		
One Foot	–	10		
One Foot Backwards	–	90		
Sideslide	–	320		
Rope on Foot	–	80		
Rope on Foot Backwards	–	130		
180 turn B – F	120	210	200	450
180 turn F – B	160	210	260	490
360 turn F – F	300	440	490	530
360 turn B – B	380	480	530	
540 turn B – F	450	630		
540 turn F – B	500	680		
720 turn F – F	600	800		
720 turn B – B	680	860		
180 stepover B – F	250	–	320	–
180 stepover F – B	300	–	390	–
180 rope on foot B – F	–	450	–	590
180 rope on foot F – B	–	300	–	420

die Tricks sauber und reglementgerecht ausgeführt wurden. Die Leinenlänge beträgt 23 m, wobei der Läufer auch im Wettkampf seine eigene Trickhantel benutzen muß. Das Reglement empfiehlt für die Trickhantel ebenfalls eine Länge von 38 cm. Fußschlaufen sind in die gängigen Trickhanteln eingearbeitet, werden aber auch als Leinenendstücke oder Hanteldreieck für die oberen Leistungsstufen angeboten. Bei allen Ausrüstungsteilen wird im Barfußskisport schon aus Sicherheitsgründen Wert auf die Verwendung hochwertigen Materials gelegt. So dürfen zum Beispiel die Leinen nicht dehnbar sein. Das Tragen von gepolsterten Barfuß-Schutzanzügen mit einem entsprechenden Auftrieb schreibt das Reglement selbstverständlich auch für den Figurenlauf vor. Zusätzlich setzt sich in der Praxis als Schutz vor Verletzungen bei schwierigen Manövern (z.B. aus der Rückwärtsposition) mehr und mehr ein Nackenschutz in Form einer Halskrause durch, der auf freiwilliger Basis getragen wird. Die ebenso freiwillige Verwendung von Neopren-Shorts unter den Barfußanzügen ist dagegen heute schon fast ebenso die Regel wie das Tragen von Suspensorien (werden primär im Boxsport eingesetzt) bei den Herren.

Schanzenspringen

Der aus dem Wasser ragende Teil einer Barfuß-Schanze ist 2,10 m lang und zwischen mindestens 1,20 m und höchstens 1,50 m breit. Die Schanzenhöhe beträgt 45,5 cm. Jedem Wettkampfteilnehmer stehen in der Regel 3 (in Ausnahmefällen 2) Sprünge zu, von denen der weiteste gewertet wird. Die Mindestlänge für den mit Hilfe von Bojen markierten Sprungkurs beträgt 270 m, wobei das Boot durch eine 5 m breite Bootsgasse fährt. Der Läufer kann entscheiden, ob das Boot innerhalb dieser Gasse mehr außen oder innen fahren soll. Spätestens 40 m vor der Schanze muß der Springer zum Barfußstand gekommen sein. Ein Sprung wird nur dann gewertet, wenn der Wettkampfteilnehmer die Schanze nicht mit dem Gesäß berührt

Der Deutsche Meister Mario Moser beim Schanzenspringen.

und eine 60 m hinter der Schanze positionierte Boje wieder im Barfußstand passiert. Die Weitenmessung erfolgt wie in den Sparten „Wasserski-Boot" und „Wasserski-Seilbahn" mit Hilfe von 3 am Ufer plazierten Meßtischen, die mit Winkelmeßgeräten ausgestattet sind, sowie einem Computer.
Die für das Schanzenspringen zugelassene Höchstgeschwindigkeit des Bootes beträgt 70 km/h. Viele Springer wählen niedrigere Geschwindigkeiten, weil die Sprungtechnik einen erheblich größeren Einfluß auf das Weitenergebnis hat.
Die glatte Oberfläche der Schanze besteht aus lackiertem Holz oder Kunststoff. Das Reglement schreibt auch für diese Disziplin eine Leinenlänge von 23 m vor. Die Länge der Hantel beträgt 30 cm. Neben den schon erwähnten gepolsterten Barfuß-Schutzanzügen ist beim Springen das Tragen eines Schutzhelmes vorgeschrieben. Freiwillig kann der Aktive auch in dieser Disziplin den bei der Erläuterung des Figurenlaufs beschriebenen Nackenschutz verwenden.
Zum Springen werden nur Wettkampfläufer zugelassen, die vorgegebene Mindestqualifikationen nachgewiesen haben.

Kombinationswertung
In den Ergebnislisten für die einzelnen Wettkämpfe werden für die Teilnehmer ebenso wie in den Sparten „Wasserski-Boot" und „Wasserski-Seilbahn" neben den erzielten Punktzahlen bzw. Weiten die sogenannten Kombinationspunkte ausgewiesen. Sie spiegeln die Relation zu dem in der jeweiligen Disziplin erzielten Bestergebnis wider. Den begehrten Kombinationssieg erringt der Teilnehmer, der die Höchstpunktzahl aus allen 3 Disziplinen erzielt.
Die in den einzelnen Disziplinen erzielten Weltrekorde werden im Zuge der exorbitanten Weiterentwicklung der relativ jungen Sportart in beinahe regelmäßigen Abständen überboten. Im Jahr vor der Drucklegung unseres Buches wurden sie gehalten von:

Slalom Damen:	Jennifer Calleri/USA	=	15,5 Punkte
Slalom Herren:	Don Mixon jr./ USA	=	20 Punkte
Tricks Damen:	Jennifer Calleri/USA	=	2630 Punkte
Tricks Herren:	Rick Powell/USA	=	6770 Punkte
Springen Damen:	Sharon Stekelenburg/Aus.	=	16,60 m
Springen Herren:	John Kretchman/USA	=	26,30 m

DREI LERNSCHRITTE FÜR JEDEN BARFUSSLÄUFER

von Mike Seipel

Der am 25. Januar 1960 im US-Staat Wisconsin geborene oftmalige US-Meister entspricht mit seiner etwas untersetzten und stämmigen Figur dem Idealtyp des erfolgreichen Barfußläufers. Im Alter von 6 Jahren begann er mit dem Sport, den er später zu seinem Beruf machte, und nahm als Jugendlicher mit 10 Jahren an den ersten Wettkämpfen teil.
Seinen ersten Weltmeistertitel errang er 1982 in der Disziplin Slalom. Zwei Jahre später ließ er die WM-Titel in der Disziplin Tricks und in der Kombinationswertung folgen. Die-

se beiden Weltmeistertitel konnte er 1986 bei der in Deutschland ausgetragenen WM verteidigen. 1990 gewann er seine 6. WM-Krone im Springen.
Seine damalige Siegesweite brachte ihm mit 23,30 m einen neuen Weltrekord ein. Neben dem mit 10 WM-Titeln ungeschlagen abgetretenen Australier Brett Wing ist Mike Seipel bislang der erfolgreichste Barfuß-Wettkampfsportler.

1. Erlerne zuerst alles an der seitlich am Boot angebrachten Lernstange.

2. Trainiere daran anschließend an einem etwa 1,50 m langen Hantelstück, das am Ende der Lernstange befestigt wird.

3. Wende nun die eingeübten Lernschritte an der langen Leine hinter dem Boot an.

Die seitlich am Boot angebrachte Lernstange ist im Barfußsport schnell zu der wichtigsten Lernhilfe schlechthin geworden. Als ich das Barfußlaufen erlernte, benutzen wir nur die lange Leine ... und die Stürze waren nicht nur zahlreich, sondern auch hart. Heute kannst Du diesen erregenden Sport erlernen, ohne Dir dabei die Haare naß zu machen.
Wenn Du Dir die Stange beim Erlernen des ersten Tricks unter die Arme klemmst, ist es fast unmöglich, zu fallen oder sich zu verletzen.
Wie auch immer, ich rate dringend dazu, alle in diesem Buch erläuterten Techniken, zu allererst an der Stange nicht nur einzuüben, sondern auch zu perfektionieren, weil es u.a. auf lange Sicht auch viel Zeit erspart. Für diejenigen, denen diese Lernstange noch kein Begriff ist, sollte ich zunächst aber darauf hinweisen, daß sie stabil und unverwüstlich ist und am Skimast (Pfahl für die Leinenbefestigung in der Mitte des Bootes) so angebracht wird, daß sie parallel zur Wasseroberfläche verläuft, in der Höhe meist aber auch verstellbar ist. Sie stellt eine der besten Innovationen für die Schulung und Ausbildung dar, und zwar nicht nur für den Barfuß-, sondern auch für den Wasserskisport. Man lernt einfach schneller und sicherer.
Wenn Du die Arme über die Stange legst oder Dich auch nur mit den Händen an ihr festhältst, reduziert sich das auf das Wasser zu bringende Körpergewicht entsprechend. Dies bedeutet, daß Du bei niedrigeren Bootsgeschwindigkeiten lernen kannst und eventuell Stürze, wenn sie einmal passieren, deutlich weniger hart sind. Dem Anfänger gibt sie einen festen Halt und vermittelt ihm daher ein Vertrauen, das ihm eine lange lose Leine nicht verleihen kann.

An der seitlich am Boot angebrachten Lernstange brauchst Du Dich auch nicht mit störenden Elementen, wie der Heckwelle und Turbulenzen, die der Propeller verursacht, herumzuschlagen. Ein weiterer Vorteil ist die Nähe zum Trainer bzw. Aus-

bilder und Beobachter. Sie können notfalls auch während der Fahrt zu Dir sprechen und Korrekturhilfen geben. Da die Stange etwas mehr als 1/2 Meter über der Wasseroberfläche angebracht ist, kommt der Zug (fast ähnlich wie an der Seilbahn - die Red.) von oben, so daß Du bei vielen Manövern - im Vergleich zur langen Leine - weniger lange durch das Wasser geschleift wirst.
Nachdem Du einen Bewegungsablauf direkt an der Stange erlernt hast, solltest Du eine Barfußhantel mit Dreieck und einer Gesamtlänge von etwa 1,5 m am äußeren Ende der Stange befestigen und denselben Lernschritt hieran perfektionieren. Die Nachteile des Trainierens am langen Seil hinter dem Boot (Heckwelle, längere Schleifeffekte etc.) sind dabei nach wie vor eliminiert, jedoch bekommst Du ein realistischeres Gefühl dafür, was Du in der dann folgenden 3. Lernphase zu tun hast.
Dieser dritte Schritt besteht darin, nur noch das auf die Position hinter dem Boot zu übertragen, was Du vorher gelernt hast. Es dürfte einleuchten, daß das einfacher, schneller und sicherer zu erreichen ist als in jeder anderen Reihenfolge.

Der große Unterschied besteht nun in den intensiveren Schleifeffekten und als Resultat davon in dem Erfordernis eines größeren Krafteinsatzes und eines höheren Energieverbrauchs. Bei konsequenter und sachgerechter Anwendung dieser Lernmethode ist die Lernstange also ein ideales Schulungsinstrument, weshalb ich meinen Schülern die eingangs genannten drei Lernschritte immer wieder nachdrücklich einschärfe:

1. Lerne jeden neuen Trick zu Beginn direkt an der Stange.

2. Gehe dann an die am Stangenende befestigte Barfußhantel.

3. Die Anwendung des Erlernten am langen Seil hinter dem Boot sollte dann nur noch ein Kinderspiel sein.

Die Stange ist aber nicht nur eine Lernhilfe. Ich benutze sie beispielsweise innerhalb und außerhalb der Wettkampfsaison auch für jede Art des harten Trainings, um in Form zu bleiben oder aber auch, um nur an ihr etwas herumzutollen und mir ein paar schöne Stunden zu machen. Natürlich benutzen wir in der Schule die Stange auch immer dann, wenn Photographen qualitativ gute Fotos machen möchten. Aus dem Boot heraus können sie dann aus kurzer Entfernung gestochen scharfe Bilder anfertigen. Schließlich und endlich macht es ja auch Spaß, direkt neben den im Boot sitzenden Leuten barfuß auf dem Wasser zu laufen.

Anmerkung der Redaktion:
Wie sich aus der in unserem Anhang abgedruckten „Wasserskiverordnung" vom 17.1.1990 und aus §1.12 der Binnenschifffahrtsstraßen-Ordnung ergibt, ist die Benutzung einer seitlich am ziehenden Fahrzeug angebrachten Stange in Deutschland grundsätzlich nicht erlaubt. Die regional zuständige Wasser- und Schiffahrtsdirektion kann jedoch eine Sondererlaubnis erteilen. Aus Sicherheitsgründen wird eine derartige Sondererlaubnis nur unter bestimmten Voraussetzungen (ausreichende Länge und Breite des Bootes, persönliche bzw. fachliche Voraussetzungen des Eigners etc.) zugestanden. Interessenten für den Barfußsport haben aber vielfache Möglichkeiten, auf Schulen oder Clubs auszuweichen, zumal dort in der Regel auch qualifiziertes Ausbildungspersonal zur Verfügung steht.

DIE ERSTEN STARTS

Absteigen von einem Ski

Mit oder ohne Lernstange: Der einfachste, sicherste, schnellste und angenehmste Weg, das Barfußlaufen zu erlernen, ist das Absteigen von einem Ski. Sicherlich ist es besser, die ersten Versuche an einer Lernstange zu starten, weil die Bootsgeschwindigkeit entsprechend niedriger gehalten werden kann. Sage dem Bootfahrer, daß er eine Geschwindigkeit von 40 km/h einhalten soll, während Du an der Stange auf einem Monoski oder auf einem speziell hergerichteten „Vorwärts-Step-off-Ski" (mög-

Anmerkung der Redaktion:
Das Abwerfen eines Skis bzw. das Absteigen von einem Ski stellt auf Binnenschiffartsstraßen unter Umständen eine Gefährdung des Verkehrs dar, die von den beteiligten Personen verantwortet werden muß. Außerdem setzt die vorbeschriebene Lehrmethode voraus, daß der Lernende das Laufen auf Monoski beherrscht. Vor Übungsbeginn empfiehlt sich daher ein sorgfältiges Abwägen der Frage, mit welcher der hier dargestellten Startmethoden der Anfänger beginnen sollte.

lichst langer und breiter Ski mit flacher Lauffläche und Slalomkiel) fährst. Vergewissere Dich vorher, ob die Bindung ausreichend locker am Fuß sitzt oder benutze nur das Vorder- oder Fersenteil einer Bindung. Um anfangs Stürze zu vermeiden, solltest Du die Stange unter den Armen halten. Führe Deinen hinteren Fuß nun sachte soweit auf das Wasser, daß Du es bis zum Fußballen spüren kannst. Dabei sollte der Fuß etwa 15 cm neben dem Ski und in einem Winkel von etwa 30° im Wasser stehen, wobei die Zehen nach oben gehalten werden. Um die gesamte Fußwölbung im Wasser halten zu können, mußt Du in die Hocke gehen, indem Du das Standbein auf dem Ski beugst und den im Wasser befindlichen Fuß so weit nach vorn schiebst, daß er vor der Stange und etwa 45 cm vor der Skibindung steht. Der Bootfahrer hält nach wie vor das gewünschte Tempo von 40 km/h ein.

In dieser relativ tiefen Hockstellung, bei der ein Fuß vor dem Körper auf bzw. im Wasser „plan(ier)t", kannst Du praktisch nicht fallen. Das Wasser müßte über Deine Zehen gelangen, um Dich zum Sturz bringen zu können. Wenn das Wasser bis zu Deinen Zehen gelangt, mußt Du Deine Knie mehr beugen und den Fuß im Wasser noch weiter nach vorn schieben. Langsam kannst Du jetzt damit beginnen, 3/4 des Körpergewichts auf das „Barfußbein" zu verlagern, indem Du Hüfte, Schultern und dann den ganzen Körper zu dieser Seite lehnst. Lehne Dich kontinuierlich so weit zur Seite, daß der Fuß des (ursprünglichen) Standbeins auf dem Ski fast automatisch aus der Bindung rutscht. Wenn Du den einen Fuß korrekt im Wasser hältst, brauchst Du den anderen auch nicht hastig und unkontrolliert nachzuziehen, sobald der Ski plötzlich stehenbleibt; stelle den frei gewordenen zweiten Fuß vielmehr ebenfalls mit der Wölbung vorsichtig bis zum Ballen auf bzw. in das Wasser.

Nach gelungenen ersten Versuchen, bei denen die Arme über die Lernstange gelegt waren, solltest Du die gleiche Übung nun mit gestreckten Armen wiederholen, wobei nur die Hände die Stange umklammern. Wenn Du auch diese Aufgabe sicher und immer fehlerlos meisterst, kannst Du die Barfußhantel mit kurzer Leine benutzen, die am äußeren Ende der Stange befestigt wird. Der einzige Unterschied zu der Vorübung direkt an der Stange besteht darin, daß Du Dich mehr darauf konzentrieren mußt, die Balance halten zu können, und daß das Boot etwas schneller fahren muß, sobald Du zur Vorbereitung des Absteigens vom Ski in die tiefe Hockstellung gehst.

Das abschließende Kapitel meiner Trainingstips enthält Hinweise für Bootfahrer mit einer tabellarischen Übersicht über die empfohlenen Richtgeschwindigkeiten. Hat das Boot die erhöhte Geschwindigkeit erreicht und ist Deine Hockstellung tief genug, um den ersten Fuß sauber bis zum Ballen im Wasser absetzen zu können, kannst Du den gleichen Bewegungsablauf wie zuvor (direkt) an der Stange wiederholen. Denke daran: Die Füße des Barfußläufers sind in Schulterbreite auseinander, die Knie sind gebeugt, die Füße stehen mit einem Winkel von etwa 30° auf dem Wasser, die Zehen werden nach oben gehalten, die Arme sind locker gestreckt und halten die Hantel in Höhe der Taille, die Schultern werden etwas hinter den Hüften und der Kopf aufrecht gehalten.

Wenn Du mit dieser Methode Deinen Fuß erstmals an der langen Leine aufs Wasser setzen möchtest, sollte die Geschwindigkeit auch nicht über den im abschließenden Kapitel genannten Richtwerten liegen. Fahre mit dem Ski nach rechts aus der Heckwelle, wenn Dein rechtes Bein das Standbein ist, und nach links, wenn das linke Bein das Standbein ist. Da das Wasser ruhiger und glatter im Wellental ist, kannst Du den hinteren Fuß zunächst so auf das Wasser stellen, daß er von der Heckwelle sozusagen ein wenig abgestützt bzw. stabilisiert wird. Sobald Du auf dem Ski in die vorbereitende Hockstellung gehst, muß das Boot auf die für Dich geltende Richtgeschwindigkeit (siehe Tabelle) beschleunigen. Alles weitere wiederholt sich wie an der kurzen Leine bzw. an der Stange. Denke aber daran, daß die Hockstellung und das Gleichgewicht hinter dem Boot entscheidend sind. Beuge die Knie tief genug und konzentriere Dich auf das Gleichgewicht. Du läufst nun barfuß - erlebst dieses berauschende Gefühl. Ist es nicht großartig!

Aufstehen vom Kneeboard

Wenn Du keine „Vorwärts-Step-off-Ski" besitzt, kannst Du auch ein „Kneeboard" (Kniebrett) benutzen. Der Start von einem Kneeboard gehört zu den einfachsten und sichersten Möglichkeiten, das Barfußlaufen zu erlernen, besonders dann, wenn eine Lernstange nicht zur Verfügung steht. Du benötigst eine 30 m lange, nicht dehnbare Barfußski-Leine (möglichst aus Kevlar), wasser- und reißfeste Shorts (möglichst Neopren), eine Wasserski-Schutzweste oder einen Barfußski-Anzug und ein Kneeboard. - Das Wichtigste der ersten Phase dieses Starts ist das Halten der Balance auf diesem Brett. Du mußt in der Lage sein, in der Mitte des vorderen Teils sicher aufrecht zu sitzen. Übe dies vorab ohne Zugboot und Leine, indem Du aufrecht sitzt und die Beine seitlich so herunterhängen läßt, als ob Du auf einem Pferd reiten würdest. Erst wenn Du das kannst, sollte der Beobachter im Boot Dir die Hantel zuwerfen.

Mit Unterstützung von Beinen und Füßen hältst Du Deine Sitzposition, wenn Du ganz aus dem Wasser gezogen wirst. Während das Boot langsam auf 25 km/h be-

schleunigt, lehnst Du Dich so weit zurück, daß die Spitze des Boards aus dem Wasser ragt. Die Beine werden dabei nach vorn gestreckt aus dem Wasser gehalten. Bei Tempo 25 km/h sollte das Brett ruhig laufen. Wenn es springt, rutschst Du bzw. lehnst Dich zur Gewichtsverlagerung so weit nach vorn, bis es wieder stabil im Wasser liegt. Bei ruhigem Fahrtverlauf setzt Du Deine Fersen betont langsam und sachte in das Wasser. Die Füße sollten einen 30-45°-Winkel (eventuell geringfügig flacher) zur Wasseroberfläche haben. Auf keinen Fall darfst Du sie aber hart einsetzen oder sie gar gegen das Wasser ausstrecken bzw. stemmen. Die Knie sind also in einem 90°-Winkel gebeugt. Sobald Du das Wasser bis unter der Fußwölbung spürst (man sieht dies an der Sprayentwicklung), muß das Boot auf die für Dich in Betracht kommende „Barfußgeschwindigkeit" (siehe Tabelle im abschießenden Kapitel) beschleunigen.
Du darfst dabei nicht ängstlich sein und nicht zu schnell aufstehen. Bleibe möglichst entspannt auf dem Board sitzen und ziehe die Hantel nicht zum Körper. Wenn Du wartest, bis das Boot das vorgegebene Tempo erreicht hat, rutscht das Brett mit dem allmählich intensiveren Planieren der Füße und dem langsamen Aufrichten automatisch unter Dir weg. Die einfachste Art, einen Sturz zu verhindern, besteht darin, die Wasserkante nur bis zum Fußballen gelangen zu lassen und in möglichst tiefer Hockstellung zu laufen. Falls Spritzwasser in Dein Gesicht kommt, richtest Du einfach die Zehen nach innen - gegeneinander zeigend - aus und hältst die Knie dabei angewinkelt.

Vorwärts - Tiefwasserstart

Ein anderer einfacher Start im Barfuß-Wasserskisport ist der Vorwärts-Tiefwasserstart. Lege Dich im Wasser auf den Rücken und umklammere die Leine mit den übereinander gelegten Zehen beider Füße. Hole mit dem Startkommando tief Luft und wirf Deinen Kopf in den Nacken. Wenn das Boot anzieht, streckst Du Deine Beine so weit es geht und drückst die Leine mit den Füßen so tief nach unten, daß Dein Körper mit einem Hohlkreuz stark nach oben gewölbt ist. Dabei beläßt Du den Kopf möglichst tief im Wasser und schiebst die Hüften extrem weit nach oben in die Luft, was durch den Widerstand, den die Füße auf der Leine haben, erleichtert wird. Auf diese Weise wirkt Dein Körper wie ein großer Ski, der sehr schnell ins Gleiten kommt.

Nach Erreichen der Gleitphase richtest Du den Oberkörper auf in die Sitzposition, so daß Du auf dem gepolsterten Gesäßstück Deines Barfußanzuges - als jetzt zentralem Mittelpunkt - „Wasserski fährst". Warte nunmehr erst ab, bis das Boot die vereinbarte Endgeschwindigkeit erreicht hat, nimm dann die Füße von der Leine, winkle die Knie an und setze die an den Körper gezogenen Füße ins Wasser - aber sehr, sehr langsam, sachte und gleichzeitig. Hierdurch wird Dein Körper in die Vorwärts-Barfußposition aufgerichtet. Halte die Hantel während des gesamten Bewegungsablaufs nahe am Körper. Aber denke daran, Dich vom Boot nach oben in den Barfußstand ziehen zu lassen.

Anmerkung:
Auf die eingangs beschriebenen 3 Lernschritte mit Einsatz der Lernstange wird an dieser Stelle nochmals ausdrücklich hingewiesen. Sie sollten - wenn möglich - besonders beim Vorwärts-Tiefwasserstart und allen weiteren Startmethoden und Tricks, die ohne sonstige Hilfsmittel wie Ski oder Kneeboard auszuführen sind, eingehalten werden.
In den folgenden Abschnitten werden die schwierigeren wettkampforientierten Startmethoden und die thematisch damit in Zusammenhang stehenden Tricks - so weit wie möglich - miteinander behandelt. Wie bereits erläutert, honoriert auch das Wettkampfreglement höhere Schwierigkeitsgrade bei den Startmethoden nur bei der Disziplin Figurenlauf. Analog wird im folgenden die Disziplin Figurenlauf erstmals der Disziplin Slalom vorangestellt.

BARFUSS - FIGURENLAUF

Tumbleturn-Start und Tumbleturn-Trick

Als nächste Startmethode wäre der Tumbleturn-Start und gleich anschließend der davon abgeleitete erste Trick zu erlernen, nämlich der Tumbleturn (Drehung auf dem Rücken aus dem Stand in den Stand). Selbstverständlich mußt Du Dich als erstes mit dieser Art des Startens beschäftigen. Das Boot zieht Dich bei langsamer Beschleunigung in Bauchlage so aus dem Wasser, daß Ellbogen und Knie bzw. Unterschenkel der gestreckten Beine die Auflageflächen auf dem Wasser bilden. Sobald das Boot eine Geschwindigkeit von etwa 40 km/h erreicht hat, drehst Du Dich auf den Rücken. In der Rückenlage ist einzig und allein eins zu tun, um die Tumbleturn-Drehung zu vollenden: Ziehe die Hantel über den Kopf hinweg bis zu einer Hüftseite.

Für den Betrachter einer Tumbleturn-Drehung sieht es so aus, als ob der Läufer eine Menge tun und bedenken muß. In Wirklichkeit zieht er nur die Hantel über den Kopf bzw. am Kopf vorbei an die Seite einer Hüfte heran. Diese Hüftseite wird im Moment der Hantelberührung zum zentralen Mittel- bzw. Dreh- und Angelpunkt gemacht, wodurch der Körper und damit die Füße automatisch nach vorn in Fahrtrichtung gedreht werden. Der Läufer gelangt also wie beim „Vorwärts-Tiefwasserstart" in die Sitzposition und kann nun aufstehen, indem er die Knie anwinkelt, die Füße an den Körper heranzieht und sie langsam und sachte ins Wasser einsetzt.

Wenn Du den Tumbleturn-Start kannst, ist es bis zum Tumbleturn-Trick nicht mehr weit. Aus dem Barfußstand gehst Du in eine solch' tiefe Hockstellung, daß das Gesäß fast das Wasser berührt. Dann führst Du die Füße zu einer Seite vom Wasser weg und lehnst gleichzeitig Kopf und Schultern zurück, wobei der Körper vom Boot weg nach hinten gedreht wird. Die Hantel bleibt währenddessen dicht vor dem Körper (Arme also möglichst nicht vom Boot über den Kopf hinweg langziehen lassen!), und das einzige, woran Du denken mußt, ist, die Hantel erst nach außen und dann an eine Hüftseite zu bringen. Bei ihrer Berührung mit der Hantel zieht das Boot Dich wieder in die Vorwärtsposition. Denke daran, die Knie immer angewinkelt zu lassen und die Füße besonders bei diesem Trick extrem langsam und sachte auf das Wasser zu setzen. „Hacke" sie also auf keinen Fall unkontrolliert hinein, bevor Du exakt wieder die „Vorwärts-Geradeaus-Sitzposition" erreicht hast. Stehe dann wieder langsam und kontinuierlich auf und nimm die korrekte Barfußhaltung ein:

* Zehen nach oben gerichtet, Beine angewinkelt, Arme locker, gestraffte Schultern etwas hinter den Hüften und Hantel in Taillenhöhe.

Um die einseitige Ausbildung einer Körperseite zu vermeiden, solltest Du bei allen Drehungen, so auch bei den Tumbleturns, nach den gelungenen Drehungen zur einen Seite die Drehungen in die Gegenrichtung (Hantel zur anderen Hüftseite!) üben. Drehungen auf dem Rücken um 360° unterscheiden sich von den 180°-Drehungen nur dadurch, daß bei ihnen die Hantel erst zur einen und dann zur anderen Hüftseite gezogen wird.

Das einzige, wozu ich ansonsten raten kann, wenn Du die Tumbleturns verbessern willst, ist, die Knie immer angewinkelt in die entgegengesetzte Richtung zur Drehbewegung zu kippen und nur auf einem möglichst kleinen Teil des zum „Katzenbuckel" gekrümmten Rückens zu drehen. Auf diese Weise bietet der Körper dem Wasser keine Angriffsfläche. Das gilt insbesondere für Hüfte und Beine bei der Drehung nach vorn zurück in die Ausgangsposition. Halte den Kopf daher so, daß die Augen auf die sich im Wasser befindliche Hüfte (die andere ist leicht angehoben) gerichtet sind. Das hilft!

Ein-Fuß und Vorwärts-Toehold

Als nächste Tricks stehen der „Vorwärts-Ein-Fuß" und der „Vorwärts-Toehold" (Fuß in der Hantel) an. Für die Ausführung eines sauberen „Ein-Fuß-Tricks" bedarf es keiner besonders großen Geschicklichkeit. Konzentration ist hier alles. Führe in der normalen Barfuß-Grundhaltung die Füße zunächst eng zueinander. Willst Du auf dem linken Fuß laufen, lehnst Du Dich dann mit Hüften, etwas nach vorn gerichteten Schultern und dem ganzen Körper zur linken Seite. Umgekehrt konzentrierst Du Dich auf den im Wasser verbleibenden rechten Fuß. Vergewissere Dich aber vor dem Anheben eines Beins, daß das Wasser nicht über die Zehen gelangen kann und hebe die Ferse jeweils vollständig aus dem Wasser. Das anzuhebende Bein wird nach vorn vor das andere geführt, damit es nicht vom Spritzwasser erfaßt werden kann. Falls die Gefahr besteht, daß Wasser über die Zehen gerät, nimmst Du eine noch tiefere Hockstellung durch stärkere Beugung des Standbeins ein. Anschließend kehrst Du kontinuierlich in die perfekte Ausgangshaltung zurück. Das für die gesamte Weiterentwicklung fundamental wichtige Laufen auf einem Fuß solltest Du abwechselnd rechts und links ausgiebig trainieren. Wenn Du das einschließlich der erwähnten tiefen Kniebeugen mit jeweils einem Bein kannst, ohne daß Spritzwasser in Dein Gesicht gelangt, solltest Du Dich dem „Vorwärts-Toehold" zuwenden.

Die Hauptsache, die Du Dir bei diesem Trick vornehmen mußt, ist, eine gute und bequeme Ein-Fuß-Haltung einzunehmen. Bringe also Deine Füße zueinander. Möchtest Du auf dem linken Fuß laufen, lehnst Du Hüften, die nach vorn gerichteten Schultern und das ganze Körpergewicht zur linken Seite und prüfst vor dem Anheben des rechten Beins, ob kein Wasser über die Zehen geraten kann. Steigt das Wasser höher zu den Zehen, gehst Du tiefer in die Hocke und läßt die Schultern dabei nach vorn gebeugt, wodurch die Gefahr eines Sturzes vermieden wird. Sobald Du eine sichere Ein-Fuß-Haltung ohne Spritzwasser im Gesicht und mit totaler Körperkontrolle erzielt hast, kannst Du die Fußschlaufe Deiner Trickhantel langsam und sicher runter zum angehobenen Fuß führen und überstreifen. Halte dabei eine aufrechte und nach vorn gerichtete Körperposition ein, bei der der Schwerpunkt über dem linken Fuß liegt. Nun kannst Du die Hände von der Hantel nehmen. Das solltest Du aber recht schnell machen, weil das Gleichgewichtsgefühl nicht allzu gut ist, solange die Hände an der Hantel und der Fuß in der Schlaufe und somit nur bedingt für den Balanceausgleich einsetzbar sind. Ist der Fuß also einmal tief in der Schlaufe, werden die Hände unverzüglich von der Hantel genommen und die Arme zur Stabilisierung des Gleichgewichts seitlich vom Körper ausgestreckt. Beachte weiterhin, wo die Wasserkante unter Deinem Fuß verläuft, halte den Oberkörper nach vorn gebeugt und den Körperschwerpunkt über dem Standbein. Wie man sieht, wird die gleiche Technik sowohl für die Ein-Fuß-Tricks rechts und links, also auch für die Toehold-Tricks rechts und links angewendet.

Hantel in den Zähnen und Hantel im Nacken

Nach den Ein-Fuß- und Toehold-Tricks kannst Du Dich mit den Tricks „Hantel in den Zähnen" und „Hantel im Nacken" befassen. Für diese Tricks benötigst Du eine Trickhantel, die einerseits über eine in Hantelmitte angebrachte Lasche für die Zähne und andererseits über eine durch Plastikrohre verstärktes (anstatt loses Leinen-) Dreieck verfügt. Die Plastikummantelung verleiht dem Dreieck eine größere Stabilität und hält den Zwischenraum stets unverändert offen, so daß der Kopf im Falle eines Sturzes immer ungehindert herausschlüpfen kann.

Beim Trick „Hantel in den Zähnen" wird das (meist lederne) Zahnstück während des Barfußlaufens in den Mund bis zu den Backenzähnen geführt. Dann mußt Du gut und fest zubeißen und beide Hände zumindest kurzfristig von der Hantel nehmen. Zu Beginn solltest Du diesen Trick in der „Standard-2-Fuß-Haltung" üben und Dich erst später, wenn er problemlos klappt, an der laut Reglement höher bewerteten Ausführung in der Ein-Fuß-Haltung versuchen. Die Ausgangshaltung ist auch beim „Ein-Fuß-Hantel-in-den-Zähnen" normal wie von mir beschrieben. Da der Zug jedoch auf einen erheblich höheren Punkt des Körpers gerichtet ist, mußt Du Dich darauf konzentrieren, eine möglichst tiefe und zurückgelehnte Haltung während des Tricks einzunehmen.
Der Trick „Hantel im Nacken", bei dem die Hantel über den Kopf gezogen wird, ähnelt dem Trick „Hantel in den Zähnen". Auch hier beginnst Du mit den Übungen auf zwei Füßen und setzt sie dann, wenn Du sie beherrschst, abwechselnd auf dem rechten und dem linken Fuß fort. Denke daran, Dich zurückzulehnen und in tiefer Hockstellung zu fahren. Ergreife die Hantel, bevor Du sie über den Kopf ziehst, an dem äußeren Ende der Plastikverstärkung des Dreiecks in Höhe der Fußschlaufe.

Rückwärts absteigen von einem Ski

Sobald Du die vorbesprochenen „Vorwärts-Tricks" perfektioniert hast, kannst Du damit beginnen, die aufregende und begeisternde Art des Barfußlaufens in Rückwärtshaltung zu erlernen. Ein Weg, das Rückwärtslaufen zu erlernen, besteht darin, von einem „Rückwärts-Step-off-Ski" oder einem sogenannten „Flip-Turn-Ski" (Ski, auf dem der Läufer sich während der Fahrt drehen kann) abzusteigen. Setze Dich dabei zunächst auf die Lernstange und umfasse sie mit dem Ristgriff (Handinnenflächen nach oben). Das gesamte Körpergewicht lastet also zunächst vor und beim Start auf der Stange, während der mit den Füßen gehaltene Ski sich teils auf und teils leicht über der Wasseroberfläche befindet. Nachdem das Boot langsam beschleunigt hat (bis auf anfangs etwa 40 km/h), verlagerst Du Dein Körpergewicht allmählich auf den Ski, indem Du von der Stange herunterrutschst. Mache es aber - wie gesagt - so langsam, daß Du sicher sein kannst, auf dem Ski stehen zu können. Weil Du Dich direkt an der Lernstange festhältst, bist Du in der Lage, diesen Trick bei einer vergleichsweise niedrigen und sicheren Geschwindigkeit zu erlernen. Die Stange gibt Dir zudem ein enormes Selbstvertrauen und ein gutes Balancegefühl. Nimm Dir daher Zeit dabei, auf dem Ski eine angenehme und bequeme Rückwärtshaltung zu finden. Hebe dabei Deinen hinteren Fuß einige Male an und setze ihn auf den Ski zurück. Anschließend übst Du mehrmals, tiefer in die Hocke zu gehen und Dich wieder aufzurichten, wobei die Beine immer leicht angewinkelt bleiben. Wenn Du dann nach wie vor ein gutes Gefühl hast, nimmst Du den hinteren Fuß vom Ski und setzt ihn sehr sachte neben das Brett ins Wasser. Der Fuß sollte fast flach und nicht etwa nur mit angehobenen Zehen auf dem Wasser aufgesetzt werden. Sobald Du das richtige Gespür für das Wasser unter der Fußsohle erlangt hast und Du sicher sein kannst, daß das Wasser nicht die Ferse erfassen kann, gehst Du in die Hocke und schiebst diesen im Wasser befindlichen Fuß so weit nach hinten (Richtung Boot) bis Du den von uns als „track start" (Startspur) bezeichneten Punkt erreicht hast. Darunter ist nichts anderes zu verstehen, als die bereits mehrfach angesprochene „Planierungsphase", jetzt allerdings in Rückwärtsposition. Laufe in dieser Position möglichst lange und gewöhne Dich an sie. Erst wenn Du wirklich darauf vertrauen kannst, daß das Wasser nicht die Ferse erreicht, lehnst Du Hüften, Schultern und den gesamten Körper über den Fuß im Wasser. Gleichzeitig hebst Du die Ferse des „Skibeins" an und den Fuß langsam hoch vom Ski. Beeile Dich nicht, den nunmehr freien Fuß sofort auf das Wasser zu stellen - nutze vielmehr die automatisch entstandene „Rückwärts-Ein-Fuß-Positiion" vor dem Einsetzen aus.

Rückwärts - Tiefwasserstart

Das nächste Lernziel ist der Rückwärts-Tiefwasserstart. Drei fundamentale Phasen sind bei dieser Startmethode zu beachten:

1. Lege Dich mit dem Bauch auf bzw. in das Wasser, wobei ein Fuß über die Leine gelegt und die Hantel am Rücken mit gestreckten Armen im Ristgriff (Handinnenflächen nach oben und Knöchel am Körper) gehalten wird.

2. Hole tief Luft, wenn das Boot mit dem Startsignal anzieht und strecke Deine Beine. Bereits bei einer Bootsgeschwindigkeit von etwa 20 km/h bist Du ohne weiteres in der Lage zu atmen, weil durch das Kinn eine Luftblase gebildet wird. Bei richtiger Streckung des Körpers zu einem „überdimensionalen Ski" sollte er dabei nicht auf dem Wasser „springen". Du kannst daher den Fuß von der Leine nehmen und stattdessen auf dem Suspensorium bzw. Becken und den Innenflächen der Oberschenkel gleiten.

3. Bei ruhiger und klarer Gleitphase (ohne Springen bzw. Wippen des Körpers auf dem Wasser) kannst Du die Füße ins Wasser einsetzen und aufstehen. Um aufstehen zu können, mußt Du die Beine sehr, sehr weit auseinanderspreizen und die Füße so weit wie möglich in Richtung der Schienbeine anwinkeln, wobei die Fersen seitwärts vom Körper weg, also sozusagen zu den Uferseiten gerichtet sind. Wenn Du die Füße nun sachte einsetzt, müssen sie in dieser Position auch bleiben.

Diese dritte und letzte Phase ist die allerwichtigste. Die meisten Schüler tendieren dahin, gegen das Wasser anzukämpfen bzw. mit den Fußballen oder Zehen gegen das Wasser zu drücken. Auf diese Art und Weise können die Füße aber nicht auf der Wasseroberfläche ins Gleiten kommen. Sie beginnen vielmehr, unter

zunehmendem Druck nach innen und außen zu springen oder sich durch das Wasser zu bohren. Denke daher daran, die Füße angewinkelt so weit wie möglich auseinanderzuhalten und locker zu bleiben. Laß' das Wasser die Füße flachstellen!!
Sobald die Füße fest auf bzw. im Wasser sind und der Bootfahrer dies aufgrund des entstehenden Spritzwassers erkennen kann, muß er auf Deine normale Geschwindigkeit für das Rückwärtslaufen von etwa 56 bis 58 km/h langsam aber kontinuierlich beschleunigen. Wenn Du die Beschleunigung spürst, stehst Du auf, indem Du Brust und Kinn ins Wasser drückst. An der Hantel ziehen oder in irgendeiner Form kämpfen, bringt Dich nirgendwo hin. Drücke nur Brust und Kinn ins Wasser und zugleich das Gesäß hoch in die Rückwärts-Barfußposition. Beim Aufrichten bist Du in der Lage, die Füße näher zusammenzubringen, halte die Knie aber gebeugt.
Die korrekte Rückwärts-Barfußhaltung sieht wie folgt aus: Knie gebeugt, Oberkörper ab Taille nach vorn (vom Boot weg) geneigt, Füße so weit nebeneinander, wie es angenehm empfunden wird, Kinn hoch, und der Kopf ist auf den Horizont ausgerichtet.

Rückwärts-Ein-Fuß

Nach der Perfektionierung des Rückwärtslaufens auf zwei Füßen solltest Du das Rückwärtslaufen auf einem Fuß erlernen, was dem Vorwärts-Barfußlaufen auf einem Fuß sehr nahekommt. Im Grunde ist nicht viel Technik gefragt. Aus der Basishaltung bringst Du als erstes Deine Füße zusammen. Willst Du auf dem rechten Fuß laufen, lehnst Du Dich dann mit Hüften, Schultern und dem gesamten Körper nach rechts. Vor und während des Anhebens des linken Fußes vergewisserst Du Dich schließlich, daß die Wasserkante nicht die Ferse des rechten Fußes erfassen kann. Solange Du sicher sein kannst, daß die Ferse nicht absinkt, kannst Du eine Menge unangenehmer Stürze vermeiden, wenn die Zehen des angehobenen linken Fußes nicht permanent das Wasser berühren.
Das Rückwärtslaufen auf dem linken Fuß wird selbstverständlich mit dem gleichen Bewegungsablauf erreicht: Füße zusammen, nach links lehnen und auf den im Wasser verbleibenden Fuß konzentrieren. Vergewissere Dich, daß kein Wasser über die Ferse gelangen kann. Wenn Du glaubst, es könnte doch passieren, lehnst Du den Oberkörper mehr nach vorn und winkelst das linke Bein stärker an, so daß die Ferse weiter vom Wasser entfernt wird.

Drehung von der Rückwärts- in die Vorwärtsposition

Als nächsten Trick solltest Du diese in der Wasserskisprache als „Back to Front" bezeichnete 180°-Drehung auf den Füßen erlernen. Der Schlüssel zum Erfolg liegt für diesen Trick im Erreichen der korrekten Ausgangshaltung. Es dürfte sich deshalb lohnen, die hierfür erforderliche Körperhaltung einen Tag lang oder länger zu üben und sich einzuprägen. Du solltest in der Tat diese Drehung von rückwärts nach vorwärts nicht versuchen, bevor Du sicher und bequem in der Rückwärts-„Ausgangshaltung" laufen kannst. Um sie zu erreichen, mußt Du die Füße nahe zueinanderführen, die Knie beugen und die Fersen so weit wie möglich absenken, ohne daß sie vom Wasser erfaßt werden können. Die Arme sind am Rücken gestreckt, der Oberkörper wird ab Taille so weit nach vorn (vom Boot weg) geneigt, daß die Brust relativ tief ist. Den Kopf mußt Du derweil anheben und gleichzeitig die Schultern zu einem Hohlkreuz formen, so daß Du noch zum Horizont schauen kannst.

Versuche nun nicht, aus dieser Position heraus nach vorn zu drehen. Auch der kleinsten derartigen Versuchung mußt Du widerstehen und Dich nur vom Boot in die Vorwärtsposition drehen lassen. Eine seidenweiche „Back-to-Front-Drehung" erzielst Du, wenn Du den Arm, der die Hantel halten soll, so eng und fest an die Hüfte drückst, daß er auch während der Drehung nicht vom Körper gezogen werden kann. Presse diesen Arm also hart an die Hüfte und nimm die Hand des anderen Arms nur von der Hantel. Leiste dem Zug des Bootes entsprechenden Widerstand. Obwohl Du natürlich in der korrekten Ausgangshaltung für die Drehung nicht weiter rückwärts laufen kannst, darfst Du - wie bereits erwähnt - nicht versuchen, selbst die Drehung einzuleiten oder aktiv durchzuführen. Versuche statt dessen lediglich, mit einer Hand rückwärts zu laufen. Wenn Du die beschriebene perfekte Ausgangsposition hältst, zieht das Boot Dich automatisch weich und sanft in die Vorwärtsposition. Bei dieser vom Boot ausgelösten Aktion lehnst Du Schultern und das Körpergewicht zu der dem „Hantelarm" gegenüberliegenden Seite, um so dem nur auf eine Körperseite gerichteten Zug des Bootes entgegenzuwirken und ihn zu neutralisieren. Die Gefahr des Kippens zur einen Seite am Schluß oder nach der Drehung kannst Du ausgleichen, indem Du Dich zur gegenüberliegenden Seite lehnst.

Drehung von der Vorwärts- in die Rückwärtsposition

Dieser in der Wasserskisprache „Front to Back" genannte Trick gehört, ebenso wie alle folgenden, zu den schwierigen Figuren im fortgeschrittenen Wettkampfsportbereich. Es ist sicherlich einfacher, diesen Trick vorab mit Schuh-Ski zu üben. Der Schuh-Ski-Start ist der gleiche wie der erläuterte Vorwärts-Tiefwasserstart mit dem Unterschied, daß das Boot lediglich mit einer Geschwindigkeit von 35-40 km/h fährt. Für große und schwere Personen ist eine Maximalgeschwindigkeit von vielleicht 45 km/h erforderlich. Bei 40 km/h sind die Stürze zweifellos weniger hart. Außerdem ist es auf diese Weise leichter, sich eine gute Technik anzueignen und das richtige Gefühl für den gesamten Trick zu bekommen. Und schließlich haben Schuh-Ski den Vorteil, daß Du den Trick in einer Trainingsperiode öfter wiederholen kannst, was einerseits den Automatisierungsprozeß im Zusammenspiel von Muskeln und Nerven begünstigt und andererseits auch die Muskeln stärkt, die bei der Ausführung auf blanken Füßen benötigt werden. Ich fand für mich heraus, daß ich seit jeher als Basisdrehung die Drehung nach links präferiert habe, weil mein linkes Bein das stärkere ist. Dir mag dagegen die Drehung nach rechts leichter fallen. Du beginnst damit, daß Du Deine Füße in bequemer Haltung eng aneinander heranführst. Dann beugst Du die Knie und drehst im gleichen Augenblick die Hantel so hochkant, daß sie fast vertikal ausgerichtet ist. Die Hand Deiner „besseren Seite" (also der Seite, in die Du drehen möchtest) ist dabei die obere. Drehst Du also beispielsweise nach links, ist die linke Hand höher als die rechte. Wenn Du Dich nunmehr aufrichtest, versetzt Dich dies in eine Rotationsbewegung, die Dich recht schwerfällig auf dem linken Fuß drehen läßt. Nimm daher die linke Hand von der Hantel, unterstütze die Drehbewegung in die Rückwärtsposition und ergreife die Hantel wieder mit der linken Hand. Das Aufrichten und Drehen sollte langsam geschehen, wobei das Gesäß allerdings hoch zur Hantel gedrückt wird. In diesem Moment mußt Du die Hantel jedoch so schnell wie möglich wieder am Rücken ergreifen. Dabei hältst Du die Brust relativ tief und den Kopf nach oben.

Der sogenannte „Reverse-Trick", also die Drehung in die Gegenrichtung, wird mit einer völlig anderen Technik praktiziert. Um diese Drehung von der Vorwärts- in die Rückwärtsposition einzuleiten, beugst Du die Knie, nimmst jetzt die andere Hand von der Hantel und drückst die Schultern nach vorn. Sobald Du Dich nun aufrichtest, beginnst Du die Drehung, indem Du die Hantel mit der Hand Deiner stärkeren Seite zum Körper ziehst, die andere Hand von der Hantel nimmst und durch das Spritzwasser hindurch um das stärkere Bein nach hinten drehst. Auch hier noch einmal: Das Aufrichten und Drehen, bei dem gleichzeitig das Gesäß zur Hantel gedrückt wird, vollzieht sich langsam. Die Füße bleiben eng zusammen und die Hantel wird so schnell wie möglich ergriffen. Deine „Brust ist unten und der Kopf oben".

Grundsätzlich gibt es mithin zwei Wege, den „Front to Back" (von vorwärts nach rückwärts) zu erlernen. Wenn Du vor Deinem im Wasser verbleibenden stärkeren Bein herumdrehst, mußt Du die Hantel hochkant neh-

men, sobald Du die Knie beugst. Bei der Drehung in die Gegenrichtung hinter Deinem stärkeren Bein weg, streckst Du zuerst die Arme, gehst in die Hocke und ziehst die Hantel dann sehr hart in dem Augenblick zum Körper, wenn Du Dich aufrichtest, um das auf dem Wasser lastende Gewicht zu reduzieren (Dich sozusagen „leicht zu machen").

Diese Techniken und Methoden müssen von Dir so verinnerlicht werden, daß Du sie wie selbstverständlich und wie eine natürliche Körperbewegung ausüben kannst. Am besten erreichst Du das, indem Du ein Paar Schuh-Ski nimmst und versuchst, zunächst einmal herauszufinden, welche Drehrichtung für Dich angenehmer ist und auf welchem Fuß bei Drehungen ein höheres Gewicht lastet. Die erläuterten Techniken kannst Du dann viel effektiver anwenden. Um einen guten Rhythmus zu entwickeln, beginnst Du dieses Schuh-Ski-Training am besten bei einer Geschwindigkeit von 40 km/h. Anschließend reduzierst Du die Geschwindigkeit Schritt für Schritt bis auf 26-28 km/h bei einem Körpergewicht von etwa 80-90 kg und bis auf 24-26 km/h bei einem Körpergewicht von etwa 70-80 kg. Wenn Du die Drehungen so oft Du möchtest problemlos bei dieser Minimalgeschwindigkeit ausüben kannst, solltest Du die Schuh-Ski ausziehen. Du verfügst nun über das physische und psychische Rüstzeug, um die Drehungen auf den blanken Sohlen durchführen zu können.

Von der Rückwärts- in die Vorwärtsposition mit einem Bein über die Leine

Als nächster Trick wäre der sogenannte „Line Step Back To Front" an der Reihe. Auch hier gilt: Übe ihn vorab mit Schuh-Ski. In der Tat rate ich dringend dazu, für alle Drehungen im Stand zu Anfang Schuh-Ski zu benutzen. Bei der allmählichen Reduzierung der Geschwindigkeit im Rahmen des Schuh-Ski-Programms mußt Du eine Menge Spritzwasser in Kauf nehmen, und Du glaubst manchmal einzusinken. Verwende aber auf jeden Fall möglichst kleine Schuh-Ski - auch nachdem Du den Trick auf blanken Füßen bereits gemacht hast. Gehe wieder einen Schritt zurück und beende das Training auf Schuh-Ski zum Zwecke des notwendigen Konditionsaufbaus. Und das nach Möglichkeit 6 Monate lang, damit Du genügend Kraft bekommst.

Beim „Line Step Back To Front" startest Du in der Rückwärtsposition und spreizt die Beine sehr, sehr weit auseinander. Dann nimmst Du eine Hand langsam von der Hantel und greifst mit dieser von vorn zwischen den Beinen durch. Die inzwischen fast hochkant gedrehte Hantel kannst Du nun mit der freien Hand ergreifen, so daß nunmehr die andere

gelöst werden kann. Sobald Du die Hantel in dieser gebückten Haltung von vorn festhalten kannst, mußt Du die Beine wieder zusammenführen und lernen, in dieser Haltung rückwärts barfuß zu laufen. Kümmere Dich so lange nicht um das Problem, in die Vorwärtsposition zu gelangen, bis Du ein sicheres und angenehmes Gefühl für diese ungewohnte Haltung mit der zwischen den Beinen hindurchgeführten Leine entwickelt hast.
Als nächstes muß 90% des Körpergewichts auf den stärkeren Fuß verlagert werden. Ich empfehle Dir, dabei nur eine Hand an der Hantel zu belassen und die andere zur Stabilisierung des Gleichgewichts in der Luft zu halten. Erst wenn Du auch für dieses Laufen in Rückwärtsposition mit der Leine tief zwischen den Beinen durch und 90% Gewichtsverlagerung auf den starken Fuß genügend Sicherheit gewonnen hast, kannst Du darangehen, das schwächere Bein mit der Drehung in die Vorwärtsposition über die Leine zu heben. Ist Dein starkes Bein das linke, hältst Du die Hantel mit der rechten Hand und steigst mit dem rechten Bein über die Leine. Sollte das rechte Bein das stärkere sein, ist entsprechend die linke Hand an der Hantel, wenn Du in die Vorwärtsposition drehst.

Drehungen um 360°, 540° und 720°

Unter der Voraussetzung, daß Du die Drehungen von rückwärts nach vorwärts und von vorwärts nach rückwärts perfekt beherrschst, ist es relativ einfach, die 360°-Drehung zu erlernen. Alles, was Du zu tun hast, ist, aus der Vorwärtsposition eine weiche Drehung in die Rückwärtsposition durchzuführen und eine ebenso weiche Drehung nach vorn anzuschließen, wobei die Betonung jeweils auf weich liegt. Schon beim Beginn der Drehung von vorwärts nach rückwärts ist es wichtig, sanft und geschmeidig ohne zusätzliche Kraftanstrengung - also ohne Dich in die Drehung hineinzuschmeißen - zu drehen. Sobald Du dann die freie Hand in Rückwärtshaltung wieder an die Hantel bekommst, drehst Du einfach ohne Hast und Hektik weiter nach vorn. Auf diese Weise hast Du zwei weiche 180°-Drehungen oder einen „360°-Turn" gemacht.
Weitere Mehrfachdrehungen, die sich aus den erlernten „sauberen" Basisdrehungen von vorwärts nach rückwärts und zurück entwickeln, sind:

* Der sogenannte „Back to Back" um 360° (Drehung von der Rückwärts- in die Rückwärtsposition), bei der Du erst von rück- nach vorwärts und dann weich ohne Unterbrechung weiterdrehst, sobald Du die Hantel wieder in beiden Händen hältst.

- die 540°-Drehungen entweder in die Vorwärts- oder in die Rückwärtsposition, was ebenfalls sauber und ohne Zögern zu geschehen hat und
- die 720°-Drehungen entweder von der und in die Rückwärtsposition oder von der und in die Vorwärtsposition, die aber nicht nur den Höchstschwierigkeitsgraden zugerechnet werden müssen, sondern auch im Wettkampf von der Jury nur sehr, sehr schwer beurteilt werden können.

Drehungen auf einem Fuß

Eine andere Variation der Drehungen im Stand sind die in der englischen Sprache genannten „One-Foot-Turns". Das sind Drehungen von vorwärts nach rückwärts und rückwärts nach vorwärts, die lediglich auf einem Fuß ausgeführt werden. Die Technik ist exakt die gleiche wie die der 2-Fuß-Drehungen mit der Einschränkung, daß jeweils auf dem stärkeren Fuß gedreht und das schwächere Bein in der Luft gehalten wird.

Übe zunächst die Drehungen von der Vorwärts- in die Rückwärtsposition und zurück und erst dann konzentrierst Du Dich auf eine weiche 360°-Ein-Fuß-Drehung, welche als der schwierigste Trick auf einem Fuß überhaupt gilt.

Von der Vorwärts- in die Rückwärtsposition mit einem Bein über die Leine

An das bisherige Lernprogramm sollte sich nun der in der Wasserskisprache genannte „Line-Step-Front-To-Back" anschließen. Nur wenige Aktive zeigen diesen Trick im Wettkampf, weil für ihn - gemessen am hohen Schwierigkeitsgrad - laut Reglement nur relativ wenige Punkte vergeben werden.

Ohne Frage mußt Du in der Lage sein, wirklich gute Ein-Fuß-Drehungen durchzuführen, bevor Du Dich an diese Aufgabe heranwagst. Das Allerwichtigste bei dieser Drehung von vorwärts nach rückwärts mit einem Bein über die Leine ist, die Beine bis zum Beginn der Drehung sehr eng zusammenzuhalten. Dann hebst Du das schwächere Bein über die Leine. Falls Du bei dieser Bewegung mit dem Bein zu weit ausholst, kannst Du theoretisch in das Hanteldreieck treten oder einen bösen Spagat machen oder Dir eine Leistenzerrung zuziehen. Erfolgt die Drehung aber mit geschlossenen Beinen und dann der ebenso flüssige wie sofortige Schritt über die Leine, bist Du in der Lage, auch diesen Trick sicher zu vollenden. Und noch ein Tip: Halte die Hantel an einem Ende mit beiden Händen eng nebeneinander. Und zwar am linken Ende, wenn Du beispielsweise nach links drehst.

Drehungen mit einem Fuß in der Hantel

Aktiven und Insidern sind diese Tricks besser unter dem Begriff „Toe Turns" bekannt. Sie werden mit einem Fuß in der Schlaufe der Trickhantel von vorwärts nach rückwärts und zurück gedreht.

Natürlich ist es von entscheidender Bedeutung, die Basistricks „Front Toehold" (Fuß in der Hantel vorwärts) und „Back Toehold" (Fuß in der Hantel rückwärts) völlig kontrolliert durchführen zu können. Hast Du diese beiden aber erst einmal perfektioniert, fällt die Drehung relativ leicht.

In der „Toehold-Vorwärtsposition" mußt Du lediglich das Standbein ein klein wenig entlasten und den „Hantel-Fuß" sowie Knie und Hüfte dieser Körperseite drehen.

1

2

3

4

5

6

Leite die Drehung aber mit dem Oberkörper ein. Dadurch wirst Du in die Lage versetzt, weich in die Rückwärtsposition zu gelangen. Viel Technik ist für diesen Trick nicht erforderlich. Generell gilt nur, daß Du eine ruhige, bequeme und lockere Haltung einnehmen und das Standbein leicht gebeugt halten mußt. Vergewissere Dich aber vor der Drehung aus der Vorwärts- in die Rückwärtsposition, daß der Fuß des anderen Beins wirklich tief in der Schlaufe der Trickhantel sitzt. Das hilft Dir dann bei der Rückdrehung nach vorn. Genau damit solltest Du Dich aber nicht beeilen, sondern die Rückwärtshaltung erst einmal stabilisieren. Dabei winkelst Du das Knie des sich im Wasser befindlichen Fußes so stark an, daß es möglichst dicht an den Körper (Bauchgegend) gelangt. Auf diese Weise landest Du bei der Rückdrehung (und sitzt) weicher auf dem unteren Teil Deines Gesäßes. So schnell wie möglich lehnst Du Dich dann in dieser Sitzposition auf die Seite des (vorübergehend freien) Standbeins, bringst den Oberkörper nach vorn und setzt den Fuß wieder ins Wasser. Allerdings sollte zu dieser Bewegung des Oberkörpers nach vorn und zur Seite als weitere Hilfe hinzukommen, das Bein an jenem Unterschenkel zu umfassen, dessen Fuß in der Hantel ist. Wohlgemerkt, es handelt sich um den Unterschenkel des „Hantel-Beins", auf dessen Seite Du Dich dann mit einer Hand vom Wasser abdrücken kannst, sobald das Standbein auf dem Wasser aufsetzt.

Das bringt Dich wieder in die normale „Toehold-Vorwärtsposition". Falls der Fuß des Standbeins beim Aufsetzen auf dem Wasser unruhig springt, mußt Du ihn so weit zum Körper heranziehen, bis er stabil gleiten kann. Solltest Du auf halbem Wege nach hinten fallen, mußt Du den Unterschenkel des „Hantel-Beins" beim nächsten Versuch weiter unten in Höhe des Knöchels umfassen.

Alle Drehungen im Stand (ob auf einem Fuß oder auf 2 Füßen) und dementsprechend auch die „Toehold-Drehungen" können außerdem in Gegenrichtung (Reverse) ausgeführt und mit zusätzlichen Punkten laut Reglement honoriert werden.

Vorwärts-Tiefwasserstart mit Fuß in der Schlaufe

Zu den schwierigen und verblüffenden Startmethoden, mit denen Top-Athleten ihre Trickläufe im Wettkampf beginnen, gehört der sogenannte „Front Toe-up". Der einfachste Weg, diesen Trick zu erlernen, besteht darin, während des Laufens in Vorwärtsposition mit Fuß in der Schlaufe den Unterschenkel des „Hantelbeins" in Höhe des Knöchels zu umfassen; und zwar mit der rechten Hand, wenn der rechte Fuß in der Schlaufe ist, und umgekehrt. Setze Dich nun sachte auf das Wasser, indem Du das Knie des Standbeins stärker anwinkelst und Dich mit der freien Hand auf dem Wasser abstützt. Damit hast Du sozusagen die „Negativ-Form" des Tricks bereits absolviert, oder anders ausgedrückt: Du hast den Trick in umgekehrter Reihenfolge ausgeführt. Diese Erkenntnis verleiht Dir ein enormes Selbstvertrauen und wird Dir helfen, das erforderliche Gefühl für die anzuwendende Technik zu bekommen. Keiner großartigen Technik bedarf es allerdings, aus der bequemen Sitzposition wieder hoch in den Stand zu gelangen. Während der kontrollierten Gleitphase auf dem Gesäß brauchst Du nur wieder den Knöchel des „Hantelbeins" zu umfassen, den Oberkörper nach vorn über das stark angewinkelte Standbein zu beugen, die freie Hand auf das Wasser zu pressen und - ganz locker - eine kurze harte Schaukelbewegung nach vorn zu machen. Sehr wichtig ist, daß Du nach dieser kurzen Schaukelbewegung des Oberkörpers von hinten nach vorn den angewinkelten Fuß des Standbeins sehr, sehr hart auf dem Wasser aufsetzt. Versuche also nicht, den Fuß langsam und weich einzusetzen, sondern komm' mit dem Oberkörper mit Hilfe eines Rucks nach

vorn, presse den einen Fuß so hart Du kannst auf das Wasser und halte den Knöchel des anderen Fußes umfaßt. Gleichzeitig drückst Du Dich mit der freien Hand vom Wasser ab. Auf diese Weise bleibt die nach vorn gerichtete Körperhaltung erhalten, und Du kannst aufstehen. Denke aber daran, daß es um so leichter ist, hochzukommen, je stärker Du Dich vom Wasser abdrückst.
Vielleicht denkst Du zuweilen, Du könntest Deinen Fuß bis unter die Wasseroberfläche drücken. Keine Sorge, das kann nicht passieren - schließlich steht oder sitzt niemand auf Dir, der Kopf und Schultern nach unten preßt. Das einzige, was passieren kann, ist, daß der auf das Wasser gestellte Fuß unruhig springt. Um dies zu verhindern, ziehst Du diesen Fuß etwas näher an den Körper heran. Der Grund für dieses „Hüpfen" des Fußes ist nämlich, daß er zu weit vor dem Körper und nicht unter ihm mit dem Wasser in Berührung kommt.

Rückwärts-Tiefwasserstart mit Fuß in der Schlaufe

Eine andere schwierige Startmethode ist der „Back Toe-up". Grundvoraussetzung für das Erlernen ist die sichere Beherrschung des Rückwärtslaufens mit Fuß in der Schlaufe (Back Toehold). Dies unterstellt, startest Du in Bauchlage und mit dem Gesicht im Wasser, wobei ein Fuß in der Schlaufe der Trickhantel ist. Wenn das Boot anzieht, wölbst Du Deinen Körper (zum Hohlkreuz) und drückst die Hüften nach unten ins Wasser. Nachdem das Boot auf etwa 16 km/h beschleunigt hat, führst Du den freien Fuß des Standbeins so nahe wie möglich an den anderen „Hantel-Fuß" heran und setzt ihn dann aufs Wasser. Im Zuge der nun einsetzenden weiteren Beschleunigung auf Deine Rückwärts-Barfußgeschwindigkeit läßt Du mit Unterstützung der Hände den Fuß des Standbeins unter Deinen Körper und Dein Gesäß hoch in die Luft ziehen. Dabei mußt Du sehr locker bleiben, weil für diesen Bewegungsablauf nicht viel Energie erforderlich ist - das Boot zieht Dich in die gewünschte Position. Alles, was Du tun mußt, ist locker bleiben und dem Zug des Bootes folgen. Von besonderer Wichtigkeit ist allerdings, den Fuß des Standbeins konsequent auf Körpermitte ausgerichtet ins Wasser zu führen, wobei die Zehen in Richtung Körper hochgezogen bzw. angewinkelt werden. Ansonsten bleibt auch dieser Fuß locker, damit das Wasser die Fußspitze problemlos in Richtung des Schienbeins hochdrücken kann.

Rückwärts-Tiefwasserstart zum Stand auf einem Fuß
An zwei Dinge mußt Du Dich bei dieser „Back Deep To One" genannten Startmethode erinnern: Setze den Fuß exakt unterhalb der Leine ins Wasser und halte die Hantel besonders eng am Rücken. Dein Körper bleibt hier beim Aufstehen ziemlich gestreckt, wohingegen beim bereits erläuterten normalen Rückwärts-Tiefwasserstart erst das Gesäß und dann die Brust aus dem Wasser kommen. Vergiß nicht, vor dem Aufstehen bei etwa 48 km/h auf den Hüften unter totaler Körperkontrolle zu gleiten. Ein weiches Gleiten auf den Hüften erreichst Du am besten, indem Du in Gedanken versuchst, die Hantel über dem Gesäß zu zerbrechen und dabei die Schultern ins Wasser drückst und die Oberschenkel mit gestreckten Beinen anhebst.

Vorwärts-Tiefwasserstart zum Stand auf einem Fuß
Dieser „Front One-Foot Stand Up" ist eine Methode, bei der zum Schluß eines normalen Vorwärts-Tiefwasserstarts mit einem Fuß aufgestanden wird - und zwar mit dem stärkeren Fuß. Um zusätzliche Punkte im Wettkampf zu bekommen, kannst Du allerdings auch nach einem „Tumbleturn-Start" oder nach einem Tumbleturn-Trick mit einem Fuß aufstehen. Der Schlüssel zum Erfolg liegt darin, daß Du in der

Sitzposition mit angewinkelten Knien und Füßen noch in der Luft über eine völlige Körperkontrolle verfügen mußt. Sobald diese vorhanden ist, lehnst Du Dich über den Fuß, den Du ins Wasser setzen möchtest, setzt ihn nahe am Körper ein und stehst mit Hilfe einer Schaukelbewegung nach vorn auf.

BARFUSS-SLALOM (WELLENKREUZEN)

Eine andere Disziplin im Barfuß-Wettkampfsport ist der Slalom-Wettbewerb. Slalom bedeutet hier, daß der Läufer über die Heckwelle des Bootes hin und her kreuzt und nicht - wie im Wasserskisport - Bojen umrunden muß. Jedes Boot hinterläßt (in unterschiedlicher Ausdehnung) eine Heckwelle, die in vollem Umfang überquert werden muß. Nach der Überquerung drehst Du in die entgegengesetzte Richtung und kreuzt zurück. Im Wettbewerb stehen Dir zweimal 15 Sekunden zur Verfügung, um die Heckwelle so oft zu kreuzen, wie Du imstande bist. Profis und Spitzenläufer überqueren die Heckwelle grundsätzlich nur auf einem Fuß.
Für das Vorwärts-Wellenkreuzen benötigst Du eine stabile Barfußhaltung. Wenn ich die Heckwelle nach rechts überqueren möchte, beginne ich mit dem äußeren Fuß - in diesem Falle also dem linken - einen starken Druck in Laufrichtung (Welle bzw. Boot) auszuüben. Schon mit der Aufnahme des Schwungs nach rechts sollte der innere Fuß - in diesem Falle also der rechte - ein wenig angehoben werden. Beim eigentlichen Überqueren der Welle muß der Druck bzw. Schwung in Laufrichtung beibehalten werden. Aus diesem Grunde wird der den Druck ausübende äußere (hier linke) Fuß bis zur vollständigen Überquerung konstant unter der Leine geführt. Dann drehst Du in Gegenrichtung und nimmst Kurs zur linken Seite auf. Der Bewegungsablauf ist nun der gleiche, allerdings mit dem Unterschied, daß der rechte Fuß jetzt der aktivere äußere ist. Schiebe ihn etwas nach vorn und hebe den (nunmehr inneren) linken Fuß ein wenig an. Denke daran, daß der Druck auch während des Kreuzens der Welle aufrechterhalten und der (äußere) rechte Fuß unter der Leine geführt werden muß.

Um schneller zu werden, mußt Du den jeweiligen äußeren Fuß, mit dem Du drückst, so drehen, daß die Zehen in Laufrichtung zeigen.

Im Grunde sind zwei wichtige Dinge in Erinnerung zu behalten: Du läufst praktisch immer auf dem äußeren Fuß bzw. übst Druck in Laufrichtung aus, während der innere Fuß jeweils leicht angehoben wird. Und zweitens mußt Du den jeweiligen äußeren Fuß unter der Leine führen sowie in Laufrichtung drehen, um eine höhere Geschwindigkeit zu erreichen.

Im Wettkampf muß einer der beiden Slalomdurchgänge à 15 Sekunden in Rückwärtsposition absolviert werden. Läufer der Spitzenklasse kreuzen auch rückwärts mit einem Fuß, was entsprechend höher bewertet wird. Stabilisiere Deine Rückwärtshaltung, bevor Du mit dem Kreuzen beginnst. Dann sind die Abläufe die gleichen wie beim Vorwärtsslalom. Willst Du nach links kreuzen, drückst Du mit dem äußeren rechten Fuß in Richtung Boot bzw. Welle. Gleichzeitig hebst Du den linken inneren Fuß leicht an. In dem Moment, in dem der rechte Fuß sich mit Druck nach vorn bewegt, wird er automatisch unter die Leine geführt. Halte diese Position mit dem etwas nach vorn in Richtung Boot geschobenen rechten Fuß bis zur völligen Überquerung der Welle bei. Nach Vollendung der kompletten Kreuzung drehst Du in Gegenrichtung nach rechts, wobei der äußere Fuß der linke ist. Wenn Du ihn mit Druck in Richtung Boot bzw. Welle ausrichtest, wird er automatisch unter die Leine gebracht. In dem Maße, in dem Du ihn hart gegen das Wasser preßt, hebst Du nunmehr den rechten Fuß während der gesamten Wellenüberquerung nach rechts ein wenig an.

Bei Anwendung dieser Lernmethode beginnst Du das Wellenkreuzen vorwärts und rückwärts von vornherein richtig, weil Du den „inneren" Fuß automatisch mit der Zeit mehr und mehr anhebst und dabei Vertrauen gewinnst. Schneller wirst Du beim Rückwärtslaufen dadurch, daß Du die Ferse des (äußeren) Fußes, mit dem Du drückst, noch mehr in die gewünschte Laufrichtung drehst.

Per Saldo sind beim Wellenkreuzen drei grundsätzliche Dinge zu beherzigen. Der jeweils äußere Fuß wird gedrückt und unter der Leine geführt. Der innere Fuß wird leicht angehoben. Und bei Ein-Fuß-Kreuzungen muß der jeweils innere Fuß deutlich sichtbar für die Schiedsrichter während der gesamten Überquerung vom Wasser abgehoben werden. Schnelleres Kreuzen wird durch zunehmend stärkeres Drehen des äußeren Fußes in Laufrichtung (Heckwelle) erreicht. Das gilt auch für das Rückwärtslaufen auf einem Fuß.

BARFUSS-SPRINGEN

Um das Schanzenspringen auf sichere Art und Weise erlernen zu können, mußt Du sehr, sehr stabil auf Deinen Füßen stehen. So solltest Du u.a. auf jeden Fall beherrschen: Laufen auf einem Fuß, Laufen mit Fuß in der Hantel, Laufen auf einem Fuß mit Hantel im Nacken und Hantel in den Zähnen sowie Wellenkreuzen. Nur, wenn Du alle diese Aufgaben tatsächlich problemlos erfüllen kannst, sind die Voraussetzungen für die ersten Sprungversuche gegeben. Dies aber auch nur, wenn das Wasser spiegelglatt ist. Schließlich möchtest Du nicht riskieren, aufgrund rauhen Wassers mit den Zehen einzutauchen.
Drei Dinge sind zu beachten, wenn der erste Sprung gelingen soll:

1. Sei Dir bewußt, wo die Wasserkante unter Deinem Fuß verläuft, und halte die Zehen hoch.

2. "Halte Kurs". Wenn der Bootfahrer sich der Schanze nähert, richtet er sich darauf ein, sie in einem Abstand von etwa 3-3,5 m in Fahrtrichtung links zu passieren. Das bedeutet für Dich, daß Du aus der Welle herausziehen und direkten Kurs auf die Schanze nehmen mußt.

3. Äußerst wichtig ist bei der Landung hinter der Schanze, daß Du die Hantel festhältst. Auch wenn die Landungen hart sein können: Denkst Du nicht zu Beginn daran, festzuhalten, was die ersten Male häufig der Fall ist, vergißt oder verdrängst Du es. Die Folge ist, daß Dir die Hantel beim Aufkommen auf dem Wasser aus der Hand gerissen wird. Lasse Dir daher nach der Landung genügend Zeit beim Aufstehen und nimm die Hantel vorher zum Körper, damit Du den entstehenden Zug ausgleichen kannst.

Der besonderen Bedeutung wegen also noch einmal in Kürze:

1. Zehen hoch. 2. Kurs halten. 3. Festhalten.

Nimm eine stabile Haltung - wie beim Sitzen auf einem Stuhl - ein, wenn Du Dich der Schanze näherst, wobei die Knie in einem Winkel von ungefähr 60° gebeugt sind. Ziehe vor der oder beim Auftreffen auf die Schanze auf keinen Fall die Arme an bzw. die Hantel zum Körper. Statt dessen solltest Du etwa 1,5 m vor der Schanze den Körper ein wenig aufrichten. Das verhindert, daß Du die Schanze mit dem Gesäß berührst (was inzwischen auch laut Wettkampfreglement untersagt ist). Wohlgemerkt: Es geht dabei nicht um die Sprungweite, sondern zunächst lediglich

darum, den „Hintern" von der Schanze fernzuhalten. Keineswegs darfst Du aber die Beine völlig strecken, weil sie ja die Aufgabe haben, den beim Auftreffen auf die Schanze entstehenden Druck abzufedern. Bevor Du versuchst, auf größere Weiten zu kommen, solltest Du unbedingt in der Lage sein, nach dem Sprung direkt auf den Füßen ("feet to feet") zu landen. Lerne auch an der Stange zu springen. Erst, wenn Du springen kannst, ohne daß die Füße auf dem Schanzentisch nach vorn wegrutschen (auch nicht minimal), kannst Du damit beginnen, den Körper mehr zu strecken.
Der richtige Moment zum Aufrichten ist 1/2 - 1 1/2 m vor Erreichen der Schanze, da Du sie dann in völlig gestreckter Standposition überquerst. Deine weitesten Sprünge erreichst Du, wenn Dir das richtige Timing für das Strecken des Körpers gelingt und Du gleichzeitig das Wegrutschen der Füße vor den Körper verhindern kannst.

ÜBERSICHT ÜBER BARFUSS-GESCHWINDIGKEITEN

In der nachfolgenden Tabelle wird von durchschnittlichen Körpergewichten und vom Vorwärtslaufen an der langen Leine auf zwei Füßen ausgegangen. Für das Rückwärtslaufen an der langen Leine wird das generelle Tempo ebenso reduziert wie für das Laufen an der Lernstange, wobei auch hierfür nochmals zwischen vorwärts und rückwärts unterschieden wird. Selbstverständlich kann es sich bei den hier empfohlenen Basisgeschwindigkeiten nur um pauschale Richtwerte handeln:

Körpergewicht des Läufers	50 kg	75 kg	100 kg
Durchschnittsgeschwindigkeit an langer Leine auf 2 Füßen vorwärts	50-52 km/h	58-60 km/h	64-66 km/h
Durchschnittsgeschwindigkeit an langer Leine auf 2 Füßen rückwärts	46-48 km/h	54-56 km/h	60-62 km/h
Durchschnittsgeschwindigkeit an Lernstange auf 2 Füßen vorwärts	48-50 km/h	56-58 km/h	62-64 km/h
Durchschnittsgeschwindigkeit an Lernstange auf 2 Füßen rückwärts	42-44 km/h	50-52 km/h	56-58 km/h
Durchschnittsgeschwindigkeit für das Laufen auf einem Fuß	58-62 km/h	64-68 km/h	72-74 km/h

Anmerkung:
Der auf unseren faszinierenden Fotos von Mike Seipel demonstrierte revolutionäre Barfuß-Sprungstil wurde von ihm und dem in seiner Schule seinerzeit tätig gewesenen Casey Scalise erstmals bei der 7. Barfuß-Weltmeisterschaft 1990 in Jacksonville/Florida gezeigt. Er ist nur für erfahrene Spitzenläufer nach langem Intensivtraining geeignet, das auf den hier erläuterten Trainingsempfehlungen aufbaut. Da er aber bereits in der Wettkampfsaison 1992 wegen seines Sensationscharakters viele Nachahmer gefunden hat, wird dieses aktuelle Thema der Vollständigkeit halber gesondert vom international erfahrenen Erfolgstrainer Robert Teurezbacher im abschließenden Abschnitt über den Barfußskisport behandelt:

DER NEUE BARFUSS-SPRUNGSTIL

von Robert Teurezbacher - in Zusammenarbeit mit Bart Sileghem

Der im Jahre 1948 geborene Österreicher Robert Teurezbacher lebt in Winter Haven/Florida, wo er den Schulungs- und Verkaufsbetrieb „Barefoot Etc." aufgebaut hat. Insgesamt 11 mal wurde er Europameister, davon viermal in der Kombinationswertung (78, 82, 84 und 85). Sein größter Erfolg war die Erringung der Silbermedaille im Schanzenspringen bei den Weltmeisterschaften 1982 in Mexico. Der Europameister des Jahres 1989 im Slalom und des Jahres 1992 im Springen, Bart Sileghem aus Belgien, ist seit Jahren in der Wintersaison bei „Barefoot Etc." als Trainer tätig.

Der durch Zufall (ein zunächst als mißglückt angesehener Versuch regte zum Nachdenken an) entstandene neue Sprungstil wird von den Amerikanern als „inverted style" (umgekehrter bzw. auf den Kopf gestellter Stil) bezeichnet.

So wie sich nicht jeder Slalomläufer des Schneeskisports für den Abfahrtslauf eignet, kann auch das Schanzenspringen im allgemeinen und der neue Sprungstil im besonderen nicht jedem Barfuß-Wettkampfläufer empfohlen werden. Eine solide sportliche Grundausbildung ist eine Voraussetzung, die Erlangung technischer Grundfertigkeiten in den Disziplinen Slalom und Figurenlauf eine zweite. Beim Springen ist zusätzlich aber von entscheidender Bedeutung, ob der jeweilige persönliche Charakter auch in kritischen Situationen, die Mut und Herz bedingen, sozusagen Verhaltensweisen eines gut funktionierenden Kühlschranks zuläßt. Da für jeden Menschen das Problem der objektiv richtigen Selbsteinschätzung besteht, sollten „Do-it-yourself-Versuche" ohne einen erfahrenen Trainer tunlichst unterbleiben.

Und noch zwei wichtige Hinweise vorab:

- Barfußläufer, die in der Lage sind, bis zu etwa 14 m im herkömmlichen Stil zu springen, sollten unbedingt zunächst Weitenverbesserungen bis zu 17 oder 18 m durch technische Verbesserungen im Detail anstreben, bevor sie sich mit dem neuen Stil befassen. Wohlgemerkt: Der „inverted style" dient ausschließlich dazu, auf extreme Weiten jenseits der 20-m-Marke zu gelangen.
- Ohne Frage kommt es bei einer derartig gravierenden Umstellung des Sprungstils auf alle Feinheiten richtiger Körperhaltungen in der Vorwärtsposition an. Auf das Laufen in Rückwärtsposition sollte daher zumindest vorübergehend verzichtet werden.

Soweit die vorbeschriebenen persönlichen Kriterien erfüllt werden, praktizieren wir nach den Grundsätzen des auf Sicherheit und Lerneffizienz ausgerichteten „motorischen Lernens" folgende Lernschritte:

Erster Schritt: Springen mit Schuh-Ski!

Die Binsenwahrheit, nach der die bestmögliche Lerneffizienz bei geringstmöglicher Geschwindigkeit im Anfangsstadium erreicht wird, gilt im Wasserski- bzw. Barfußskibereich ebenso wie im Straßenverkehr. Geschwindigkeitsreduzierungen sind optimal mit Hilfe der inzwischen hinreichend bekannten Schu-Ski erzielbar. Die Bewegungsabläufe, insbesondere bei der Landung, werden besser kontrollierbar, und die Schanze wird als weniger rutschig empfunden. Die Geschwindigkeit des Bootes sollte - je nach Körpergewicht des Läufers - zwischen 42 und 52 km/h liegen. Ein Durchschnittsgewicht von 75 kg würde daher einer Geschwindigkeit von etwa 47 km/h entsprechen.

oben: Ex-Europameister Robert Teuzenbacher
unten: Bart Sileghem

Bei der Anfahrt auf die Schanze ändert sich an der üblichen Idealhaltung des Springers nichts:
Knie hinter den Fußknöcheln - Hüfte hinter den Knien - gerader Rücken - Schultern zurück - Arme minimal angewinkelt - Hantel tief in Nabelhöhe.

In dieser „bewegungsbereiten Grundstellung", die bequem und entspannt sein sollte, nähert sich der Springer der einzigen Gefahrenzone des Sprungkurses: den letzten 10 m vor der Schanze. Aus einer dort eingenommenen tiefen Hockstellung erfolgt ein langsames und kontrolliertes (das heißt nicht aggressives) Aufrichten kurz vor (also ca. 10 cm) der Schanze. Bildlich ist beim Strecken des Körpers die gedankliche Vorstellung denkbar, daß „man sich auf einer dünnen Eisdecke bewegt". Schon bei Erreichen der zweiten Hälfte des Schanzentisches ist der Körper dann fast gestreckt, wobei die Hantel in Schulterhöhe gehalten wird. Von entscheidender Bedeutung sind in dieser kritischen Phase zwei Dinge:

Zum einen besteht die Aufgabe nicht darin, „gegen die Schanze zu laufen", sondern den Winkel der Schanze als Katapult für sich wirken zu lassen.
Und zum anderen sind Eigenaktivitäten nach Aufrichten des Körpers mit Hantel in Schulterhöhe bis kurz vor der Landung nicht mehr gefragt.

Im Klartext heißt dies, daß die Zugleine straff bleiben und der Springer sich ohne Widerstand unter Ausnutzung des gesamten Schanzentisches als Katapult vom Boot völlig entspannt mit dem Kopf nach vorn (inverted) durch die Luft ziehen lassen muß. Ein zusätzliches Ziehen an der Hantel würde immer ein anschließendes unerwünschtes Durchhängen der Zugleine zur Folge haben.

Keine Sorge, trotz dieser unabdingbaren Passivität in der Luft bringen die ehernen Gesetze der Flieh-, Zug- und Schwerkraft alles wieder ins rechte Lot. In der Luft wird nämlich automatisch zunächst die Hantel unter den Oberkörper und dann der Unterkörper wieder nach vorn geführt. Ähnlich wie beim „tumble-turn" wirkt die Hantel als Zentrierungspunkt auf die Körperachse ein. Die eigentliche Landung wird selbstverständlich - wie beim herkömmlichen Sprungstil - dadurch eingeleitet, daß die Hantel etwa in Hüfthöhe dicht an den Körper herangeführt wird, damit die nach dem Aufkommen auf dem Wasser einsetzende Zugwirkung des Bootes ausgeglichen werden kann. Allerdings weist der neue Sprungstil neben dem Weiteneffekt in dieser Phase noch einen weiteren Vorteil auf: Durch die flachere Flugkurve ist das Auftreffen auf dem Wasser weniger hart und das anschließende Aufstehen relativ leichter. Während der „14-m-Springer" im konservativen Sprungstil Weitenverbesserungen u.a. durch eine größere Sprunghöhe erzielt, erreicht der „18- oder 20-m-Springer" also bei gleicher Flughöhe nur durch die Umstellung auf die veränderte Technik seine „Ergebnisverbesserung".

Zweiter Schritt: Springen mit verkleinerten Schuh-Ski!
Um sich allmählich dem angestrebten Endstadium des Springes im neuen Stil mit blanken Füßen zu nähern, sollten in der zweiten Lernphase Schuh-Ski mit verkleinerten Laufflächen verwendet werden. Dementsprechend muß die Geschwindigkeit - je nach Körpergewicht - auf 52 bis 60 km/h erhöht werden. Ein Läufer mit 75 kg Gewicht würde demnach etwa 56 km/h benötigen.

Ebenso wie in der ersten Trainingsphase mit Schuh-Ski in Normalgröße sind auch hier rund 50 Sprünge erforderlich, um ein ausreichend sicheres Gefühl für die „auf den Kopf gestellte Sprungtechnik" zu bekommen. Körperhaltung und Bewegungsabläufe bleiben unverändert.

Dritter Schritt: Springen mit blanken Füßen!
Auf das Springen mit der zugelassenen Höchstgeschwindigkeit von 70 km/h sollte auch in dieser 3. Trainingsphase verzichtet werden, da wiederum 50-60 Sprünge erforderlich sind, um eine hinreichende Sicherheit zu erreichen. Je nach Körpergewicht sind 60 bis 67 km/h angebracht, wobei der 75-kg-Läufer etwa 63 km/h wählen sollte.
Da die ausführlich beschriebene Sprungtechnik und damit Körperhaltung und Bewegungsabläufe absolut unverändert bleiben, besteht das Trainingsziel nun nur noch darin, eine stabile Sicherheit und Routine zu erlangen. Good Luck!

WASSERSKI-RENNEN (RACING)

von Steve Moore (gekürzte Fassung)

Der selbständige Automechaniker Steve Moore aus England ist oftmaliger britischer Meister, mehrmaliger Europameister sowie World-Cup-Sieger und wurde erstmals im Jahre 1987 Weltmeister in der Wettkampfsparte „Wasserski-Racing".

Anders als die „Einzelsportarten" Wasserski-Boot, Wasserski-Seilbahn oder Barfuß-Wasserski ist Wasserski-Racing ein reiner Teamsport, bei dem Läufer, Fahrer und Beobachter gleichermaßen wichtig sind. Nur, wenn ein bestimmtes Verständnis und Einvernehmen zwischen diesen drei erreicht wird, kann Wasserski-Rennen ein erfüllender und zuweilen auch erfolgreicher Sport sein. Die Wahl des idealen Kurses im Rennen (auch oder insbesondere an den Wendemarkierungen), das Beobachten des eigenen Läufers und der anderen Rennteams und die ebenso schnelle wie feinfühlige Anpassung der Geschwindigkeiten an Rennverlauf, Wasserverhältnisse, Laufstil und körperliche Verfassung des Läufers etc. ohne Schlappseileffekte sind neben anderen (wie beispielsweise Ausrüstung und Technik) entscheidende Kriterien. Für die Kommunikation zwischen den Teammitgliedern gibt es keine feststehenden Regeln. Jedes Team entwickelt eine individuell passende Zeichensprache, die möglichst einfach und simpel sein sollte. Der Läufer muß lernen, sich bei möglichst maximalem Tempo auf die Dauer eines Rennens einzustellen ohne zu stürzen. Bei dieser „Langzeit-Konzentration" muß er sozusagen „blind" darauf vertrauen, daß die beiden anderen des Teams ihm helfen.

Wasserski-Rennen werden von den nationalen und internationalen Wasserski-Verbänden auf der Basis der festgelegten Reglements organisiert. Voraussetzung für eine Teilnahme ist daher die Mitgliedschaft in einem Wasserski-Club, der diesen Verbänden angeschlossen ist. Für die Rennen gibt es zwei Hauptklassen: die für

Herren und die für Damen. Daneben starten Jugendliche (bis 15 Jahre) und Junioren (bis 18 Jahre) sowie Veteranen (über 35 Jahre) bei offiziellen Meisterschaften getrennt. In der Regel beträgt die Renndauer für die Herren eine Stunde und eine Runde, und für die Damen 45 Minuten und eine Runde.

Ähnlich wie im Auto- oder Motorradrennsport können sich die Rennteams für nach Formeln eingeteilte Klassen qualifizieren, die sich nach Maschinenstärke und Bootsgröße richten:

	Maschine/n	Größe des Bootes
Formel 1 =	3001 - 8200 ccm	6,40 m
Formel 2 =	2001 - 3000 ccm	6,40 m
Formel 3 =	1301 - 2000 ccm	5,40 m
Formel 4 =	bis 1300 ccm	4,80 m

Angesichts der relativ hohen Kosten für Anschaffung und Unterhaltung sind die meisten Rennteams heutzutage auf Sponsoren angewiesen. Zur Ausrüstung des Läufers gehören u.a.:

* ein reißfester Wasserskianzug (Neopren oder dergleichen);
* eine starke Prallschutzweste, die auch harte Stürze absorbiert;
* ein Helm, der sich bei Stürzen nicht löst;
* eine Schutzbrille, die Spritzwasser, Wind und Salz abhält;

* eine geeignete Wasserskileine, die laut Reglement mindestens 21 m lang sein soll, in der Praxis aber durchweg zwischen 40 und 80 m lang ist (je schneller das Team, um so länger die Leine, wobei allerdings auch Wasserverhältnisse und Bootstyp eine Rolle spielen) und eine Ersatzleine;
* eine spezielle „Hantel", die meist aus Nylongurten mit einem Zwischenstück, das mit (fast) gestrecktem Arm vor dem Körper gehalten wird, und zwei Griffen besteht, die zur Entlastung hinter dem Rücken mit der anderen Hand festgehalten werden;
* ein Racing-Ski aus Holz oder Kunststoff, der breiter und länger ist als ein normaler Monoski. Die Lauffläche ist flach. Unter dem Skiende ist eine große Finne angebracht. Normalerweise beträgt die

Skilänge 1,98 m und die Breite 16,5 cm. Von großer Bedeutung ist auch die Qualität der nicht scheuernden Bindungen.

Die Startprozedur bei Rennen ist recht einfach. Im Startboot werden zunächst 2 Flaggen hochgehalten, die eine 3-Minuten-Frist bis zum Start anzeigen. Nach 2 1/2 Minuten wird eine Flagge eingezogen, wodurch die „letzten 30 Sekunden" angezeigt werden. Für den Start (nach dem Einholen der zweiten Flagge) gibt es mehrere Methoden. Das „Umwickeln" des Körpers mit der Hantel schon in der Startvorbereitungsphase ist von Vorteil, weil die Konzentration in der ersten Rennphase bei manchmal bis zu 50 oder 60 Booten in einem Rennen voll und ganz darauf ausgerichtet sein muß, sich eine gute Ausgangsposition zu verschaffen. Allerdings ist die Beherrschung der konventionellen Methode (dem Monoskistart ähnlich) Grundvoraussetzung für jeden Rennläufer.

Während des Rennens hält sich der Läufer selten in der Mitte der Heckwelle, sondern meist rechts oder links davon im glatteren und weicheren Wellental auf.
So individuell der Laufstil aufgrund unterschiedlicher konstitutioneller Voraussetzungen oft ist, für eine ausreichende Fitness müssen ausnahmslos alle Aktiven sorgen. Beansprucht werden in diesem Ausdauersport besonders die Beine und der Rücken. Ein gezieltes Kraft- und Ausdauertraining kann durchaus abwechslungsreich und nach persönlichen Gegebenheiten strukturiert und gestaltet werden. Da in vielen Situationen auch ein gutes Reaktionsvermögen vonnöten ist, läßt sich das Trainingsprogramm nach meiner Überzeugung gut mit Squash und Dehnungsübungen kombinieren.

Fassen wir noch einmal zusammen: Wasserski-Racing ist ein Teamsport, in dem alle 3 Mitglieder eine wichtige Rolle spielen. Deine Ausrüstung (einschließlich Boot) muß in erstklassigem Zustand gehalten werden. Deine physische Verfassung muß exzellent sein, weshalb vor jedem Rennen auch ein gezieltes Aufwärmprogramm unverzichtbar ist. In psychischer Hinsicht solltest Du darüber hinaus über Entschlossenheit, Begeisterungsfähigkeit, Disziplin und Willenskraft bzw. Siegeswillen verfügen. Je mehr Du von alledem investierst, um so besser sind die Ergebnisse. Der Erfolg kommt aber nicht über Nacht - am Ende zahlen sich nur harte Arbeit und Erfahrung aus.

FREESTYLE-WASSERSKI

von Scott Clack

Der Amerikaner Scott Clack gehört als Wasserski-Profi zur bekanntesten und traditionsreichsten Show-Truppe des Freizeitparks Cypress Gardens in Winter Haven/Florida.. Viermal wurde er bereits Gesamtsieger der US-PRO-TOUR in seiner Spezialdisziplin, dem Freestyle-Wettbewerb. Bei der „Pro-Tour" handelt es sich um eine jährliche „Cash-Preis-Veranstaltungsserie", zu der nur die internationale Top-Elite der Wasserski-Professionals eingeladen wird. Das Veranstaltungsprogramm unterscheidet sich dort gegenüber Wettkämpfen der nationalen und internationalen Wasserski-Verbände (z.B. in Deutschland) insbesondere insoweit, als versucht wird, das gesamte Spektrum des Wasserskisports einschließlich Barfuß-Wasserski und Freestyle-Wasserski zu zeigen. „Freestyle" ist ähnlich wie im Schneeskisport die Bezeichnung für ein Springen, das mit schwierigen und waghalsigen Figuren kombiniert wird. Zu Scott Clack's Freestyle-Repertoire gehören u.a. der Doppel-Salto vorwärts auf einem Ski, eine 720°-Drehung um die eigene Achse in der Luft auf einem Ski, der Doppelsalto vorwärts auf Paar-Sprungski, der Rückwärtssalto sowohl auf Paar-Sprungski als auch auf einem Ski, und beides auch mit ganzer Schraube.

Freestyle-Wasserski ist ebenso gefährlich und aufregend wie das normale Wasserski-Schanzenspringen. Von einer spektakulären Nummer in den großen Wasserski-Shows hat es sich in den USA inzwischen zu einer ernstzunehmenden Wettkampfdisziplin entwickelt, für die bei Veranstaltungen der professionellen Wasserski-Tournee beachtliche Geldpreise ausgelobt werden.

Die Top-Freestyle-Springer erreichen immerhin auf einem Ski Weiten von 40 m - und das obendrein mit einem Salto oder zwei. Viele Wasserskiläufe würden sich über ein derartiges Weitenergebnis auf Paar-Sprungski freuen, ohne zusätzlich eine Vorwärts- oder Rückwärtssalto mit oder ohne Schraube machen zu müssen. Anders als in den anderen Disziplinen des Wasserski-Wettkampfsports sind in den Freestyle-Wettbewerben Stil und Ausführung des Springers von Bedeutung. Er kann hierfür ebenso viele Punkte erzielen wie für die Weite. Die Höhe dieses Punktanteiles richtet sich, wie beim Trickski-Wettbewerb, nach dem Schwierigkeitsgrad der gezeigten Figuren. Seit der Einführung der Sprungtricks auf einem Ski im Jahre 1987 gibt es alle Freestyle-Tricks in zwei Versionen, nämlich auf Paar-Sprungski und auf einem Ski. Allerdings werden die Sprünge auf einem Ski höher bewertet, weil es erheblich schwieriger ist, bei der Landung auf dem Wasser die Balance zu halten.

Großartig an dieser Disziplin ist die Tatsache, daß sie sich ständig in der Weiterentwicklung befindet. Salti sind inzwischen relativ leicht auszuführen und üblich geworden, daher wagen sich die Top-Springer nun an den Doppelsalto vorwärts auf einem Ski mit einer 540°-Drehung, bei dem Du mit dem Rücken zum Boot landest. Selbstverständlich führt der Weg zu derartigen Tricks nur über die totale Beherrschung der Basiselemente und die Erlangung eines ausgeprägten Gefühls für diesen Sport.

Bevor Du Dich an Freestyle-Manövern versuchst, solltest Du ein voll ausgebildeter und sicherer Schanzenspringer sein. Die einzelnen Phasen des Springens sollten Dir also „in Fleisch und Blut" übergegangen sein: das Schleudern auf die Schanze unter Beibehaltung einer guten Körperhaltung vor und auf dem Schanzentisch (Rücken gerade, etwas nach vorn gebeugt, Knie angewinkelt, Kopf hoch und Ski schulterbreit auseinander) sowie das Abdrücken von der Schanze, das Dir für die Vollendung von Tricks mehr Zeit verschafft. Dies vorausgesetzt, besteht der nächste Schritt darin, die angestrebten Sprungmanöver zunächst abseits der Schanze zu erlernen. Du mußt wissen, was zu tun ist, und dann trainieren - entweder auf einem Trampolin oder in einem Schwimmbad oder von einem Startsteg bzw. einer Kaimauer herunter. Überschlagmanöver von einer entsprechenden Plattform ins tiefe Wasser helfen dabei, Körper und Geist diese Form des Springens bewußt zu machen und die Sinne darauf zu schulen, wo sich jeweils das Wasser für die Landung befindet. Durch einen Freund kannst Du auch den Zug des Bootes in etwa simulieren lassen.

Wenn ich einen neuen Trick einstudiere, mache ich es mir immer so einfach und leicht wie möglich. So lasse ich die Geschwindigkeit des Bootes von 57 km/h auf 48 km/h reduzieren. Und ich benutze kürzere Ski, beispielsweise ein Paar alter Sprungski, von denen ich ein Stück abgesägt habe. Ich stelle die Bindungen aber in jedem Falle so lose ein, daß sie leicht vom Fuß rutschen, falls etwas schiefgeht.

Hier nun meine Tips für die drei Basis-Freestyle-Tricks, für die Du die gleiche Ausrüstung wie beim Schanzenspringen (Sprunganzug mit Prallschutz, Sprungski, Helm) und zusätzlich im Boot ein sogenanntes „Quick-Release" (Schnellauslöser für die Leine am Skimast) benötigst. Versuche Dich an diesen „Stunts", aber nicht ohne erfahrenen Bootfahrer und einen Beobachter am Quick-Release, der weiß, was er tut.

Die Drehung um 360° („Helikopter")

Sorge zur Vorbereitung dafür, daß die Schanze auf eine Höhe von 1,65 m eingestellt wird und der Bootfahrer eine Geschwindigkeit von ungefähr 48 km/h einhält. Das Boot sollte dabei nicht innerhalb der Bootsgasse, sondern zwischen Schanze und Bootsgasse fahren.

1. "Wickle" die Leine so um Deinen Körper, daß Du die Hantel in Taillenhöhe am Rücken halten kannst, und zwar mit der linken Hand. Die rechte Hand ergreift die Leine mit angewinkeltem Arm kurz vor der rechten Hüfte.
2. Beuge die Knie, halte den Kopf hoch und richte den Körperschwerpunkt in etwa auf die Fußballen aus.
3. Fahre wie bei Deinen ersten Sprungversuchen gerade auf die Schanzenmitte zu.
4. Bereite Dich wie folgt auf den Absprung vor: Sobald Du den oberen Teil des Schanzentisches erreicht hast, leitest Du die Drehung mit der rechten Hüfte ein und drückst mit der rechten Hand zur Unterstützung der Drehung die Leine leicht nach unten.
5. Die Drehung. Die Einleitung der Drehung mit der rechten Hüfte, das Halten der Hantel dicht am Rücken in Taillenhöhe und der aufrecht gehaltene Kopf garantieren die notwendige korrekte Körperachse.
6. Der Abschluß. Drücke die linke Hand mit der Beendigung der Drehung leicht nach unten und führe die rechte Hand wieder an die Hantel.

Vorwärts-Salto

Auch hier mußt Du gerade auf die Schanze zufahren und die Laufrichtung auf die Schanzenmitte ausrichten. Die Geschwindigkeit des Bootes sollte ungefähr 51 km/h betragen, und das Boot sollte wie beim Helikopter seinen Kurs zwischen Schanze und Bootsgasse einhalten.

1. Halte den Kopf hoch, winkle die Knie leicht an und halte den Körperschwerpunkt in etwa über den Fußballen.
2. Der Absprung. Halte Deine Schultern auf dem Schanzentisch parallel bzw. rechtwinklig zur Absprungkante. Das Abspringen nach oben und das Heranziehen der Hantel zur Taille leitet die Rotationsbewegung ein. Rolle daher als nächstes Kopf und Schultern ein und drücke die Brust nach unten zu den Knien. Ziehe aber nicht die Knie hoch zur Brust.

3. Der Abschluß. Beende die Rotationsbewegung, wenn Du zum Schluß der Drehung das Wasser zwischen den Skiern wahrnimmst. Das Aufrichten des Körpers stoppt folglich die Rotation, wenn Du das Wasser siehst.

Um eine saubere Rotation beim Salto sicherzustellen, kannst Du beim Absprung die linke Schulter ein wenig nach vorn schieben.

Merke:
Rotationen und Drehungen werden beschleunigt, indem man den Körper „kleinmacht", das heißt also, die Arme und Beine eng anlegt. Falls die Gefahr des „Überdrehens" besteht, mußt Du die Arme ausbreiten.

Rückwärts-Salto

Beim sogenannten „Gainer" sollte die Geschwindigkeit 54 km/h betragen und das Boot - wie bei den beiden zuvor beschriebenen Tricks - zwischen Schanze und der inneren Boje der Bootsgasse fahren.

1. Die Anfahrt. Fahre auf die Schanze mit einem progressiven „Double-Wake-Cut" (zweifaches Durchschneiden der Heckwelle) zu, wobei Du beim Heranschleudern langsam startest und die Geschwindigkeit bis zum Schanzentisch kontinuierlich steigerst. Noch einmal zur Erinnerung: Kopf hoch, Knie beugen und Körperschwerpunkt in etwa über den Fußballen.
2. Aufkanten. Das Aufkanten der Ski bis auf den Schanzentisch ist eines der wichtigsten Dinge, an die Du Dich erinnern solltest. Dadurch wird die Leine straff gehalten und die Rotation erleichtert.
3. Der Absprung. Mit dem Erreichen der Absprungkante springst Du nach oben ab, indem Du mit Hüften und Beinen abdrückst und gleichzeitig den Kopf hoch und nach hinten streckst.

Ein wichtiger Tip:
Beuge beim und nach dem Absprung zum Rückwärts-Salto nicht die Knie und nimm keine „Sitzhaltung" in der Luft ein. Wenn Du mit der Ausführung des Tricks zu früh beginnst, besteht die Gefahr, daß Du mit dem Kopf auf die Schanze schlägst. Entscheidend ist daher, daß Du hoch und nach hinten abspringst - und Dich nicht nur nach hinten fallen läßt. Bei den ersten Versuchen solltest Du die Hantel bereits auf der Schanze nach unten drücken, die Ausführung des Tricks aber so fortsetzen, als ob Du beide Hände an der Hantel hättest.

Und noch eine Anmerkung zum Schluß:
Die Durchführung dieser Tricks auf einem Ski zu erlernen, war für mich sehr schmerzvoll. Viele harte Stürze mußte ich in Kauf nehmen, wobei ich mir viele Rippen gebrochen habe. In einem Sommer habe ich mir beispielsweise ein und dieselbe Rippe allein viermal gebrochen. Den Vorwärts-Salto auf einem Ski habe ich wirklich gehaßt, aber ich mußte ihn machen, um zu gewinnen. Nur aus diesem Grunde habe ich ihn weiterhin trainiert. Schließlich sagte ich mir aber, „laß' es uns versuchen, ohne ihn zu gewinnen". Gelegentlich wollte ich auch so verfahren, mußte jedoch dann wieder einsehen, daß er zum Sieg erforderlich war. So hasse ich diesen Vorwärts-Salto auf einem Ski auch heute noch. Schließlich habe ich durch ihn mehr Stürze und blaue Flecken hinnehmen müssen als durch irgend etwas anderes in diesem Sport. Andererseits hat aber schon meine Mutter, Barbara Cooper Clack, die erste Frau in der Welt, die seinerzeit 30 m übersprang, auf die Frage nach ihrer Motivation zu mir gesagt: „Es ist für Euch tollkühnen und verrückten Jungs!"

Ganze fünfmal stand der amerikanische Slalomspezialist Bob LaPoint bei Weltmeisterschaften auf dem obersten Treppchen.

DIE WASSERSKIVERORDNUNG VOM 17.1.1990

Am 1. Februar 1990 ist eine neue Wasserskiverordnung in Kraft getreten. Sie wurde in Teil I des Bundesgesetzblattes Nr. 2 vom 25.1.1990 auf den Seiten 107 und 108 veröffentlicht.

Nicht nur jeder „Schiffsführer" (so nennt der Gesetzgeber den Bootfahrer), sondern auch jeder Wasserskiläufer sollte den Inhalt dieser Verordnung kennen. Schließlich können sich beide strafbar machen, wenn sie Ordnungswidrigkeiten im Sinne der geltenden Bestimmungen begehen.
Rund 5000 km Wasserstraßen werden vom Bundesverkehrsministerium verwaltet. Und die werden nun einmal nicht nur von Freizeitkapitänen, Ruderern, Kanuten und Seglern, sondern primär vom Berufsverkehr frequentiert. Da bedarf es - ebenso wie auf Autobahnen und Landstraßen - schon eindeutiger Verkehrsregeln.
Nachfolgend drucken wir den Wortlaut der neuen Verordnung ab.

Wasserskiverordnung vom 17.1.1990

Aufgrund des § 3 Abs. I Nr. I und 5 des § 3c Abs. I Satz I und 2 Nr. 2 in Verbindung mit § 11 Abs. I Satz 2 des Binnenschiffahrtsaufgabengesetzes in der Fassung der Bekanntmachung vom 4. August 1986 (BGBl. I S. 1270) wird verordnet:

§ 1

(1) Auf den Binnenschiffahrtsstraßen darf das Wasserskilaufen nur betrieben werden
1. auf den durch Tafelzeichen E.17 hierfür freigegebenen Strecken und Wasserflächen.
2. in der Zeit von Sonnenaufgang bis Sonnenuntergang, sofern nicht durch zusätzliche Schilder zu dem Tafelzeichen E.17 bestimmte Zeiten festgesetzt sind.
3. bei Wetter mit einer Sicht von mehr als 1000 m und
4. in den Fällen des § 4 Abs. I Satz I im Rahmen einer von der zuständigen Behörde erteilten Erlaubnis und unter Beachtung einer nach § 4 Abs. I Satz 2 erteilten Auflage.
(2) Zusätzliche dreieckige Tafeln und rechteckige Schilder zu dem Tafelzeichen E.17 zeigen den Anfang, das Ende und, soweit erforderlich, die Breite der freigegebenen Strecken oder Wasserflächen an.
(3) Eine Übersicht über die freigegebenen Strecken und Wasserflächen wird im Verkehrsblatt - Amtsblatt des Bundesministers für Verkehr der Bundesrepublik Deutschland - veröffentlicht.

§ 2

Im Sinne dieser Verordnung sind
1. Binnenschiffahrtsstraßen die in § I Abs. I Nr. 2 des Binnenschiffahrtsaufgabengesetzes bezeichneten Wasserstraßen mit Ausnahme der Seeschiffahrtsstraßen und der Elbe im Hamburger Hafen.
2. Wasserskilaufen alle Betätigungen, bei denen Personen, von einem Fahrzeug gezogen, mit oder ohne Wasserski oder auf sonstigen Gegenständen über das Wasser gleiten sowie das Drachenfliegen und Fallschirmfliegen hinter einem ziehenden Wasserfahrzeug.

§ 3

(1) Die Wasserskiläufer und die Schiffsführer der ziehenden Fahrzeuge dürfen insbesondere durch die Erzeugung von Wellenschlag oder Sogwirkung
- andere Verkehrsteilnehmer sowie Badende nicht gefährden oder mehr, als nach den Umständen unvermeidbar, behindern oder belästigen und
- Ufer, Regelungsbauwerke, schwimmende oder feste Anlagen oder Schiffahrtszeichen nicht beschädigen.
Die Schiffsführer haben dazu die Geschwindigkeit der ziehenden Fahrzeuge im erforderlichen Maße zu verringern und bei der Vorbeifahrt einen ausreichenden Abstand, der 10 m nicht unterschreiten darf, einzuhalten.
(2) Der Schiffsführer darf nur dann einen Wasserskiläufer ziehen, wenn das Fahrzeug mit einer weiteren geeigneten Person als Beobachter besetzt ist. Der Beobachter hat zur Unterrichtung des Schiffsführers den Wasserskiläufer und die von diesem zu durchfahrende Strecke zu beobachten.
(3) Während der Vorbeifahrt an Fahrzeugen, Schwimmkörpern oder Badenden müssen sich die Wasserskiläufer, ausgenommen bei Betätigungen nach § 4 Abs. I Satz I, im Kielwasser des ziehenden Fahrzeugs halten.

§ 4

(1) Das Wasserskilaufen an einer seitlich am ziehenden Fahrzeug fest angebrachten Stange oder sonstigen Vorrichtung sowie das Drachenfliegen und das Fallschirmfliegen dürfen, unbeschadet des § I Abs. I Nr. I, nur mit Erlaubnis der Wasser- und Schiffahrtsdirektion betrieben werden. Die Erlaubnis kann auch nachträglich befristet und mit Auflagen verbunden werden.
(2) Die Wasser- und Schiffahrtsdirektion kann bei der Erlaubnis von Veranstaltungen, die zu Ansammlungen von Fahrzeugen führen oder die Schiffahrt beeinträchtigen können, sowie bei der Erlaubnis nach Absatz I von den Bestimmungen des § I Abs. I Nr. I und 2 abweichen.
(3) Die Wasser- und Schiffahrtsdirektionen können die Befugnis zur Erteilung der Erlaubnis nach Absatz I oder 2 ihren nachgeordneten Wasser- und Schiffahrtsämtern übertragen.

§ 5

Die Wasser- und Schiffahrtsdirektionen werden ermächtigt, durch Rechtsverordnung für einzelne zum Wasserskilaufen freigegebene Strecken oder Wasserflächen von dieser Verordnung abweichende Regelungen zu treffen, soweit es die örtlichen Verhältnisse gebieten oder zulassen.

§ 6

Ordnungswidrig im Sinne des § 7 Abs. I des Binnenschiffahrtsaufgabengesetzes handelt, wer vorsätzlich oder fahrlässig
1. als Schiffsführer oder Wasserskiläufer entgegen § I Abs. I das Wasserskilaufen betreibt,
2. entgegen § 3 Abs. I Satz 2 die Geschwindigkeit des ziehenden Fahrzeugs nicht verringert oder den vorgeschriebenen Abstand nicht einhält,
3. entgegen § 3 Abs. 2 Satz I einen Wasserskiläufer zieht oder
4. sich entgegen § 3 Abs. 3 nicht im Kielwasser des ziehenden Fahrzeugs hält.

§ 7

Diese Verordnung gilt nach § 14 des Dritten Überleitungsgesetzes in Verbindung mit § 11 des Binnenschiffahrtsaufgabengesetzes auch im Land Berlin.

§ 8

Diese Verordnung tritt am 1. Februar 1990 in Kraft. Gleichzeitig tritt die Wasserskiverordnung vom 2. September 1977 (BGBl. I S. 1749) außer Kraft.

DER BUNDESMINISTER
FÜR VERKEHR

DR. ZIMMERMANN

ÜBERSICHT ÜBER DIE FREIGEGEBENEN WASSERSKISTRECKEN IN DEUTSCHLAND

Auf Küstengewässern ist das Wasserskilaufen außerhalb des Fahrwassers generell erlaubt, soweit die Strom- und Schiffahrtspolizeibehörde einzelne Bereiche nicht hiervon ausgenommen hat. Gemäß §31 der Seeschiffahrtsstraßenordnung ist das Wasserskilaufen innerhalb des Fahrwassers grundsätzlich nicht erlaubt. Ausnahmeregelungen sind durch besondere Sichtzeichen kenntlich gemacht.

Für das Wasserskilaufen auf Binnenschiffahrtsstraßen gilt die vorstehend abgedruckte Wasserskiverordnung. Aufgrund des §1 Abs. 3 dieser Verordnung hat der Bundesminister für Verkehr am 5. April 1991 die nachfolgende „Übersicht über die freigegebenen Strecken und Wasserflächen" veröffentlicht. Diese Bekanntmachung ist in Heft 8/91 des Verkehrsblattes auf den Seiten 427 ff. abgedruckt. Die darin angegebenen zeitlichen Begrenzungen des Wasserskilaufens auf den Binnenschiffahrtsstraßen der neuen Bundesländer basiert noch auf dem damaligen alten Recht und soll in Kürze aufgehoben werden.

km-Begrenzung	Lage: o = oberhalb u = unterhalb	Bemerkungen
Elbe:		
322,20-323,00	Magdeburg-Buckau	nur linke Stromseite, 9 bis 12 Uhr und 15 bis 18 Uhr
487,20-489,20 525,50-527,50 533,50-535,50 552,30-554,00 563,50-566,00	o./u. Vietze u. Hitzacker o. Neu-Darchau u. Bleckede u. Barförde	jeweils am linken Ufer zwischen der Verbindungslinie der Buhnenköpfe und einer Linie, die 100 m parallel verläuft.
566,50-568,85	o. Lauenburg	nur recht. Stromseite
584,00-585,00	o. Wehr Geesthacht	rechte Stromseite. 100 m parallel zum Deckwerk. Wehrbereich gesperrt. Lebensgefahr am Wehr!
586,20-587,90	u. Wehr Geesthacht	Wehrbereich gesperrt. Lebensgefahr am Wehr!
600,00-603,00	u. Hoopte bis Fliegenberg	
Weser:		
36,70-39,00	u. Fähre Wahmbeck	nur vom 1. Juni bis 30. September
85,60-87,00	zwischen Stahle und Heinsen	nur an Samst. u. Sonnt. und gesetzlichen Feiertagen von 10 bis 17 Uhr
112,10-114,10	u. Fähre Kemnade	tägl. 9 bis 18 Uhr
158,50-160,00	o. Rinteln	nur vom 1. Juni bis 30. September und nur an Samst., Sonnt. und gesetzl. Feiertagen 10 bis 17 Uhr
178,00-181,00	o. Vlotho (Höhe Familienfreizeitplatz Borlefzen)	
185,00-188,00	Höhe Autobahnbrücke Bad Oeynhausen	
209,00-213,50	zwischen Minden und Petershagen („Heisterholz")	
216,00-218,00	Unterer Wehrarm Petershagen	10 bis 18 Uhr; vom 1. Juni bis 30. Sep., Schwerbehinderte auch 18 bis 20 Uhr
284,00-285,83	Unterer Wehrarm Drakenburg	
327,80-329,10	Oberer Wehrarm Intschede	nur 1. Mai bis 30. Sept., freitags und sonntags und an gesetzlichen Feiertagen 10 bis 17 Uhr, Samst. 10 bis 20 Uhr
357,21-360,57	u. Eisenbahnbrücke Dreye	nur montags bis freitags 10 bis 18 Uhr, längstens bis Sonnenuntergang
Werra:		
66,90-68,20	o. Straßenbrücke Witzenhausen	
82,26-83,45	Stauhaltung Kraftwerk "Letzter Heller"	
Fulda:		
74,50-75,40	Fuldabrück/OT Bergshausen	nur vom 1. Juni bis 31. Okt. mont. bis samst. 8 bis 13 Uhr und 16 bis 19 Uhr, sonnt. 8 bis 13 Uhr

82,85-83,55	u. Hafen Kassel	vom 1. Juni bis 30. Okt., Mont. bis Freit. (außer an gesetzl. Feier.) 15 Uhr bis Sonnenuntergang, längstens bis 21 Uhr
Aller:		
24,65-25,45	zwischen Hornbostel und Bannetze	nur vom 1. Juni bis 30. Sept., Freit. bis Sonnt. und an gesetzlichen Feiertagen 10.00 bis 17.00 Uhr
78,30-80,30	Höhe Frankenfeld	
Leine:		
21,00-22,30	u. Mündung der Ihme	vom 1. April bis 31. Okt. täglich 9 bis 13 Uhr und 14.30 bis 20 Uhr, längst. jedoch bis Sonnenuntergang
Rhein:		
171,64-173,70	zwischen Palmrainbrücke und Village-Neuf	
225,10-234,40	zwischen Breisach und Burkheim	mit Ausnahme des Unterwasserkanals der Staustufe Vogelgrün
240,50-241,90	Sasbach	mit Ausnahme des Unterwasserkanals der Staustufe Marckolsheim
243,50-248,50	zwischen Sasbach und Weisweil	am linken Ufer bis km 248,10
262,00-267,00	zwischen Kappel und Nonnenweiher	
275,00-281,980	zwischen Meißenheim und Plobsheim	
298,50-307,00	zwischen Auenheim und Gambsheim	
312,30-317,50	u. Offendorf	am linken Ufer ab km 312,50
320,00-331,00	zwischen Greffern und Hügelsheim	
341,00-348,00	zwischen Plittersdorf und Illingen	
368,00-383,30	zwischen Eggenstein und Germersheim	
386,00-399,00	zwischen Rheinsheim und Speyer	
401,00-412,35	zwischen Hafen Speyer und Hafengebiet Mannheim 2	
417,20-419,00	zwischen Mannheim-Neckarau und Ludwigshafen-Rheingönheim	
433,00-442,00	zwischen Autobahnbrücke Frankenthal und Worms	
446,50-449,00	u. Worms	
452,00-461,00	zwischen Rheindürkheim u. Gernsheim	
464,50-480,00	zwischen Biebesheim und Oppenheim	
483,00-492,00	u. Nierstein bis Laubenheim	
499,70-500,60	Höhe Mainz	Kasteler Stromarm
504,40-506,00	u. der Straßenbrücke Schierstein	Mombacher Stromarm
512,50-513,50	zwischen Erbach und Heidenfahrt	Große Giess
515,90-517,50	zwischen Hattenheim und Oestrich	Große Giess
538,50-539,50	Höhe Autofähre Lorch	Stromarm zwischen Lorcher Werth und rechtem Ufer
594,00-595,10	zwischen Urbach und Vallendar	Vallendarer Stromarm, re.s Ufer; am li. Ufer ab km 594,3
624,00-629,00	zwischen Bad Breisig und Sinzig	am li. Ufer. landseitig der grünen Tonnen
647,86-651,00	Höhe Bad Godesberg - Plittersdorf	nur linke Stromseite (Auergrund)
661,10-664,20	Höhe Herseler Werth bis Hochspannungsüberführung u. Widdig	nur re. Stromseite
680,00-683,40	von Westhoven bis Straßenbrücke Poll-Rodenkirchen	nur re. Stromseite
713,81-717,01	u. Piwipp bis o. Zons	nur linke Stromseite

745,50-749,00	Höhe Düsseldorf-Niederkassel bis einfahrt Löricker Hafen	nur linke Stromseite
755,40-759,30	u. Fähre Kaiserswerth - Langst bis u. Nierst	nur linke Stromseite
843,00-844,975	o. Grietherorter Altrhein	nur rechte Stromseite
Main:		
45,10-47,60	Höhe Fechenheim	
57,20-57,80	zwischen Hafen Hanau und Mainaltarm Steinheimer Bogen	
65,00-66,60	u. Kahlmündung	Samst., Sonnt. und Feiert. 9 bis 12 Uhr u. 14 bis 19 Uhr
81,50-83,20	u. Hafen Aschaffenburg	montags bis freitags 9 bis 12 Uhr und 14 bis 21 Uhr
94,00-95,00	o. Ländeplatz Obernau	
106,15-107,10	u. Schutzhafen Erlenbach	linksseitig überstaute Buhnenfelder
115,20-116,50	zwischen Röllfeld und Laudenbach	
127,00-128,50	o. Ländeplatz Bürgstadt	linksseitig überstaute Buhnenfelder
137,90-139,70	o. Fechenbach	
151,30-153,00	o. Hafen Wertheim	rechtsseitig überstaute Buhnenfelder
163,80-165,91	o. Urphar	linksseitig überstaute Buhnenfelder
176,20-177,20	zwischen Trennfeld und Marktheidenfeld	
187,70-188,80	u. Neustadt	
190,50-195,60	Höhe Rodenbach	zwischen km 195,40 und 194,40 darf zum rechten Ufer nur bis zu den ausliegenden roten Tonne gefahren werden
209,60-210,80	u. Gemünden	überstaute Buhnenfelder
220,80-224,20	zwischen Staustufe Harrbach u. Karlburg	überstaute Buhnenfelder
233,80-234,80	u. Straßenbrücke Zellingen	überstaute Buhnenfelder
259,00-259,80	o. Staustufe Randersacker	mit Ausnahme des oberen Schleusenvorhafens Randersacker
260,70-262,20	o. BAB-Brücke Randersacker	
269,20-270,00	o. Staustufe Großmannsdorf	mit Ausn. des ober. Schleusenvorhafens Großmannsdorf
278,00-279,80	zwischen Segnitz und Marktsteft	links- und rechtsseitig überstaute Buhnenfelder
287,91-289,78	zwischen Kitzingen und Mainstockheim	links- und rechtsseitig überstaute Buhnenfelder
296,40-298,50	Höhe Straßenbrücke bis Schwarzenau	teils überstaute Buhnenfelder
306,00-307,50	o. Straßen- und Eisenbahnbrücke Volkach	
311,80-313,20	zwischen Fähre Fahr und Fähre Obereisenheim	
316,26-316,80	im Wehrarm der Staustufe Wipfeld	
320,00-322,80	zwischen Hirschfeld und Fähre Garstadt	
333,23-333,98	u. Schweinfurt Höllenbachmündung	nur linke (südl.) Flußhälfte
333,98-334,68	o. Schweinfurt Höllenbachmündung	
348,05-350,40	zwischen Unter- und Obertheres	linksseitig überstaute Buhnenfelder
368,23-372,50	Höhe Eltmann	teils überstaute Buhnenfelder
381,30-384,19	u. Regnitzmündung	mit Ausnahme des Schleusenvorhafens Viereth
Lahn:		
13,90-15,60	u. Wetzlar	10 Uhr bis Sonnenuntergang
34,80-36,20	Höhe Löhnberg	10 bis 12 und 15 Uhr bis Sonnenuntergang

80,20-81,40	u. Straßenbrücke Staffel	10.00 Uhr bis Sonnenuntergang	
103,60-104,80	u. Straßenbrücke Laurenburg	10.00 Uhr bis Sonnenuntergang	
Neckar:			
94,92-97,20	zwischen Heinsheim und Offenau	sonn- und feiertags ab 16.00 Uhr	
196,80-198,80	Mündung Schiffahrtskanal Oberesslingen - Dampfkraftwerk Altbach	sonn- und feiertags ab 16.00 Uhr	
Mosel:		*in einer Breite vom linken*	*rechten Ufer (in m)*
6,00-8,30	u. Lay		50
9,70-10,70	u. Winningen		
24,27-25,30	Höhe Alken	50	
27,25-28,45	o. Brodenbach		
38,30-39,00	u. Karden		
39,00-39,42	Höhe Karden		50
45,93-47,00	u. Klotten	50	
48,20-49,80	u. Straßenbrücke Cochem-Cond		50
52,50-54,20	o. Cochem-Sehl		
62,00-62,90	Höhe Poltersdorf		50
64,80-65,30	zwischen Mesenich und Briedern		50
79,80-81,20	zwischen Alf und St. Aldegund		
83,00-85,24	zwischen Merl und Brücke Alf-Bullay		
92,40-93,00	zwischen Pünderich und Briefel		50
104,88-105,700	u. Traben-Trarbach		
108,20-109,10	u. Straßenbrücke Wolf	50	
109,60-110,50	u. Straßenbrücke Wolf	50	
126,20-128,70 142,00-143,00	u. Bernkastel-Kues o. Staustufe Wintrich		
147,20-147,80	u. Straßenbrücke Piesport		100
167,30-168,50	o. Staustufe Detzem	100	
173,00-174,50	zwischen Mehring und Longen		
178,30-180,05	o. Straßenbrücke Schweich		100
196,30-198,70	o. Staustufe Trier		100
201,80-202,60	u. Igel		
206,30-207,20	u. Wasserbillig	70	
213,50-214,80	zwischen Wellen und Machtum		
216,80-218,00	zwischen Nittel und Ahn	50	
223,90-225,00	zwischen Ehnen und Wehr		
230,60-231,50	o. Staustufe Palzem-Stadtbredimus		
233,60-235,00	zwischen Straßenbrücke Remich und Bech		
Main-Donau-Kanal einschl. Regnitz:			
0,00-0,20	Höhe Bischberg	Anschluß an Wasserskistrecke auf dem Main	
26,25 (w)- 26,56 (w)-	im Wehrarm der Regnitzstaustufe Forchheim	Höchstgeschwindigkeit 30 km/h	
Donau:			
2206,00-2221,30	2 km u. der Eisenbahnbrücke Kräutelstein bis zum Betriebshafen Grünau		
2232,40-2248,00	u. Vilshofen bis zum oberen Ende der Schiffsliegest. Heining		
2267,15-2269,20	u. Mühlham bis u. der ehem. Fähre Winzer		
2283,99-2291,20	u. Zeitldorf bis zur Hafeneinfahrt Deggendorf		

2312,60-2317,50	2 km o. Reibersdorf bis o. Sand	nur von Donnerstag bis einschl. Sonntag und an den in Bayern gesetzlichen Feiertagen
2358,50-2366,00	u. Sulzbach bis o. Autobahnbrücke Kiefenholf	
2387,00-2396,97 (N)	Wehrarm Bad Abbach, u. der Seilkranmeßanlage Oberndorf bis o. des Sportboothafens Sinzing	
2402,22-2414,23	Straßenbrücke Kelheim bis o. der Eisenbahnbrücke Poikam	
Potsdamer Havel:		*generell 9.00 bis 12.00 und 15.00 bis 18.00 Uhr*
8,50-9,50	o. Eisenbahnbrücke Werder	Großer Zernsee
16,00	Fahrt nach Ferch/Petzow	km 2,3-2,9 des Schwielowsees
21,20-22,00	u. Eisenbahnbrücke Potsdam	Templiner See
Untere Havel-Wasserstraße:		*generell 9.00 bis 12.00 und 15.00 bis 18.00 Uhr*
8,80-9,50	u. Insel Lindwerder	parallel zur Havelchaussee, 150 m breit
38,30-39,00	o. Ketzin-Unterfeuer	Trebelsee
56,17	u. Spitze Pappeleck	km 3,3-4,3 des Großen Beetzsees
63,37	o. Insel Kienwerder	km 3,0-3,8 des Möserschen Sees
75,20-75,80	u. Tieckow-West	
Havel-Oder-Wasserstraße: 4,00	u. Insel Lindwerder	400m x 100m im Tegeler See, 9.00 bis 12.00 und 15.00 bis 18.00 Uhr
Dahme-Wasserstraße: 10,50	o. Senzig u. Schleuse Neue Mühle	Krimnicksee, 9.00 bis 12.00 und 15.00 bis 18.00 Uhr

Wernsdorfer Seenkette: 0,60-1,30	u. Rauchfangswerder	Großer Zug 9 bis 12 und 15 bis 18 Uhr
Obere Havel-Wasserstraße:		*generell 9 bis 12 und 15 bis 18 Uhr*
55,80-57,00 85,80-87,00	u. Himmelpfort o. Groß-Trebbow	Stolp See Woblitz See
Templiner Gewässer: 19,10-20,00	o./u. Templin	Fährsee, 9 bis 12 und 15 bis 18 Uhr
Müritz-Havel-Wasserstraße: 23,30-24,50	o./u. Mirow	Mirow See, 9 bis 12 und 15 bis 18 Uhr
Müritz-Elde-Wasserstraße:		*generell 9 bis 12 und 15 bis 18 Uhr*
123,50-125,00	o. Reuse To.4	Plauer See, bei NW-Wind 4 Nutzung nicht mehr möglich
139,00	u. Mole Görenkanal bis 1 km nördlich	Fleesen See
155,00-156,00	o. Schnakenburg	Müritz-Ostufer, bei W-Wind 4 Nutzung nicht mehr möglich
163,00-164,00	o. Leuchtfeuer Röbel u. NSG Der Schwerin	Röbler Fahrt
Stör-Wasserstraße: 28,00-28,39	u. Fahrt zum Hafen Schwerin	Ziegelsee, 800 m in N-S-Richtung, 9 bis 12 und 15 bis 18 Uhr
Werbelliner Gewässer: 14,50-15,00	o. Altenhof	Werbellinsee, 9 bis 12 und 15 bis 18 Uhr

(VkBl 1991 S. 427)

DAS TECHNISCHE SYSTEM DER WASSERSKI-SEILBAHNEN

Wer einmal eine Wasserski-Seilbahn in Betrieb gesehen hat, wird bestätigen, daß von dem Münchener Ingenieur Bruno Rixen eine technisch bestechende Ersatzlösung für das Wasserski-Motorboot gefunden wurde.

Für alle diejenigen, die sich mit „Geheimnissen" einer solchen Seilbahn- oder Liftanlage noch nicht näher befaßt haben, wollen wir einmal die wichtigsten Merkmale in Kurzform beschreiben:

Das System

Eine Wasserski-Seilbahn hat meist vier (oder mehr) Masten, die im Viereck (oder im Fünfeck) aufgestellt werden. An den etwa acht bis zehn Meter hohen Masten sind Umlenkrollen befestigt, über die ein Doppel-Drahtseil geführt wird. Damit diese Drahtseile sich nicht in sich verdrehen können, sind sie miteinander verbunden. Im Abstand von etwa 100 Meter sind an den Drahtseilen scherenförmige „Mitnehmer" angebracht, in die die Wasserskiläufer automatisch eingeklinkt werden können.

Angetrieben wird eine solche Seilbahn- oder Liftanlage von einem 60-PS-Elektromotor, der aus Gründen der Kraftübertragung auf dem nahe dem Startplatz stehenden ersten Mast montiert ist. Gestartet wird im rechten Winkel zum Umlaufseil vom Ufer aus. Hierdurch wird es dem Läufer ermöglicht, an das mit voller Geschwindigkeit weiterlaufende Umlaufseil aus dem Stand angehängt zu werden. Dieses „Einsteigen in den fahrenden Zug" ist bei allen stufenlos regulierbaren Geschwindigkeiten (25 bis 60 km/h) gefahr- und geräuschlos möglich.

Die Technik

Die Masten werden schräg gestellt und nach hinten zum Ufer hin mit Drahtseilen abgespannt. Dadurch entfällt meist die Notwendigkeit eines Betonfundamentes für die Masten, die durchaus auch im Wasser aufgestellt werden können. Lediglich die Abspannseile müssen verankert werden.

Die Masten werden zwar aus massivem Stahl gebaut, jedoch sind sie so filigran konstruiert, daß sie aus größerer Entfernung nicht sichtbar sind. Auch eine optische Beeinträchtigung der Landschaft entfällt damit. Um das umlaufende Doppelseil auf gleichmäßiger Spannung zu halten, ist auf dem dem Motormast folgenden Mast ein Beton-Kontergewicht angebracht. Obwohl der Auf- und Abbau relativ problemlos möglich ist, ist die Installation einer solchen Anlage von der Bauaufsichtsbehörde zu genehmigen. Die Behörde holt die Stellungnahme evtl. weiterer betroffener Verwaltungsstellen (Wasserwirtschaftsamt, Umweltschutzbehörde, Gartenamt, Gesundheitsamt etc. sowie des TÜV) ein.

Die Wasserfläche

Aus Kosten- und Rentabilitätsgründen empfiehlt es sich, die Seilbahn- bzw. Liftanlage nur so groß zu bauen, daß die Abmessungen für ein Slalomfeld mit 6 Bojen eingehalten werden können. Das bedeutet, daß die Anlage 300 bis 310 m in der Länge und 80 bis 120 m in der Breite haben sollte.

An beiden Seiten des Umlaufseiles muß ein Abstand von 25 m zum Ufer gewahrt werden, so daß die Mindestgröße der Wasserfläche etwa 350 x 150 m betragen sollte. Oder anders ausgedrückt: Eine Wasserfläche von nur 4 ha reicht für eine umweltfreundliche Liftanlage aus, die der Kapazität von etwa 30 Wasserskibooten entspricht.

Bei entsprechender Ausstattung, gutem Management und einem ausreichenden Einzugsgebiet von 100 000 bis 200 000 Einwohnern im Umkreis von 20-30 km kann die Gesamtinvestition für die Anlage mit Startplatzgebäude, Nebeneinrichtungen etc. von 500 000 bis 600 000 DM für einen Wassersportfan eine lohnende Sache sein.

Die Homologation

Rekorde werden von den Wasserski-Verbänden (ähnlich wie in anderen Sportarten) nur anerkannt, wenn die benutzten Wettkampfstrecken und -geräte „homologiert" sind. Das Wort „homolog" ist griechischen Ursprungs und bedeutet „übereinstimmend".

Übereinstimmend bzw. wirklich vergleichbar müssen also die Ausgangsvoraussetzungen sein, die für die Sportler an verschiedenen Wettkampforten vorgelegen haben.

Zur Frage, welche Kriterien bei der Homologation eine Rolle spielen, einige wesentliche Erläuterungen in Kürze:

Die Sollabmessungen für ein Slalomfeld sind an anderer Stelle dieses Buches bereits dargestellt worden.

Die erlaubten Toleranzen sind die gleichen, wie im internationalen Boots-Reglement= ± 23,5 cm bei den diagonalen (47,011 m), ± 20,5 cm beim Längsabstand (41 m), und die erste Boje muß längs 27 m ± 13,5 cm und diagonal 29,347 m ± 14,7 cm vom Umlenkrad entfernt sein! Die Gesamtlänge zwischen Umlenkrad und 6. Boje beträgt 232 m ± 58 cm.

Da diese Entfernungen am Wasser nicht direkt gemessen werden können, werden das Umlaufseil und die Bojen von zwei Punkten am Ufer aus mit dem Theodolith angepeilt. Mittels Vorwärtsschnitt und Koordinatentransformation können dann die bestehenden Slalomabmessungen berechnet werden. Diese Formeln zur Berechnung sind die gleichen wie am Boot. Am Computer dauert es 10 Minuten, bis alle Winkel eingetippt werden und dann die Ergebnisse ausgedruckt werden können.

Wenn man jetzt nur noch eine Boje etwas versetzen muß, dann alle Toleranzen eingehalten sind und diese Korrektur nicht z.B. wegen einer fehlenden Ersatzboje scheitert, wären homologierte Slalomwettkämpfe auch am Lift kein Problem.

Wenn aber von den sechs Slalombojen fünf zum Teil mehrere Meter von ihrem Sollpunkt entfernt liegen, bräuchte man außer zwei Theodolithen, einem Computer mit entsprechendem Programm vor Ort und 10 Helfern auch einen Tag ohne Liftbetrieb Zeit, um den Slalomkurs neu setzen zu können. Da dies zwischen Training und Wettkampf natürlich nicht möglich ist, sollte in jedem Club, der eine homologierte Meisterschaft veranstalten will, sich ein geeigneter Mann (oder Frau) zum nationalen Homologator ausbilden lassen, der dann rechtzeitig vor dem Training an der Heimanlage den Slalomkurs in Ordnung bringen und beim Wettkampf den internationalen Homologator bei seiner Arbeit unterstützen kann. Außer den Slalombojen müssen die Leinen und Verkürzungen vorbereitet und gekennzeichnet werden, die Schanze muß homologiert und die Johnson-Weiten-Meßanlage aufgebaut und überprüft werden!

ADRESSENVERZEICHNIS ÜBER WASSERSKI-SEILBAHNEN IM IN- UND AUSLAND

77 Wasserski-Seilbahnen in 21 Ländern

Aufteilung der Seilbahnen in den 21 Ländern:

Australien 6
Belgien 2
Bulgarien 4
Deutschland 24
Frankreich 6
Großbritannien 3
Israel 1
Jugoslawien 1
Kanada 1
Niederlande 3
Österreich 5
Rumänien 1
Schweden 1
Schweiz 1
Singapur 1
Spanien 3
Thailand 2
Tschechoslowakei 2
Ungarn 2
USA 7
Venezuela 1

Deutschland

Die Adressen der 24 Wasserski-Seilbahnen (nach den derzeitigen Postleitzahlen geordnet):

2179 Neuhaus (Oste), 28 km östlich Cuxhaven, von Hamburg über B7. Liegewiesen, Restaurant Tel. 04752-348, K. Wojke, Ferienpark 33, Tel. 04752-7993, Fax 1260

2381 Jagel, A7, südlich Schleswig; Restaurant; C. Ögretici, Selker Weg, Tel. 04624-981, Fax 2886

2420 Süsel (Lübecker Bucht), Anfahrt über A 1, Ausfahrt Eutin, an der B 207 / B 432; Restaurant, Hotel, Zimmer, Camping, Baden; 6 km zur Ostsee; H. Rumpel, Süseler Moor 6, Tel. 04524-373 oder 1777 am Lift, Fax 9771

O-2821 Hoort, Badesee Zachun, BAB 24 Hamburg-Berlin, Abfahrt Hagenow/Schwerin, Inh.: Sabine und Jochen Rauhut, Tel. 04542/6970

2941 Hooksiel, 10 km nördlich Wilhelmshaven, große Terrasse, Restaurant, Tel. 04425-1648, Badestrand am Nordseedeich, Camping, H.O. Vogt, Alter Deich 24, Tel. 04425-1644

O-3010 Magdeburg, A 2, B 189, 1. Ausfahrt, Naherholung Neustädter See, Badesee am Stadtrand, Straßenbahn 7, 8, 9; Bäderamt, Tel. 0391-5680, Eröffnung April 1992

3548 Arolsen, Wasserski-Zentrum Twistesee, von Kassel A 44, Ausfahrt Breuna, von Dortmund Ausfahrt Diemelstadt, Richtung Twistesee: Ferienpark, Cafeteria, Anfängerkurse, Tel. 05691-40320

4018 Langenfeld, 10 km südlich Düsseldorf, direkt an der A 59 Düsseldorf-Leverkusen, Ausfahrt Langenfeld-Richrath, Baumberger Str. 88; 2 Seilbahnen, Wasserski-Schule, Anfängerkurse ab Mai sonntags 10 Uhr (25,- DM), Shop, Camping, Liegewiese, Beach-Volleyball, Bungee-Springen; J. Sühs, Tel. 02173-62038, Fax 64411; Restaurant Tel. 60436

4100 Duisburg-Wedau, A 3 Köln-Oberhausen, Ausfahrt DU-Wedau, Berta Allee 10, Im Sportpark, Wasserski-Shop, Fitness, Sauna, Sonne, Liegewiese, Biergarten, Anfängerkurse sonntags 10 Uhr (25,- DM); K. Sühs, Tel. 0203-726457, Fax 726437

4100 Duisburg-Rheinhausen, A 2, Ausfahrt Moers Zentrum, B 57 Richtung Krefeld ca. 3 km, Kleiner Töppersee; Cafeteria Tel. 02151-403747, Fax 403648; Liegewiese, Anfängerkurse sonntags 10 Uhr (25,- DM) , Tel. 0203-463804

4472 Haren/Ems, Ferienzentrum Schloß Dankern, Urlaub in Ferienhäusern für Familien mit Kindern, Anreise über B 70, 10 km nördlich von Meppen auf die B 402 in Richtung Haren/Ems, Tel. 05932-2006, Fax 6172

4555 Rieste, Anfahrt über A 1, Ausfahrt Neuenkirchen-Voerden, danach der Beschilderung folgen; Ferien- und Erholungspark Alfsee, 10 ha Badesee, gepflegte Campinganlage, Segel- und Surfschule mit Bootsvermietung, Tennis, Minigolf, Go-Kart-Bahn, Kinderautoland. A. Harms, Tel. 05464-5166 + 5252

4790 Paderborn-Sande, A 33, Ausfahrt Paderborn-Schloß Neuhaus; direkt an der B 64/Sander Straße: Wasserski-Shop, Cafeteria, Sonnenterrassen, Liegewiese, Anfängerkurse sonntags 20 Uhr (25,- DM), Tel. 05254-68660, Fax 66791; priv.: H. Padberg, Nordhof 14, 4790 Paderborn/Elsen, Tel. 5755

4925 Kalletal-Varenholz, A 2, Ausfahrt Bad Eilsen Richtung Rinteln weiter nach Vlotho; Camping, Minigolf Cafeteria, Spielplatz; R. Felski, Falkenweg 28, Tel. 05755-777

O-5010 Erfurt, A 4, Stadtgebiet Ost, Erholungszentrum „Nordstrand", Badesee, FKK, Ruderbootverleih, 20 Einraum-Bungalows, Imbiß. H. Nagel, Tel. 003761-716343, Fax 734497. Eröffnung März 1992 im Jubiläumsjahr „1250 Jahre Erfurt"

6437 Kirchheim/Hessen, A 7, Ausfahrt Kirchheimer Dreieck, ca. 4 km zum Seepark Kirchheim; Tel. 06628-8666; Tennis, Rollschuhdisco, Bootsverleih, Hotel, Ferienhäuser. W. Senge, Ibratalstraße 7, 6435 Oberaula-Ibra, Tel. 06628-1004

6800 Mannheim-Rheinau, Freizeitanlage Sport-Inn GmbH. A6, B36 Nord; Restaurant, Badestrand, Tennishalle, Reithalle. G. Schweikert, Rohrdorfer Str. 55, Tel. 0621-897273

6837 St. Leon-Rot, südl. Heidelberg, A 5 / A 6, Camping, Baden, Liegewiese, Windsurfen, Tel. 06227-59791, St. Leoner Wasserski GmbH, Marktstraße 100, Tel. 06227-59487

8203 Kiefersfelden, nördlich Kufstein, A 93, Hödenauer See, Tel. 08033-7143, Restaurant, Baden, Liegewiesen, Sport Shop. E. Langer, Tel. 08031-92467, Fax 98411

8440 Straubing/Donau, A 3, B 20, Friedenhain-See in Parkstetten; Camping, Badesee, Liegewiesen, Restaurant, Tel. 09428-347. Frau G. Hornung, Tel. 09428-1030

8731 Thulba/Rhön, westl. Bad Kissingen, A 7. Ausfahrt Bad Kissingen/Oberthulba, für die Seilbahn hergestellter See. Restaurant, Hotel, Camping. E. Metzung, Tel. 09736-264

8904 Friedberg, östlich Augsburg, A 8, Ausfahrt Dasing, Tel. 0821-602741, Disco, gr. Restaurant, Tel. 0821-602278. Badesee, Liegewiesen. W. Pritzlaff, Feldstr. 18, Tel. 662424

8976 Blaichach/Allgäu, Hofen, A 7, A 980, B 19, Baden, kl. Restaurant, Tel. 08323-8176,. M. Fichtl, 8954 Altdorf 16, Tel. 08342-2629

Die 53 Wasserski-Seilbahnen im Ausland

Australien

AUS-Spearwood WA 6166 bei Perth, Cable Water Skiing Australia, Troode Street. 2 Seilbahnen, Flutlicht, Tel. 09-418-6111 + 6511, Fax 418-1275

AUS-Penrith, 2750 N.S.W. (westlich Sydney), Penrith Lake Club, Mulgoa Road, 2 fünfeckige Bahnen auf künstlichen Seen, Tel. 047-315555, Fax 312665

Belgien

B-1350 Limal bei Brüssel, großer Freizeitpark „Walibi", Rue Joseph Deschamps 9, Tel. 010-414466, Fax 411066

B-7690 Bernissart bei Mons, Bernissart-Lac, Badesee, Restaurant, Tel. 069-560229 + 578647

Bulgarien

BUL-Plovdiv (Alta)
BUL-Kasitschene bei Sofia
BUL-Ravda, am Schwarzen Meer
BUL-Rafnopolje bei Sofia (Alta-Planung)

England

GB-Sheffield (Alta) - Rother Valley Country Park, Tel. 0044-742472203

GB-Nottingham NG12 2LU, National Water Sports Centre Holme Pierrepont, Adbolton Lane, Tel. 0602-821212, Fax 455213

GB-Chertsey, Surrey KT16 8PN bei London, Leisure Sport Ltd., Thorpe Park, P. Seaton, Tel. 0932-561171, Fax 567622

Frankreich

F-Toulouse-Sesquières (Alta) Tel. 0033-61596060

F-66420 Le Barcarès bei Perpignan, kl. Restaurant, Badestrand, M. Brunet, Tel. 068-862345

F-95000 Cergy bei Pontoise, nordwestlich Paris, „Les Etangs de Cergy-Neuville", Freizeitpark, Segel-, Surf- und Tennisschule, Freibad, Bootsverleih, Tel. 01-30302155, Fax 30313724

F-09400 Mercus bei Tarascon sur Ariège/Pyrenäen, N 20; Segeln, Surfen, Tel. 06105-8050 + 7945, Fax 1620

F-27740 Léry-Poses bei Rouen, Normandie, Segeln, Surfen, Badestrand, Spielplatz; Syndicat Mixte du Vaudreuil, Rue de Verdun, Tel. 032-592384

F-76450 Cany-Barville, 40 km nordöstlich Le Havre, Lac de Canie; Baden, Segeln, Surfen, Eröffnung im April 1992

Niederlande

NL-5680 AJ Best bei Eindhoven, A 2, Freizeitpark Aquabest, Restaurant, Ski Shop; P. v. Beers, Postbus 374, Tel. und Fax 04998-92139, Tel. 013-675494, 04998-92236

NL-9617 AD Grunostrand/Harkstede bei Groningen, Teleski-Centrum, Hoofdweg 163, Tel. 050-416371

NL-Enschede (Alta), Tel. 0031-4998-92236

Israel

Tel Aviv, Mr. Eytan Keret, Tel. 009723-391168 (Alta)

Jugoslawien

YU-51440 Porec, Zelena Laguna, Badeort, Unterricht in vielen Sportarten, Bootshafen, Tel. 053-32331 * 32357, Fax 32026

Kanada

CDN-Pointe Calumet bei Montreal. K. Mensing, Tel. 514-472-6100 + 331-3880

Österreich

A-1220 Wien (Neue Donau), Am Wehr 1, A 23, Restaurant, Terrassen, Windsurfen. E. Grasser, Tel. 0222-225375

A-4101 Feldkirchen, westlich Linz, A 1; Kiosk, Badeseen. E. Riefeliner, Tel. 07233-6727

A-4481 Asten, östlich Linz, A 1, Ausfahrt St. Florian, Hohenlohe-Ausee, Postfach 33, 2 Restaurants, Badesee, Liegewiesen, Camping, Tennis, Tel. 07224-6341

A-8141 Unterpremstätten, südl. Graz, A 9, Ausfahrt Schwarzl Freizeitzentrum, 2 große Restaurants, Festsaal, Badeseen, Liegewiesen, Windsurfen, Tel. 03135-3577 + 3893, Fax 357730

A-8423 Leibnitz, Wagendorf-St. Veit, Plank-See, Restaurant. H. Guss, Tel. 03453-2689

Rumänien

RO-Mamaia Badeort am Schwarzen Meer

Schweden

S-53202 Axvall, Skara Sommarland, zwischen südlichem Vänern See und Vättern See, Freizeitpark, Tel. 0511-64000, Fax 64115

Schweiz

CH-1470 Estavayer-le-Lac, Neuenburger See, Restaurant, Camping, Badestrand, Tel. 037-631885, Téléski Nautique, Estavayer S.A., Postfach 84. P. Butty Tel. 634553, Fax 634554

Singapur

Insel Batam vor Singapur im neuen Freizeitzentrum „Waterfront City", Tel. 0065-223-8744

Spanien

E-3500 Benidorm (Alicante), direkt am 8 km langen Strand des sehr großen Badeortes, alle Sportarten wie Tauchen, Segeln, Reiten, Fliegen usw.

H. Armas, Ap. de Correos 86, Tel. 065-851386, Fax 065-866049; in Nürnberg Tel. 0911-222463, Fax 0911-2418993

E-Los Angeles de San Rafael, 50 km nördlich Madrid (Provinz Segovia), Club Nayade, großes Restaurant als Schiffsnachbau, Hotel, Tel. 011-171208

E-Marbella (östlich Gibraltar), großer Badeort, Strand

Thailand

Bangkok, Club Taco, km 13 Bagna-Trad Road Samutprakarn, Surf- und Tauchschule, 2 Restaurants, Tel. 00662-316-7810, Fax 316-7809

Pattaya Lakeland Complex Co.Ltd. (Alta), Tel. 0066-38-232690-2

Tschechoslowakei

CSFR-Kosice (Ost-Slowakei) Sprava recrean. a sportov. zariadeni mesta Kosic, Razusova c.1. Dr. Veles, Tel. 095-26501

CSFR-Chomutov, 60 km südlich Chemnitz, Alaun-See, Badesee. H. Janda, Tel. 0396-5181

Ungarn

H-8230 Balatonfüred, BTN-Camping, Tihany ut., Badestrand, Tel. 086-438237

H-Budapest (Alta), Tel. 0036-1-6096012

USA

USA-Deerfield Beach/Florida 33067 (nördl. Ft. Lauderdale), Quiet Waters Park; Camping, Badestrand, Picknick, Snackbar, Ski-Rixen, Wasserski-Schule, Sportlehrerin Brita Schipner. 6601 N. Powerline Road, Tel. 305-429-0215, Fax 429-1650

USA-League City/Texas 77573 (westl. Houston), Snack, Pro Shop, Camping, Tel. 713-338-1672

USA-Orlando/Florida 32809, „Wet'n Wild", 6200 International Drive, Seilbahn nur für Hydro Slides, gr. Wasser-Park, Shops, Restaurants, Rutschen, Tel. 305-351-1800, Fax 407-363-1147

USA-Jekyll Island/Georgia 31520, schöne kl. Atlantikinsel vor Brunswick, historische Villen, großer Freizeitpark; Ski-Rixen, P.O. Box 3203, Tel. 912-635-3802

USA-Fort Bragg/North Carolina 28307 (westl. Fayetteville), Snack, Baden, Sandstrand, Kinderspielplatz; Ski-Rixen Smith Lake, P.O. Box 70094, Tel. + Fax 919-497-7760

USA-Phoenix-Gilbert/Arizona 85324, Wasserski-Schule, Flutlicht, 2 Seilbahnen. H. Zink, 537 Mc Queen Road, Tel. 602-497-2868

Venezuela

Venezuela - Isla de Margarita, „Laguna Mar", exklusiver Hotelkomplex mit umfangreichem Sportangebot; künstlicher Wasserski-See direkt hinter dem Strand, Segeln, Surfen. Tel. + Fax 095-611353

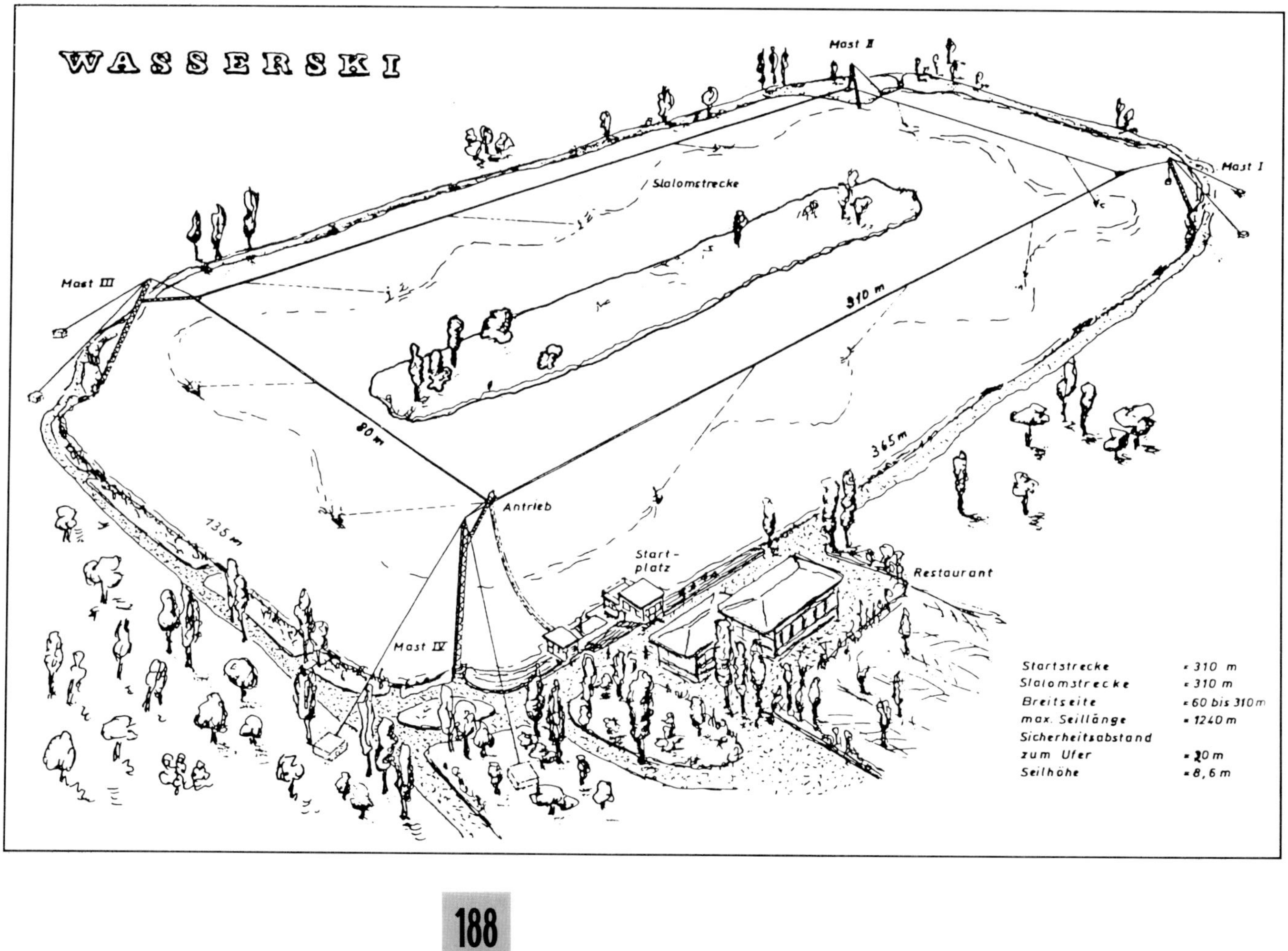

WASSERSKI-CLUBS IN DEUTSCHLAND

(geordnet nach derzeitigen Postleitzahlen)

Berlin	Wasserskiclub	1000 Berlin 39	Kirchweg 53	Tel. 030/3654239, 3651048
Berlin-Brandenburgische	Wasserskifreunde	1000 Berlin 65	Uferstr. 7	Tel. 030/4624623
Werbelinsee	Wasserskiclub	O-1058 Berlin	Fürstenberger Str. 11	
Neptun Berlin	Wasserskiclub	O-1170 Berlin	Köernle Str. 46	
Caputh	Wasserskiclub	O-1506 Caputh	Weinbergstr. 9	
Hamburg	Jody Sports	2000 Hamburg 60	Barmbeckerstr. 3	Tel. 040/273000, Fax 2704588
Hamburg	Nautic-Ski-Club	2061 Steinhorst	Wiesenweg 9	Tel. 04536/8561
Zachun	Wasserskiclub	O-2071 Kasseburg	Am Brink 17	
Luzin-Feldberg	Wasserskiclub	O-2082 Feldberg	Fürstenberger Str. 17	
Mirow	Wasserskiclub	O-2083 Mirow	Neuer Markt 12	
Neuhaus Oste	Elbe Wasserskiclub	2179 Neuhaus/Oste	Ostlandstr. 20	Tel. 04752/348 oder 497
Kiel	Wasserskiclub	2308 Preetz	M.-Schreber-Str. 23	Tel. 04342/86393
Jage.l	Wasserskiclub	2381 Lottorf	Bahnhofstr. 28	Tel. 04624/981
Flensburger Förde	Wasserskiclub	2390 Flensburg	Mathildenstr. 17	
Süsel	Wasserskiclub	2420 Süsel	Baeder Str. 72	Tel. 04524/373 oder 8790
Bremerhaven	Wasserskiclub	2850 Bremerhaven	Georgstr. 38	
Hooksiel	Wasserski-Team	2940 Wilhelmshaven	Göleerstr. 52	Tel. 04423/2932
Hannover	1. Wasserskiclub	3000 Hannover	In den Kämpen 55	Tel. 0511/709116
Magdeburg	Motorsportclub	O-3014 Magdeburg	Försterstr. 7	Tel. 0391/42829
Alt Kassel	Wasserskiclub	3500 Kassel	Wildermuth Str. 34,	Tel. 0561/54845
Fuldabrück	Wasserskiclub	3501 Fuldabrück	Kasselerstr. 3	Tel. 0561/581326 oder 4912028
Hannoversch-Münden	Wasserski- und Motorbootclub	3510 Hannoversch-Münden	Prof. Oelkers-Str. 12	Tel. 05541/8045
Kirchheim	Wasserskiclub	3510 Hannoversch-Münden	Am Entenbusch 66	Tel. 05541/34151
Twistesee	Wasserskiclub	3549 Wolfhagen	Lessingstr. 17, Postfach 1247	
Edersee	Wasserskiclub	3590 Bad Wildungen	Klippenweg 9	Tel. 05621/2336
Hufeisen - Halle	Wasserskiclub	O-4013 Halle	Schkenditzer Straße	Tel. 0345/39661 oder 42546

Langenfeld	Wasserskiclub	4018 Langenfeld	Baumberger Str. 88	Tel. 02173/62038
Duisburg	Wasserskiclub „Ski-Extreme"	4100 Duisburg	Winkelstr. 9	Tel. 0203/335966
Wedau	Wasserskiclub	4100 Duisburg 11	Am Grillopark 6	Tel. 0203/726457, 405107
Duisburg-Rheinh.	Wasserskiclub	4100 Duisburg 11	Gerlingstr. 98	Tel. 0203/583163
Rote Mühle Gelsenkirchen	Motoryacht- u. Wasserskiclub	4223 Voerde	Buschacker 1	Tel. 02855/81452
MSC Niederrhein e.V.	(Ingrid Anger)	4223 Voerde	Elisabethstr. 22	Tel. 02855/6879
Münster	Wasserski- u. Motobootclub	4400 Münster	Kranichweg 60	Tel. 0251/786100 oder 692-357
Schloß Dankern	Wasserskiclub	4459 Itterbeck	An der Mühle 2	Tel. 05948/1335
Alfsee Rieste	Wasserskiclub	4555 Rieste	Barlagerstr. 5	Tel. 05464/5451
Paderborn	Wasserskiclub	4790 Paderborn-Elsen	Mühlenheide 83	Tel. 05254/60474
Porta Westfalica	Wasserskiclub	4900 Herford	Am Schildkamp 20 (A. Holz)	Tel. 05221/73798
Minden	Wasserskiclub	4952 Porta Westfalica	Rieheweg 15	Tel. 0571/57060 oder 55690
Nord Lippe - Kalletal	Wassersport-Verein	4952 Porta Westfalica	Ahornweg 12	Tel. 0571/71948
Köln	Wasserskiclub	5000 Köln 39	Postfach 320380	
Koblenz	Wasserskiclub	5400 Koblenz	Trierer Str. 21	Tel. 0261/25922 oder 405309
Schweich-Issel	Wasserskiclub	5500 Trier-Ruwer	Rheinstr. 68	Tel. 065/52284
Trier	Wasserskischule + WSC "Mosel-Römer"	5500 Trier	Ostallee, (Franz Kirsch) 49b	Tel. 0651/73854 Fax 48124
Trier	Postsportverein Wasserskiabt.	5500 Trier	Luxemburger Str. 91	
Schweich	Yacht- und Freizeitclub	5558 Schweich	Am Fährturm	
Aschaffenburg	Barfuß WSC	6236 Eschborn	Mühlstr. 60	Tel. 06173/62767
TUS Laurenburg	Wasserskiclub- u. Motorboot-Abt.	6252 Diez	Hainstr. 28	Tel. 06432/3543
Dörningheim	Motoyachtclub	6457 Maintal 1	Wingertstr. 27	Tel. 06181/45348
Mainz-Kostheim	Kanu-Club Abt. Wasserski	6502 Mainz-Kostheim	Uthmannstr. 8	
Palzem	Wasserskiclub	6630 Saarlouis	Lilienthalstr. 11	Tel. 06831/41042 oder 43621

Ludwigshafen	Wasserskiclub	6700 Ludwigshafen	Mundenheim. Str. 235	Tel. 0621/565275
Mannheim	Wasserskiclub Sport Inn	6800 Mannheim	Viktoriastr. 5	Tel. 0621/414166 oder 6055638
Saale-Saalfeld	Wasserskiclub	O-6800 Saalfeld	Sonneberger Str. 58	
St. Leoner See	Wasserskiclub	6873 St. Leon-Rot	Otto-Hahn-Str. 1	Tel. 06227/52314 oder 50021
Kloster	Wasserskiclub	O-6851 Lothra	Ortsstr. 1	
Greffern	Motoryachtclub	7580 Bühl	Kolpingstr. 8	Tel. 07223/21035 oder 72661
Lahr	Wassersportfreunde	7630 Lahr-Sulz	Steinbruckstr. 8	Tel. 07821/26451
Sipplingen	Wassersportclub	7767 Sipplingen	Maurenstr. 8	Tel. 07551/7340
Breisgau	Wasserskiclub	7831 Sasbach/Rhein	Postfach 1128	Tel. 0761/39779 oder 07642/7478
Obersee	Motoyachtclub	7992 Tettnang	Kirschensteige 17	Tel. 07542/6789
Poikam/Donau	Bayer. Wasser- u. Freizeitclub	8000 München 90	St.-Martins-Str. 16	Tel. 089/6924070
München	Postsportverein Abt. Wasserski (Frau Heinzl)	8000 München 70	Haedrunstr. 26	(Behinderten-Wasser-ski)
Kiefersfelden-Rosenheim	Wasserskiclub	8208 Kolbermoor	Postfach 1101	Tel. 08033/2623 oder 08031/96596
Kamenz	Wasserskiclub	O-8290 Kamenz	Kurze Str. 2	
Metten	1. Wasserskiclub	8354 Metten	Donaustr. 62B	Tel. 0991/9538
Passau	Moto-Yacht-Club	8390 Passau	Gionstr. 44	Tel. 0851/88774 oder 8010
Regensburg	1. Motorboot- u. Wasserskiclub	8400 Regensburg 2	Stadtamthof 2	Tel. 0941/81356 oder 09405/81378
Haidweiher 1979 Lkr. Amberg	1. Wasserskiclub	8450 Amberg	Ernteweg 1	Tel. 09621/14817 oder 81551
Würzburg	Wasserskiclub	8700 Würzburg	Postfach 5562	Tel. 0931/63310 oder 50033
Karlstadt	Wasserskiclub	8700 Würzburg	Sedanstr. 5	Tel. 0931/416866
Thulba	Wasserskiclub	8731 Thulba	Mülbachring 2	Tel. 09736/9471
Mainaschaff	Wasserskiclub	8752 Mainaschaff	Postfach 16	Tel. 06021/54326
Friedberg	Wassersportverein	7240 Geilsingen-Eybach	Degenfeldstr. 15	Tel. 07331/64466
Allgäu	Wasserskiclub	8961 Betzigau	Hauptstr. 10	Tel. 0831/73242

WASSERSKILAUFEN IM AUSLAND

Für viele Hobbyläufer ist Wasserski ein typischer Urlaubssport. Es gibt drei Möglichkeiten, diesem faszinierenden Urlaubsvergnügen zu frönen:
* der Besuch einer Wasserski-Schule, die über entsprechende Boote verfügt
* der Besuch einer der in unserem Verzeichnis aufgeführten Wasserski-Seilbahnen und
* das Laufen hinter einem selbst mitgebrachten oder leihweise überlassenen Boot.

Ein lückenloses Verzeichnis über alle Wasserski-Schulen und freigegebenen Wasserskistrecken im Ausland existiert schon deswegen nicht, weil sich Anschriften und Verzeichnisse häufig ändern. Einige generelle Tips, Streckenangaben und Kontaktadressen für die wichtigsten „Wasserski-Urlaubsländer" sowie die abschließenden Adressenverzeichnisse für Österreich, Schweiz und USA helfen jedem Wasserski-Interessierten jedoch weiter.

Was man generell beachten muß

- In fast allen Ländern muß der Bootfahrer über einen Führerschein verfügen. Ausnahmen bilden beispielsweise Dänemark und USA. Der deutsche Sportbootführerschein (Küste bzw. Binnen) wird in den meisten Ländern anerkannt.

- Eine Haftpflichtversicherung für Boote ist nicht in allen Ländern vorgeschrieben. Allerdings wird dringend empfohlen, eine solche vor Reiseantritt abzuschließen und die ausgestellte Versicherungskarte mitzunehmen. Bei vielen Kaskoversicherungen ist die Benutzung des Bootes in Küstengewässern ausgeklammert. Zusatzversicherungen für derartige Urlaubsziele können meist abgeschlossen werden.

- Bei Grenzkontrollen wird vom deutschen Zoll oftmals der Nachweis darüber verlangt, daß importierte Boote ordnungsgemäß verzollt wurden. Aus diesem Grunde empfiehlt es sich, entsprechende Schriftstücke (Kaufvertrag, Zollbescheinigung etc.) mitzuführen.

- Die rechtlichen Bestimmungen über das Befahren von Gewässern im allgemeinen und die Ausübung des Wasserskisports im besonderen sind nicht nur von Land zu Land, sondern oftmals auch von Region zu Region unterschiedlich. Sie beziehen sich insbesondere auf folgende Fragen:
  - Muß vor dem Befahren eines Sees oder sonstiger Gewässer eine (zeitlich begrenzte) Genehmigung oder Ausnahmegenehmigung eingeholt werden?
  - Welche Voraussetzungen hinsichtlich der Bootsgröße und vor allem der Motorisierung müssen gegeben sein (z.B. im Interesse des Umweltschutzes)? Sind Außenbordmotoren ebenso erlaubt wie Innenbordmotoren?
  - Welche Abstände zum Ufer und zu anderen Fahrzeugen müssen eingehalten werden? Die Pflichtdistanzen reichen von 100 bis 500 m.
  - Sind besondere zeitliche Einschränkungen oder Beschränkungen auf bestimmte (nicht gekennzeichnete) Gebiete vorgeschrieben?
  - Welche Geschwindigkeitsbeschränkungen müssen (auch während des Wasserskilaufens) eingehalten werden?
  - Wieviele Läufer dürfen gleichzeitig hinter einem Boot gezogen und darf eine Lernstange benutzt werden?

- Vor dem Einsatz eines eigenen oder geliehenen Bootes sollten unbedingt ausreichende Informationen über Untiefen, Tidenhub und Strömungsverhältnisse bei der zuständigen Hafen- oder Verwaltungsbehörde eingeholt werden, wenn böse Überraschungen vermieden werden sollen.

- Die Benutzung ausgelegter Slalomstrecken oder Sprungschanzen bedarf selbstverständlich auch im ausland der Genehmigung des jeweiligen Eigentümers, der die (zu genehmigenden) Anlagen installiert und finanziert hat.

Wertvolle Tips für einige „Wasserski-Länder"

Belgien
Im Nachbarland Belgien sind mehr Wasserskiclubs organisiert als in Deutschland, nämlich ca. 90 Vereine. Wasserski-Schulen sind den Clubs in
- B-2140 Borgerhout, Collegelaan 8
- B-9050 Gentbrugge, Weverboslaan 1
- B-2960 St. Job in't Goor, Brugstraat 106

angeschlossen. Von den international erfolgreichen Läufern Clint und Peter Stadlbauer sowie der Schweizer Meisterin Valeri Bedoni wird auf dem schönen Lac du Prince eine gute Wasserski-Schule betrieben (Adresse: High Performance Skiing, 18 Rue du Porjet, B-7653 Maubray).

Niederlande
Holland gehört für viele Wassersportler wegen seiner vielen idealen Gewässer zu den ersten Urlaubsadressen. Auf den Binnengewässern Rhein, Maas, Waal, Lek, Westerschelde und dem Gent-Terneuzen-Kanal sind Wasserskistrecken ausgeschildert. In der Küstenregion kommen Ems und Dollart sowie Nordsee und Ijsselmeer in Betracht, wo Wasserskilaufen generell freigegeben ist.

Frankreich
Der französische Wasserski-Verband verschickt auf Anfrage eine Übersicht über die auf Binnengewässern tätigen Wasserski-Clubs. Seine Adresse:
Fédération Française de Ski Nautique
16, rue Clément-Marot
F-75 008 Paris (Tel. 0033/1/47200500)

In den Küstenbereichen kommen die Côte d'Azur, Languedoc-Roussillon sowie einige Regionen des Atlantik, wo die Wasserverhältnisse allerdings nicht ideal sind, in Betracht.

Spanien
In fast allen Küstenregionen, besonders in Buchten, ist Wasserskilaufen in der Sommersaison möglich und wird von unzähligen ortsansässigen Schulen angeboten. Das gilt auch für die Balearen und einige kanarische Inseln. Als gute Reviere gelten das „Mar Menor" in La Manga an der Südküste des Festlandes, die Costa Dorada und die Costa Brava. Darüber hinaus verfügt die Pyrenäenhalbinsel über eine Reihe interessanter Wasserskistrecken auf Binnengewässern, wo zum Teil auch Wettkämpfe und Trainingslager abgehalten werden. So zum Beispiel auf dem Fluß Fluvia bei Sant Pere Pescador (bei Gerona) oder auf dem See von Banolas bei Gerona. Weitere Binnengewässer: Stausee von

Sau bei Barcelona, Viladecans bei Barcelona, Cerro de Alarcón bei Madrid, Stausee von Ullibarri de Gamboa bei Alava und Los Angeles de San Rafael bei Segovia.

Portugal
Wasserski-Schulungen, aber auch die Vermietung von Booten, werden an der Algarve von Ferienanlagen, Hotels und Schulen an den Stränden angeboten. Das gilt besonders für die Orte Albufeira, Portimao, Loulé, Monte Gordo, Lagos, Sagres, Tavira und Messines. An der Estorilen-Küste (Cascais und Estoril), an Lissabons Südküste (Sines, Monte Caparica, Sesimbra und vor allem in Setúbal) sowie an der Costa Verde (Porto, Esposende, Vila de Conde, Santo Tirso und Póvoa de Varzim) sind die Wasserski-Clubs und einige Hotels mit angeschlossenen Wasserski-Schulen tätig. Auch 3 Hotels auf Madeira (Savoy, Reid's und Dom Pedro) verfügen über eine Ausrüstung. Konkrete Auskünfte kann das Portugiesische Touristik-Amt in Frankfurt, Kaiserstr. 66 IV, erteilen.

Italien
In den meisten Küstenregionen, insbesondere in ruhigen Buchten, wird der Wasserskisport betrieben und an den Stränden durch private Schulen angeboten. Das gilt auch für die Inseln, die touristisch erschlossen sind (z.B. Sizilien, Sardinien).
Bekannt als Wasserskigebiete sind die Binnengewässer Lago Maggiore, Comer See, Iseosee und Gardasee, wo allerdings zum Teil besondere verkehrsrechtliche Bestimmungen einzuhalten sind.
Italien ist im Wasserski-Wettkampfsport neben Frankreich und England sowie der GUS eine der erfolgreichsten Wasserskinationen Europas. Wettkämpfe werden primär auf Binnengewässern (Mailand, Sizilien etc.) ausgetragen. Auskünfte über das italienische Clubwesen erteilt der Italienische Wasserski-Verband (Italian Water Ski Federation), Via Piranesi 44b in I-20137 Milan/Italy.

Jugoslawien
Bis zu den kriegerischen Auseinandersetzungen im Vielvölkerstaat galten die Küstengebiete des früheren Jugoslawien für alle wasserskiinteressierten Bootsbesitzer in Deutschland als Urlaubsziel Nr. 1. Der Grund ist darin zu suchen, daß der Küste eine Vielzahl von größeren und kleineren Inseln vorgelagert und darüber hinaus unzählige Buchten vorhanden sind. Ruhiges, glattes Wasser - selbst zum Barfußlaufen - ist daher insbesondere in den Morgenstunden fast überall anzutreffen. Da ein Großteil der Urlaubsgebiete für Wassersportler nicht mehr umkämpft ist, plant eine stetig steigende Zahl von Wasserskiläufern, die über Boote verfügen, schon wieder für das seit jeher preiswerte und freundliche Urlaubsland, das nunmehr Kroatien heißt. Ein baldiger wirtschaftlicher Aufschwung ist diesem Krisengebiet zu wünschen.

Griechenland
Teile der griechischen Küstenregionen (z.B. die Gebiete um Korfu) sind mit denen Jugoslawiens vergleichbar. Im Hinblick auf die Entfernungen sind deutsche Wasserski-Interessierte mit eigenen Booten jedoch seltener anzutreffen. Statt dessen wird zunehmend das Angebot der in Urlaubsgebieten überall anzutreffenden Wasserski-Schulen genutzt, die teilweise Ferienanlagen und Hotels angeschlossen sind und unter deutscher oder anderer ausländischer Leitung stehen.
Auskünfte über den organisierten Wasserskisport erteilt der griechische Wasserski-Verband (Greek Water Ski Federation) Stournara 32 in GR-10433 Athens/Greece.

Türkei
Wasserski wird primär in den Urlaubsgebieten der Region um Antalya durch Ferienclubs (z.B. Camyuva), Hotels und private Unternehmer angeboten.

Skandinavische Länder
In Schweden, Norwegen, Finnland und Dänemark gibt es zwar Wasserski-Clubs, die in den jeweiligen nationalen Wasserski-Verbänden organisiert sind, jedoch wird der Wasserskisport in der Touristik schon im Hinblick auf die kurze Sommersaison kaum angeboten. Ein Wasserski-Urlaub in Dänemark mit dem eigenen Boot lohnt sich aber schon deshalb, weil das Wasserskilaufen auf den meisten Seen erlaubt ist.

England
Weitgehend unbekannt ist die Tatsache, daß Großbritannien im internationalen Wettkampfsport zu den erfolgreichsten Wasserskinationen der Welt zählt. Im englischen Wasserski-Verband (British Water Ski Federation) sind etwa 150 Clubs organisiert. Seine Adresse: 390 City Road, GB-London EC1 V 2QA (Fax-Nr. 0044-1-71-837-5879).

Neben den organisierten Clubs und 2 Seilbahnen existieren eine Reihe kommerzielle Wasserski-Schulen in England (z.B. Windermere/Grafschaft Cumbria, Torquay/Grafschaft Devon und Hereford/Grafschaft Hereford-Worcester), in Nordirland (z.B. Craigavon/Grafschaft Armagh und Lisnaskea/Grafschaft Fermanagh) sowie in Schottland (z.B. Arden/Grafschaft Strathclyde, Kenmore/Grafschaft Tayside und Hillswick/Grafschaft Shetland).

Israel
Auf den Spuren der christlichen Geschichte befindet sich der Wasserskifan, der den See Genezareth als sein Urlaubsziel wählt. Ein phantastischer See, auf dem der in den 80er Jahren weltweit bekannte Springer Moshe Ganzi seine Wasserski-Schule betreibt. Der See wird im Neuen Testament und in Geschichtsbeschreibungen abwechselnd Meer von Tiberias, Meer von Galiläa, Tiberiassee und See Genezareth genannt. Darüber hinaus wird Wasserski am Strand von Eilat am Roten Meer und (mit Einschränkung) in den Urlaubsgebieten der Mittelmeerküste (Regionen Haifa und Tel Aviv) angeboten.

Australien
Im Welt-Wasserskisport nimmt Australien nach den USA traditionell Rang 2 ein. Ein Vorteil für Europäer ist, daß der australische Sommer in unsere Winterzeit fällt. Anfragen können an den australischen Verband unter folgender Adresse gerichtet werden:

- Australian Water Ski Assoc., P.O.Box 211, South Melbourne 3205

Die Adressen je einer bekannten Wasserski- und Barfußski-Schule lauten:
- The Water Ski Resort (Brett Thurley, Ray Stokes), M/S 264 Walkers Road in Bundaberg, QLD, Australia, 4670, Tel. 0061-71-551-241, Fax 0061-71-551-600
- Peter Wellham's Ozski, 295 Main Road, Fennell Bay, N.S.W. 2283, Australia, Tel. 0061-49-591138, Fax 0061-49-593312

Neuseeland
Für Urlauber ist dieses faszinierende Land ebenso interessant wie für Wasserskisportler. Die Adresse des nationalen Verbandes lautet:

- New Zealand Water Ski Assoc., P.O.Box 28245, Remuera, Auckland 5

Barfuß-Interessenten schreiben an:

- Clive Stephen, 56 Esplanade, Paremata, oder: P.O.Box 54014, Plimmerton.

Mexico
Neben vielen Anbietern an den Stränden des Südens von Mexiko ragt besonders folgende Schule heraus:

- Acua Ski, Viaducto Halpan, 1007 Col la Jova, 14090 Mexico, D.F.

Wasserski und Strandurlaub in sonstigen Ländern
Hobbyläufer, die ihren Urlaub mit Wasserski in ferneren Ländern verbinden wollen, kommen in Saisonzeiten u.a. in folgenden Ländern auf ihre Kosten:

- Tunesien (Insel Djerba, Monastir, Sousse, Hammamet, Nabeul, Bizerte)
- Thailand (Pattaya, Hua Hin, Cha Am, sowie auf Phuket und Samui)
- Karibik (auf fast allen Touristik-Inseln, insbesondere Bahamas, Bermudas, Jamaika)
- China (Anfragen an: Chinese Taipei R.O.C. Water Ski Assoc., A, 50 Lungchiang Rd., Taipei)
- Mauritius (große Hotels und Ferienanlagen)
- Singapur (Anfragen an: Singapore Water Ski Assoc., 66 Tannery Lane '05-08, Sindo Building in Singapore 1334). Das Wasserskizentrum mit Slalomfeld und Sprungschanze liegt in der Stadtmitte. Dort werden 1993 die Wasserski-Weltmeisterschaften ausgetragen.

Ferner geben die Urlaubsprospekte der großen Ferien-Clubs (Robinson, Club Méditerranée, Club Aldiana etc.) Auskunft darüber, wo und wann ein Cluburlaub mit Wasserski-Interessen kombiniert werden kann.

Wasserski-Adressen in Österreich
Nur für wenige der schönen Seen unseres Nachbarlandes sind Motorboote zugelassen, wobei zum Teil auch noch einmal zwischen Innenbordern und Außenbordern unterschieden wird. Die vorherige Einholung von Informationen und ggf. Genehmigungen ist daher unerläßlich. Atter-, Mond-, Wolfgang- und Traunsee sind in der Zeit vom 1.7. bis 31.8. jeden Jahres gesperrt. Für den Wörthersee werden neue Registrierungs-Nummern nicht mehr ausgegeben. Vorhandene Nummern stehen daher im Handel entsprechend hoch im Kurs.
Auf Donau und Inn ist das Wasserskilaufen auf den gekennzeichneten Strecken erlaubt. Am österreichischen Bodenseeufer gibt es nur eine Startgasse in Bregenz, über die der örtliche Wasserski-Club verfügt.
Die einfachste und beste Lösung besteht darin, eine der zahlreichen Wasserski-Schulen zu besuchen oder Kontakt mit einem österreichischen Wasserski-Club aufzunehmen. Unsere nachfolgende komplette Übersicht über Wasserski-Schulen und -Clubs in Österreich wird daher für viele Interessenten eine wertvolle Hilfe sein:

Die Wasserskischulen in Österreich

Oberösterreich
Attersee

Seewalchen
- Wasserskischule des WSC Seewalchen im Gemeinde-Strandbad
Boesch- und Correct-Craft-Boote
Slalomkurs und Schanze

Unterach
- Wasserskischule Alois Pölzleitner

Weyregg
- Wasserskischule Weyregg
Eduard Steinbacher

Kammer
- Wasserskischule Rudolf Mittendorfer
Bahnhofstraße

Steinbach
- Wasserskischule Johann Mühegger

Nußdorf
- Wasserskischule August Steinbacher

Unterburgau
- Wasserskischule Josef Wenger

Donau

Ardagger
- Wasserskischule Ing. H. Mimmler

Linz
- Wasserskischule Franz Kral
oberhalb der Nibelungenbrücke Linz

Feldkirchen an der Donau
- Wasserskilift am Baggersee
Auskunft: Riefellner, Audorf

Asten bei Linz
- Wasserskilift am Baggersee

Mondsee

- Wasserskizentrum Mondsee
Alpenseebad Mondsee

- Wasserskischule Kreuzstein

- Wasserskischule Dachsbrücke
Süd-Ost-Ufer Richtung Unterach

Schärding/Inn

Schärding
- Wasserskischule Schärding
Innstausee Suben, Correct-Craft-Boot.

Traunsee

Gmunden
- Wasserskischule Traunsee
beim Gasthof Grünberg
Boesch-Boot, Schanze

Ebensee
- Wassersportzentrum Ebensee
Peter Gigl

Wolfgangsee

St. Wolfgang
- Wasserskischule W. Pistorius
Seepromenade
Boesch-Boot, Schanze

Salzburg
Wolfgangsee

St. Gilgen
- Wasserskischule R. Engel
Seepromenade
Innenborder-Boote mit 300 PS
Slalomkurs, Schanze

Strobl
● Wasserskischule J. Grabner
Seepromenade
Boesch- und Master-Craft-Boote, Slalomkurs, Schanze

Zellersee

Zell am See
● Wasserskischule Thumersbach
Strandbad

Tirol
Schwarzsee

Kitzbühel
● Wasserskilift am Schwarzsee

Walchsee

Walchsee
● Wasserskischule Karl
Walchsee-Ort, Boesch-Boot, Slalomkurs

Vorarlberg
Bodensee

Bregenz
● Wasserskischule K. Schneeweiß
im Strandbad Bregenz

Niederösterreich
Donau

Krems
● Wasserskischule Erich Kuntner
am linken Ufer bei km. 2002,1
Ockelbo-Boot 17-115 PS

Kritzendorf bei Wien
● Wasserskischule im Strombad
am rechten Donauufer

Burgenland
Neusiedlersee

Mörbisch
●Wasserskischule Mörbisch

Illmitz, Neusiedl und Weiden
● konz. Motorbootbetriebe, die gegen Entgelt sowohl Boot als auch Wasserski zur Verfügung stellen

Kärnten
Millstättersee

Döbriach
● Wasserskischule Sittlinger
im Strandbad

Millstatt
● Wasserski- und Fallschirmflug-Schule
Franz Schuster - bei der Schloßvilla

● Wasserskischule Peter Strobl
bei der Schiffsanlegestelle

● Wasserskischule Fritz Walter
am Ortseingang von Millstatt

Seeboden
● Wasserskischule Friedrich Rothmeier

● Wasserskischule Roman Marcovich
Süduferweg

● Wasserskischule Franz Schuster
Rothenthurn

Ossiachersee

Annenheim
● Wasserskischule Mayer

● Wasserskischule Stocker

Bodensdorf
● Wasserskischule Niendler

Ossiach
● Wasserskischule Schabus

● Wasserskischule Schabus

Sattendorf
● Wasserskischule Schützelhofer

Steindorf
● Wasserskischule Flemisch

Stiegl
● Wasserskischule Stiegl

Weissensee

Techendorf
● Wasserskischule Andreas Brandtner

● Wasserskischule Johann Mößlacher
Ostufer/Zufahrt Stockenboi

Wörthersee

Dellach
● Wasserskischule Michael Lex

Klagenfurt-See
● Wasserskischule im Strandbad

Krumpendorf
● Wasserskischule Krumpendorf
im Gemeinde-Strandbad

Maria Wörth
● Wasserskischule Maria Wörth

Pörtschach
● Wasserskischule Siegfried Cilenscheck im Gemeinde-Strandbad

● Wasserskischule Andreas Kobitsch
in Töschling bei Pörtschach

● Wasserskischule Mrak
in Töschling beim Campingplatz Wallerwirt

● Wasserskischule Seefels
beim Hotel Seefels-Pörtschach

● Wasserskischule Werzer
Dipl. Sportl. Karl Aicher
beim Strandcasino Werzer

● Wasserskischule Franz Wunder
Bootswerft Pörtschach

● Wasserskischule Martin Wunder
Pörtschach, Bognerweg

● Wasserskischule Robert Wunder
Pörtschach, 10.-Okt.-Straße

Reifnitz
● Wasserski- und Drachenflug-Schule
Robert Mureny
beim Strandhotel Sille
Boesch- und Master-Craft-Boote, Slalomkurs, Schanze, Flugdrachen

Velden
● Wasserskischule Heinz Krawagna
im Parkhotel-Bad, Boesch-Boot

● Wasserski-, Drachenflug- und Fallschirmflug-Schule Rudi Kreuzhuber
„Rudi's" Strandclub an der Seepromenade, Boesch- und Master-Craft-Boote

● Wasserskischule Peter Schneider
im Bulfonbad, Boesch-Boot

● Wasserskischule Erwin Werdenig
im Strandbad Bundschuh, Boesch-Boot

Die Wasserski-Clubs in Österreich

Erster Österr. Barfußwasserskiclub-Union, Hr. Sepp Kaisergruber
3321 Ardagger, Markt 40,
Tel. 07479/236

Erster Steirischer Wasserskiclub - Planksee, Hr. Alois Kaufmann
8423 St. Veit am Vogau, Postfach 14

Internationaler Wiener Wasserskiclub, Hr. Ing. Christian Kletzer
1190 Wien, Kaasgrabenstraße 43

Motor-Yacht-Club Strudengau, Sektion Wasserski, Hr. Dr. Hermann Scheiwy
4360 Grein, Seilerstätte 13,
Tel. 07268/237

Motor-Yacht-Club Nibelungen Linz, Sektion Wasserski, Hr. Leo Jindrak
4020 Linz, Herrenstraße 22,
Tel. 0732/779258 oder 775852

Motor-Yacht-Club Wachau, Sektion Wasserski
3500 Krems, Sängerhof 4, Tel. 02732/74505; Hafen 02732/3617

ÖAMTC, Zweigverein Amstetten, Sektion Wasserski, Hr. Franz Strasser
3300 Amstetten, Hauptplatz 26,
Tel. 07472/7190

Union Wasserskiclub Hublot Pörtschach, Hr. Dipl.-Ing. Stefan Rauchenwald
9210 Örtschach, Postfach 18,
Tel. 04229/2575 oder 0463/25592

Union Wassersportclub und Tennisclub Schärding am Inn
4780 Schärding, Oberer Stadtplatz 9,
Tel. 07712/2864

Vorarlberger Wasserskiclub, Hr. Elmar Metzler
6850 Dornbirn, Pestalozziweg 1, Tel. 05572/22355

Wasserskiclub Asten-Ausee, Fr. Christine Hammer
4020 Linz, Stadlerstraße 4,
Tel. 0732/436695;
Firma: 0732/5917/2046

Wasserskiclub Mondsee, Hr. Franz Ameshofer
5083 St. Leonhard, Drachenlochstr. 19,
Tel. 06246/2417

Wasserskiclub Mondseeland, Hr. Norbert Riedl
5310 Mondsee, St. Lorenz 233

Wasserskiclub Ossiachersee, Hr. Ing. Johann Biedermann
9500 Villach, Meerbothstraße 11,
Tel. 04242/26006 oder 23355/DW 48

Wasserskiclub Reifnitz, Fr. Karin Jamnig
9081 Reifnitz, Gemeindeamt Maria Wörth

Motor-Yacht-Club Donau
1020 Wien, Kleine Sperlgasse 1

Wasserskiclub Rowenta Velden
9220 Velden, Postfach 37,
Tel. 04274/2105

Wasserskiclub Schwarzlsee, Fr. Eva Apfelknab
8020 Graz, Idlhofgasse 62,
Tel. 0316/937044 oder 384570 DW 11

Wasserskiclub Seeboden, Hr. Rudolf Elpelt
9871 Seeboden, Eichenweg 5,
Tel. 04762/81804

Wasserskiclub St. Gilgen, Hr. Rupert Engel jun.
4820 Bad Ischl, Gassnerweg 1c

Wasserskiclub O'Neill - Seewalchen, Hr. Dipl.-Ing. Karl Donninger
4863 Seewalchen, Atterseestraße 49,
Tel. 07662/2337

Wasserskiclub Union Traunsee, Hr. Günther Geißlmayr
4810 Gmunden, Theresienthalstr. 16,
Tel. 07612/2891/19

Wasserskiclub Wien, Hr. Bernhard Kosch
1150 Wien, Turnergasse 25/2/12

Wasserskiclub Wolfgangsee, Hr. Wolfgang Stadler
5360 St. Wolfgang, Au 87

Wasserskiclub Wörthersee, Hr. Ing. Gerhard Rainer
9210 Pörtschach, Werftenstraße 55,
Tel. 04272/2381

Wasserskiclub Strobl/Wolfgangsee, Hr. Norbert Steinacher
5350 Strobl, Ischlerstraße 110

Wassersportverein Niederranna
4085 Wesenufer, Kramesau 1,
Tel. 07285/24069

Wasserskiclub Feldkirchen, Hr. Harald Hintringer
4085 Niederranna 19

Wasserskiclub Tulln, Hr. Franz Hebenstreit
3430 Tulln, Albrechtsgasse 8,
Tel. 02272/40673

WSC Neue Donau Skinautica 2000
1190 Wien, Nußberggasse 7/6/7

WSC Wolfgangsee St. Gilgen, Fr. Alexandra Skrein
5340 St. Gilgen, Ischlerstraße 38

Organisationskomitee EM '91
9500 Villach, Obere Fellacherstraße 6
Tel. 04242/55287, Fax 04242/58033

Wasserskiclub Traismauer, Hr. Dr. Schrott
3100 St. Pölten, Kupferbrunnstraße 79

Wasserski-Adressen in der Schweiz (vgl. S.194)

Auch das Nachbarland Schweiz verfügt über viele Seen, die gute bis ideale Wasserskibedingungen bieten. In Frage kommen:
Bielersee, Bodensee und Untersee (hier nur Innenborder), Brienzersee (nur mit kantonaler Genehmigung), Genfer See, Lac de Joux, Klötaler See, Luganer See, Lago Maggiore, Murtensee, Lac de Neuchâtel, Vierwaldstätter See, Alpnacher See und Thuner See (letztere nur mit Ausnahmegenehmigung), Walensee, Zürichsee (Anzahl begrenzt) und Wohlensee (nur mit kantonaler Genehmigung).
Da ohnehin vorher Erkundigungen über die speziellen Verkehrsvorschriften eingeholt werden sollten (Laufzeiten nur von 8-20 Uhr, keine „leere" Schleppleine nachziehen, nicht mehr als 2 Läufer etc.), empfiehlt es sich, die Frage einer Nutzungsgenehmigung in jedem Falle gleichzeitig zu klären.
Auf Flüssen und Kanälen ist Wasserskilaufen nur erlaubt, wo dies auf beiden Uferseiten kenntlich gemacht ist.
Unkomplizierter und problemloser ist auch in der Schweiz der Besuch einer offiziellen Wasserski-Schule oder die Kontaktaufnahme mit einem Wasserskiclub. Die nachstehende Übersicht faßt Schulen und Clubs - nach Kantonen geordnet - zusammen:

Ostschweiz

8280 Kreuzlingen TG
Wasserskiclub Kreuzlingen
Fischhaussteg
Tel.: 072/753733 oder 072/727610

8590 Romanshorn TG
Wasserski Club Romanshorn
Postfach 534, Reherstr. 6A,
9016 St. Gallen, Tel.: 071/355002 oder
Tel.: 071/204181

8266 Steckborn TG
Akrobatik Club Untersee
Tel.: 054/611136 oder 01/8601688

Zürich

8704 Herrliberg
Wasserski Club Zürichsee
Tel.: 01/9152088
Rest. Seeterrasse,
Kalchbühlstr. 81, 8038 Zürich
Tel.: 01/9152729

8942 Oberrieden
Barefoot and Waterski Club
Tringa, Postfach, Feldstr. 15,
8942 Oberrieden
Tel.: 01/7205663 oder 01/4821617

8853 Lachen
Wasserski-Club Lachen, Postfach 316,
Mülistr. 41 ind 8952 Altendorf

Zentralschweiz

6330 Cham ZG
Wasserski Club Cham,
Strandbad Cham, 6345 Neuheim,
Im Blatt D6
Tel.: 042/521146

6373 Ennetbürgen NW
Wasserski Club Ennetbürgen
Postfach 2, Seestr. 17
Tel.: 041/641235

6362 Stansstad NW
Wassersportschule Tel.: 041/645013
(Natel-C) Tel.: 077/417081

6354 Vitznau LU
Anker Travel Wasserskischule
Tel.: 041/831707

6353 Weggis LU
Hotel Hertenstein
Wasserskischule
Tel.: 041/931444

Nordwestschweiz

4052 Basel
Wasserskiclub Base, Lehenmattstr. 129
Tel.: 061/418078 oder 061/419944

Berner Oberland

3654 Gunten
Wasserskischule Gunten
Tel.: 033/512266
Verkehrsbüro Tel.: 033/511146

3627 Heimberg
Wasserskischule Thunersee
Fitneß-Zentrum Heimberg
Tel.: 033/387991

Berner Mittelland

2572 Möringen
Wasserski-Zentrum
Tel.: 032/824279

2513 Twann/Wingreis
Wasserski Club Bielersee
Restaurant Engelberg
Tel.: 032/951125

Freiburg

1470 Estavayer-le Lac FR
Club ski nautique Estavayer-le Lac
Case postal 152, Place Moudon 2
Tel.: 037/632842

1473 Lully FR
Ski nautique-club
Philipp Gautier (Natel 8-20 h)
Tel.: 080/343833 oder 037/631455

2000 Neuchâtel
Ski nautique club de Neuchâtel
Les Buchilles 40, 2017 Boudry
Tel.: 038/413087 oder 038/258245

Genfer-See-Gebiet

1000 Lausanne VD
Ski naut. club de Lausanne
Case postal 200, Quai d'Ouchy und
Mont de Fourche 13A in 1162 St. Prex
Tel.: 021/8061146 oder 021/8062240

1820 Montreux VD
Ski nautique club de Montreux
Case postale 152
Tel.: 021/9635771 oder 021/9642244

1345 Le Lieu
Ski nautique club du Lac de Joux
Rocheray-Plage
Tel.: 021/381061 oder 021/8411325

1462 Yvonand VD
Les Vikings
Port d'Yvonand
Tel.: 024/311674 oder 024/311535

Genf

1223 Cologny GE
Section de l'hélice et ski
nautique de SNG
Port Noir, Cours des Bastions 6
Tel.: 033/50922775 oder 077/248087

1211 Genève
Ski nautique club de Genève
Perle du Lac, Case postale 134, und CP
134121l, Genève 11
Tel.: 022/7813163 oder 022/672110

1207 Genève
Ski Nautique Genève Plage
24 rue des Vollandes
Tel.: 022/7368265

1201 Genève
Nautica club Genève Perle du Lac,
Case postale 535, 1214 Vernier
Tel.: 022/412800

1290 Versoix GE
Club nautique de Versoix
Ch. des Graviers, Ch. Colladon 26
1209 Genève
Tel.: 022/7985623 oder 022/7553500

1290 Versoix GE
Ski Nautique Handicap Versoix
Communes Réunies 74
1212 Petit-Lancy
Tel.: 022/7553500 oder 022/7944266

1233 Bernex
Ski Nautique La Reserve
101 ch. des Saules, 1233 Bernex
Tel.: 022/7573274 oder 022/7741741

1240 Lent (Ain)
Ski Nautique Lac La Rena
Lac de La Rena, 1240 Lent
Tel.: 0033/74527232/34

Wallis

1897 Le Bouveret
Ecole Rive-Bleue
Tel.: 025/813310

Tessin

6612 Ascona
Wasserskischule, M. Meier
Hotel Eden Roc
Tel.: 093/350171

6614 Brissago
Wasserskischule Tjmo
Tel.: 093/651846

6900 Lugano
Club nautico Lugano
Via Calloni 9
Tel.: 091/541256 oder 091/686139

6902 Lugano-Paradiso
Club sci nautico Ceresio
Case postale 197 und Bigogno,
6927 Agra
Tel.: 091/220229 oder 091/541921

Wasserski-Adressen in den USA

Im Wasserski-Land Nr. 1 ist ein Club- und Vereinsleben nach deutschem Muster weitgehend unbekannt. Es existieren zwar regionale und überregionale Clubs, jedoch sind für den Wasserski-Touristen nur die Wasserski-Schulen von Bedeutung. Organisiert ist der amerikanische Wasserskisport in der „American Water Ski Association", 799 Overlook Drive in Winter Haven, Florida 33884 (Tel. 001/813-324-4341 oder 001-800-533). Prospekte und Informationsbroschüren können von dort angefordert werden.
Worauf man bei der Buchung eines Wasserski-Urlaubs in den USA achten sollte, möchten wir in Form einiger kurzer Tips der nachfolgenden Adressen-Übersicht voranstellen:

1. Holen Sie vor einer Buchung Informationen über die ausgewählte Schule ein. Direkte Anfragen sollten möglichst telefonisch erfolgen, da Amerikaner meist nicht gern schreiben. Fragen sie nach dem vorherrschenden Typ der Schüler und wieviel Schüler pro Trainer angenommen werden. Sind vorwiegend Leistungssportler anzutreffen, fühlen sich Hobbyläufer in der Regel unwohl. Umgekehrt gilt natürlich das gleiche. Die Schulungseffizienz ist bei einem Verhältnis von maximal 5:1 (Schüler-Trainer) noch gewährleistet. Andernfalls wird zuviel Zeit vergeudet.
2. Vergleichen Sie die Angebote mehrerer Schulen miteinander. Lassen Sie sich dabei nicht von der Qualität der Prospekte, sondern von Art, Umfang und Vielfalt der Schulungs- und Rahmenprogramme leiten. (Sind eigene Strecken mit ruhigem Wasser und welche sonstigen Einrichtungen vorhanden? Welcher Bootstyp wird eingesetzt? Wieviel Trainer werden für welche Sparten und Disziplinen beschäftigt?)
3. Schulen mit „bekanntem Namen" (z.B. Weltmeister) sind in der Regel teurer. Der Mehraufwand lohnt sich aber nur dann, wenn Sie Leistungssportambitionen haben und bereits einen hohen Leistungsstandard aufweisen. Für den jungen Spitzenläufer kann sich diese Investition aber durchaus lohnen, weil in den oberen Leistungsbereichen oft minimale Details entscheidend sind, die nicht unbedingt jeder Durchschnittstrainer erkennt.
4. Vergewissern Sie sich, daß der von Ihnen favorisierte (Star-)Trainer zu Ihrer Urlaubszeit auch tatsächlich anwesend ist. Melden sie sich daher immer rechtzeitig (mindestens 6 Monate im voraus) an, da gute Schulen in den Saisonzeiten (insbesondere Osterferien) meist ausgebucht sind. Außerdem sind die Schulen keineswegs alle ganzjährig geöffnet!
5. Die Buchung einschließlich Unterkunft und Verpflegung ist durchweg die preisgünstigste Lösung, empfiehlt sich aber nicht, wenn sie gleichzeitig mit Ihrer Familie einen angenehmen Urlaub verbringen möchten. Die Unterbringung in „bunks" (Schlafkojen bzw. Feldbetten) mit 4 oder mehr Personen in einem Raum kann für junge Leute aber durchaus eine amüsante Sache sein. Privat- oder Motelübernachtungen werden ansonsten gern vermittelt.
6. Gehen Sie niemals untrainiert und unvorbereitet in eine Wasserski- oder Barfußski-Schule. Andernfalls geben Sie spätestens am 3. Tag freiwillig auf, wobei Ihnen alles, nur nicht das verlorengegangene Schulungsgeld weh tut. Ein monatelanges Trainingsprogramm zur Konditionsverbesserung sollte Ihrer Reise unbedingt vorausgehen.

Die folgenden Adressen sind alphabetisch geordnet. Die Liste kann selbstverständlich keinen Anspruch auf Vollständigkeit erheben. Neben den aufgeführten Schulen findet man insbesondere in Florida am Wegesrand manche anderen, nicht organisierten Anbieter, bei denen Wasserski gelaufen werden kann.
Vergessen Sie bei schriftlichen Kontakten nicht, in der Briefadresse den jeweiligen US-Staat (z.B. Florida) mit der von uns genannten Postleitzahl (z.B. 33884) anzugeben.

ARIZONA

Mike Mack's
579 Riverside
Dr. Parker 85344
001-602-667-2685

CALIFORNIA

High Sierra
P.O. Box 272
Homewood 95718
001-916-583-7417

Horton Lakes
47716 Fairview Rd.
Newberry Springs 92365
001-619-157-3426

Hot Foot Training
P.O. Box 3729
Hayward 94540
001-415-782-7673

John Steiner's International
2583 Califontana Way
Redding 96003
001-916-275-6744

Mike Suyderhoud
P.O. Box 2052
Redding 96099
001-916-222-8826

Pat Kennelly
8040-B Greenback Lane
Citrus Heights 95610
001-916-723-2660

Seipel's Barefoot International
San Francisco
001-800-932-0685

Thompson Ski Ranch
Rt. 1, Box 167D
Bakersfield 93308
001-805-393-5253

World Class Ski Center
Steele Park Resort
Lake Berryessa, Napa 94558
001-707-966-2441

COLORADO

Soda Lake School
6209 S. Iola Way
Englewood 80111
001-303-697-0121

FLORIDA

Barefoot Brothers
2216 Violet Dr. S.E.
Ft. Myers 33905
001-813-693-7270

Barefoot Company
7747 S. Military Trail
Lake Worth 33463
001-407-439-3668

Barefoot Etc.
P.O. Box 18
Cypress Gardens 33884
001-813-299-3613

Benzel Skiing Center
P.O. Box 216, Hwy. 565,
Groveland 34736
001-904-429-3574

Bevelacqua Kneeboard School
P.O. Box 2615
Palm Beach 33480
001-407-655-2288

Bill Peterson's
P.O. Box 835
Windermere 34786
001-407-876-5966

Carl Roberge
18618 Lake Pickett Rd.
Orlando 32820
001-407-568-3849

Christian Family
P.O. Box 7425
Winter Haven 33880
001-813-29-4044

Dees Ski Centre
Rt. 1, Box 595, N. Lake Juliana
Auburndale 33823
001-813-984-1160

Sammy Duvall's
Ski School
P.O. Box 1565
Windermere 34786-1565
001-407-352-6926

Florida Water Sports
4608 Land O'Lakes Blvd.
Land O'Lakes 34639
001-813-996-7547

Florida Water Sports #2
1492 River Lane
Green Cove Springs 32043
001-904-264-7547

Hazelwood Boat & Ski
110 U.S. 27 N.
Lake Hamilton 33851
001-813-439-4754

Intl. Tournament Skiing
P.O. Box 331
Okahumpka 34762
001-904-429-9027

Jim's Ski Charter & School
4975 Dean St.
Ft. Myers 33905
001-813-694-4080

Larry's Ski School
P.O. Box 2966-M.M. 104
Key Largo 33037
001-305-451-3113

Lucky Lowe's
P.O. Box 7105
Winter Haven 33883
001-813-956-5277

Lyle Lee's
3701 N.W. 9 Ve.
Pompano 33064
001-305-943-7766

McCormick's School
6120 Muck Pond Rd.
Seffner 33584
001-813-681-4441

Ron Scarpa's Barefoot
P.O. Box 1561
Winter Haven 33882
001-800-292-Foot

Rusty Carter's
2421 S.W. 46th Ave.
Ft. Lauderdale 33317
001-305-581-5385

Seipel's Barefoot International
2600 W. Lantana Rd.
Lantana 33462
001-800-932-0685

Ski Away
P.O. Box 35
Cypress Gardens 33884
001-813-324-1810

Southeast Water Sports
150 Australian Ave.
W. Palm Beach 33406
001-407-478-7171

Swiss Ski School
13114 Skiing Paradise Blvd.
Clermont 34711
001-904-429-2178

The Skiing Center
570 N.W. 202 Terr.
Miami 33169
001-305-770-1233

V.J.'s Ski School
17612 Gunn Hwy.
Odessa 33556
001-813-920-2028

World Ski Center
4400 Hillsboro Blvd., Suite 2-137
Coconut Creek 33073
001-305-341-6343

Zenon Waterskiing
1676 S. Congress Ave., Suite 5
Palm Springs 33461
001-407-433-4554

GEORGIA

Linda Giddens School
Rt.5, Soperton Rd.
Eastman 31023
001-912-374-2517

Ski Savannah
P.O. Box 135
Tybee Island 31328
001-912-234-6047

HAWAII

Kauai Ski & Sports
4-356 Kuhio Hwy.
Kapaa 96746
001-808-822-3574

ILLINOIS

Walkin' on Water
301 N. Lavox St.
South Elgin 60177
001-312-695-9884

KENTUCKY

Mid-America School
2345 Oaks Rd
Paducah 42003
001-502-898-6617

LOUISIANA

Bennett School & Camp
18605 Barnett Rd.
Zachary 70791
001-504-654-9306

MASSACHUSETTS

Seipel's Barefoot International
Boston / Sturbridge, MA
001-800-932-0685

MICHIGAN

Barefooting Unlimited
4037 Silver Lake Rd.
Fenton 48430
001-313-629-6370

MINNESOTA

Water Ski Training
4453 Lake Ave. S.
White Bear Lake, 55075
001-612-653-0010

MONTANA

Moose Country Ski Camp
100 Moose Country Rd.
Rexford 59930
001-800-772-6667

NEW YORK

Spencer's Training Camp
R.D. #1, Day Hollow Rd.
Owego 13827
001-607-687-5526

OHIO

Meek's Water Ski School
5919 Hamill
Albany 45710
001-614-698-6581

Skier's Paradise
P.O. Box 14
Hockingport 45739
001-614-667-6273

OKLAHOMA

Ski-Unique
3005 S. 137th W. Ave.
Sand Springs 74063
001-918-245-5040

SOUTH CAROLINA

Jimmy Durham School
1727 E. Saluda Lake Rd.
Greenville 29611
001-803-246-4355

TEXAS

Garden Valley School
22049 FM Road 1995
Lindale 75771
001-903-882-6107

Ken White's School
Rt. #1, Box 80
Ferris 75125
001-214-544-3090

Seipel's Barefoot International
Kimbell Bend (Brazos River)
001-800-932-0685

WASHINGTON

Goodman's School
602 W. Lake Samish Dr.
Bellingham 98226
001-206-733-8937

Koppert Lake Training
3431 Spirit Lake Hwy.
Silver Lake 98645
001-206-274-6906

WISCONSIN

Seipel's Barefoot International
140 S. Main St.
Thiensville 53092
001-800-932-0685